Friedrich Schiller

Die Räuber

Texte • Medien

Friedrich Schiller

Die Räuber

Erarbeitet von Mario Leis
und Nicole Lothmann

Schroedel

Texte • Medien

Herausgegeben von Peter Bekes und Volker Frederking

Druck A 1 / Jahr 2008
Alle Drucke der Serie A sind im Unterricht parallel verwendbar.

Redaktion: Franziska Voigt, Hamburg
Herstellung: Ira Petersohn, Ellerbek
Reihentypografie: Iris Farnschläder, Hamburg
Satz: UMP Utesch Media Processing GmbH, Hamburg
Druck und Bindung: CPI – Clausen & Bosse, Leck
Titelbild: Neo Rauch: Nachricht (1999). Museum für Kommunikation Frankfurt. © VG Bild-Kunst, Bonn 2008

Der Dramentext folgt der Ausgabe: Friedrich Schiller: Sämtliche Werke. Auf Grund der Originaldrucke hrsg. von Gerhard Fricke und Herbert G. Göpfert in Verbindung mit Herbert Stubenrauch. Bd. 1: Gedichte. Dramen I. 4. Aufl. München: Hanser 1965.
Die Rechtschreibung wurde den geltenden amtlichen Regeln angepasst, originaler Lautstand und grammatische Eigenheiten blieben jedoch unverändert.

Das Texte • Medien -Programm zu »Die Räuber«:

978-3-507-47058-3 Textausgabe mit Materialien
978-3-507-47158-0 Arbeitsheft
978-3-507-47258-7 Informationen für Lehrerinnen und Lehrer

Informationen und Materialien im Internet:
www.schroedel.de/textemedien

ISBN 978-3-507-47058-3

Inhalt

Räuberbanden im 18. Jahrhundert

Literaturwissenschaftliche Deutungsangebote

Dramatische Gestaltung

Wirkung und mediale Gestaltung

Friedrich Schiller

Die Räuber — 1781

Ein Schauspiel

Vorrede

Man nehme dieses Schauspiel für nichts andres als eine dramatische Geschichte, die die Vorteile der dramatischen Methode, die Seele gleichsam bei ihren geheimsten Operationen zu ertappen, benutzt, ohne sich übrigens in die Schranken eines Theaterstücks einzuzäunen, oder nach dem so zweifelhaften Gewinn bei theatralischer Verkörperung zu geizen. Man wird mir einräumen, dass es eine widersinnige Zumutung ist, binnen drei Stunden drei außerordentliche Menschen zu erschöpfen, deren Tätigkeit von vielleicht tausend Räderchen abhänget, so wie es in der Natur der Dinge unmöglich kann gegründet sein, dass sich drei außerordentliche Menschen auch dem durchdringendsten Geisterkenner innerhalb vierundzwanzig Stunden entblößen. Hier war Fülle ineinander gedrungener Realitäten vorhanden, die ich unmöglich in die allzu engen Palisaden des Aristoteles und Batteux einkeilen konnte.

Nun ist es aber nicht sowohl die Masse meines Schauspiels als vielmehr sein Inhalt, der es von der Bühne verbannet. Die Ökonomie desselben machte es notwendig, dass mancher Charakter auftreten musste, der das feinere Gefühl der Tugend beleidigt und die Zärtlichkeiten unserer Sitten empört. Jeder Menschenmaler ist in diese Notwendigkeit gesetzt, wenn er anders eine Kopie der wirklichen Welt und

Operationen Tätigkeiten

zu geizen zu gieren

Geisterkenner Kenner der Seele

Palisaden des Aristoteles und Batteux → Seite 249

Ökonomie hier: Aufbau

idealische Affektationen einem Ideal nachgeschaffene Künsteleien
Kompendienmenschen Menschen aus Lehrbüchern
Kolorit Färbung
kolossalischen riesenhaften

keine idealische Affektationen, keine Kompendienmenschen will geliefert haben. Es ist einmal so die Mode in der Welt, dass die Guten durch die Bösen schattiert werden und die Tugend im Kontrast mit dem Laster das lebendigste Kolorit erhält. Wer sich den Zweck vorgezeichnet hat, das Laster zu stürzen und Religion, Moral und bürgerliche Gesetze an ihren Feinden zu rächen, ein solcher muss das Laster in seiner nackten Abscheulichkeit enthüllen und in seiner kolossalischen Größe vor das Auge des Menschen stellen – er selbst muss augenblicklich seine nächtlichen Labyrinthe durchwandern, – er muss sich in Empfindungen hineinzuzwingen wissen, unter deren Widernatürlichkeit sich seine Seele sträubt.

ohnmächtige Abstraktionen wirkungslose Verallgemeinerungen
Konterfei Bild

Das Laster wird hier mitsamt seinem ganzen innern Räderwerk entfaltet. Es löst in Franzen all die verworrenen Schauer des Gewissens in ohnmächtige Abstraktionen auf, skelettisiert die richtende Empfindung und scherzt die ernsthafte Stimme der Religion hinweg. Wer es einmal so weit gebracht hat (ein Ruhm, den wir ihm nicht beneiden), seinen Verstand auf Unkosten seines Herzens zu verfeinern, dem ist das Heiligste nicht heilig mehr – dem ist die Menschheit, die Gottheit nichts – Beide Welten sind nichts in seinen Augen. Ich habe versucht, von einem Missmenschen dieser Art ein treffendes lebendiges Konterfei hinzuwerfen, die vollständige Mechanik seines Lastersystems auseinanderzugliedern – und ihre Kraft an der Wahrheit zu prüfen. Man unterrichte sich demnach im Verfolg dieser Geschichte, wie weit ihr's gelungen hat – Ich denke, ich habe die Natur getroffen.

Nächst an diesem stehet ein anderer, der vielleicht nicht wenige meiner Leser in Verlegenheit setzen möchte. Ein Geist, den das äußerste Laster nur reizet um der *Größe* willen, die ihm anhänget, um der *Kraft* willen, die es erheischet, um der *Gefahren* willen, die es begleiten. Ein merkwürdiger, wichtiger Mensch, ausgestattet mit aller Kraft, nach der Richtung, die diese bekömmt, notwendig entweder ein Brutus oder ein Catilina zu werden. Unglückliche Konjunkturen entscheiden für das Zweite, und erst am Ende einer ungeheuren Verirrung gelangt er zu dem Ersten. Falsche Begriffe von Tätigkeit und Einfluss, Fülle von Kraft, die alle Gesetze übersprudelt, mussten sich natürlicherweise an bürgerlichen Verhältnissen zerschlagen, und zu diesen enthusiastischen Träumen von Größe und Wirksamkeit durfte sich nur eine Bitterkeit gegen die unidealische Welt gesellen, so war der seltsame Don Quixote fertig, den wir im Räuber Moor verabscheuen und lieben, bewundern und bedauern. Ich werde es hoffentlich nicht erst anmerken dörfen, dass ich dieses Gemälde so wenig nur allein Räubern vorhalte, als die Satire des Spaniers nur allein Ritter geißelt.

Auch ist itzo der *große Geschmack*, seinen Witz auf Kosten der Religion spielen zu lassen, dass man beinahe für kein Genie mehr passiert, wenn man nicht seinen gottlosen Satyr auf ihren heiligsten Wahrheiten sich herumtummeln lässt. Die edle Einfalt der *Schrift* muss sich in alltäglichen Assembleen von den sogenannten witzigen Köpfen misshandeln und ins Lächerliche verzerren lassen; denn was ist so heilig und ernsthaft, das, wenn man es falsch verdreht, nicht belacht werden kann? – Ich kann hoffen, dass ich der *Religion* und der wahren Moral keine gemeine Rache verschafft habe, wenn ich diese mutwillige Schriftverächter in der Person meiner schändlichsten Räuber dem Abscheu der Welt überliefere.

Aber noch mehr. Diese unmoralische Charaktere, von denen vorhin gesprochen wurde, mussten von gewissen Seiten glänzen, ja oft von Seiten des Geistes gewinnen, was sie von Seiten des Herzens verlieren. Hierin habe ich nur die Natur gleichsam wörtlich abgeschrieben. Jedem, auch dem Lasterhaftesten, ist gewissermaßen der Stempel des göttlichen Ebenbilds aufgedrückt, und vielleicht hat der große Böse-

Brutus, Catilina
→ Seite 249
Konjunkturen
Wendungen des Schicksals

durfte sich
brauchte sich

Don Quixote
→ Seite 249

itzo
jetzt

Satyr
derbe Bocksgestalt aus der griechischen Mythologie, hier: Spottgeist
Schrift
Bibel
Assembleen
Zusammenkünften
gemeine
niedere

wicht keinen so weiten Weg zum großen Rechtschaffenen als der kleine; denn die Moralität hält gleichen Gang mit den Kräften, und je weiter die Fähigkeit, desto weiter und ungeheurer ihre Verirrung, desto imputabler ihre Verfälschung.

imputabler **eher zu erwarten**

Klopstocks Adramelech **→ Seite 249**

Miltons Satan **→ Seite 249**

Medea **→ Seite 249**

Shakespeares Richard **»Richard III.«, Schauspiel von William Shakespeare (1564–1616)**

Klopstocks Adramelech weckt in uns eine Empfindung, worin Bewunderung in Abscheu schmilzt. Miltons Satan folgen wir mit schauderndem Erstaunen durch das unwegsame Chaos. Die Medea der alten Dramatiker bleibt bei all ihren Greueln noch ein großes, staunenswürdiges Weib, und Shakespeares Richard hat so gewiss am Leser einen Bewunderer, als er auch ihn hassen würde, wenn er ihm vor der Sonne stünde. Wenn es mir darum zu tun ist, *ganze* Menschen hinzustellen, so muss ich auch ihre Vollkommenheiten mitnehmen, die auch dem Bösesten nie ganz fehlen. Wenn ich vor dem Tiger gewarnt haben will, so darf ich seine schöne, blendende Fleckenhaut nicht übergehen, damit man nicht den Tiger beim Tiger vermisse. Auch ist ein Mensch, der ganz Bosheit ist, schlechterdings kein Gegenstand der Kunst und äußert eine zurückstoßende Kraft, statt dass er die Aufmerksamkeit der Leser fesseln sollte. Man würde umblättern, wenn er redet. Eine edle Seele erträgt so wenig anhaltende moralische Dissonanzen, als das Ohr das Gekritzel eines Messers auf Glas.

Dissonanzen **Missklänge**

missraten **abgeraten**

Aber eben darum will ich selbst missraten haben, dieses mein Schauspiel auf der Bühne zu wagen. Es gehört beiderseits, beim Dichter und seinem Leser, schon ein gewisser Gehalt von Geisteskraft dazu; bei jenem, dass er das Laster nicht *ziere*, bei diesem, dass er sich nicht von einer schönen Seite bestechen lasse, auch den hässlichen Grund zu schätzen. *Meinerseits* entscheide ein Dritter – aber von meinen Lesern bin ich es *nicht* ganz versichert. Der Pöbel, worunter ich keineswegs die Gassenkehrer allein will verstanden wissen, der Pöbel wurzelt (unter uns gesagt) weit um und gibt zum Unglück – den Ton an. Zu kurzsichtig, mein *Ganzes* auszureichen, zu kleingeistisch, mein *Großes* zu begreifen, zu boshaft, mein *Gutes* wissen zu wollen, wird er, fürcht ich, fast meine Absicht vereiteln, wird vielleicht eine Apologie des Lasters, das ich stürze, darin zu finden meinen und seine eigene Einfalt den armen Dichter entgelten lassen, dem man gemeiniglich alles, nur nicht Gerechtigkeit widerfahren lässt.

auszureichen zu überblicken

Apologie Verteidigung

Es ist das ewige Dacapo mit Abdera und Demokrit, und unsre gute Hippokrate müssten ganze Plantagen Nieswurz erschöpfen, wenn sie dem Unwesen durch ein heilsames Dekokt abhelfen wollten. Noch so viele Freunde der Wahrheit mögen zusammenstehen, ihren Mitbürgern auf Kanzel und Schaubühne Schule zu halten, der Pöbel hört nie auf, Pöbel zu sein, und wenn Sonne und Mond sich wandeln und Himmel und Erde veralten wie ein Kleid. Vielleicht hätt ich, den Schwachherzigen zu frommen, der Natur minder getreu sein sollen; aber wenn jener Käfer, den wir alle kennen, auch den Mist aus den Perlen stört, wenn man Exempel hat, dass Feuer verbrannt und Wasser ersäuft habe, soll darum Perle – Feuer – und Wasser konfisziert werden?

das ewige Dacapo mit Abdera und Demokrit → Seite 249

Dekokt Trank, Sud

zu frommen zu nützen

Mist aus den Perlen stört das Muschelfleisch um die Perle abträgt

konfisziert beschlagnahmt

Ich darf meiner Schrift zufolge ihrer merkwürdigen Katastrophe mit Recht einen Platz unter den moralischen Büchern versprechen; das Laster nimmt den Ausgang, der seiner würdig ist. Der Verirrte tritt wieder in das Geleise der Gesetze. Die Tugend geht siegend davon. Wer nur so billig gegen mich handelt, mich ganz zu lesen, mich verstehen zu wollen, von dem kann ich erwarten, dass er – nicht den Dichter bewundere, aber den rechtschaffenen Mann in mir hochschätze.

zufolge ihrer merkwürdigen Katastrophe wegen des bemerkenswerten Dramenschlusses

billig fair

Geschrieben in der Ostermesse. 1781.

Der Herausgeber.

Ostermesse Buchmesse im Frühjahr

Die Räuber

Ein Schauspiel

Hippocrates

Quae medicamenta non sanant, ferrum sanat,
quae ferrum non sanat, ignis sanat.

Hippocrates ... sanat.
→ Seite 250

Personen

Maximilian, regierender Graf von Moor

Karl
Franz } seine Söhne

Amalia von Edelreich

Libertiner hier: moralisch freizügige Menschen

Spiegelberg
Schweizer
Grimm
Razmann
Schufterle
Roller
Kosinsky
Schwarz } Libertiner, nachher Banditen

Bastard uneheliches Kind

Hermann, Bastard von einem Edelmann

Daniel, Hausknecht des Grafen von Moor

Pastor Moser

Ein Pater

Räuberbande

Nebenpersonen

Der Ort der Geschichte ist Teutschland,
die Zeit ohngefähr zwei Jahre

Erster Akt

Erste Szene

Franken. Saal im Moorischen Schloss.

Franz. Der alte Moor.

Franz Aber ist Euch auch wohl, Vater? Ihr seht so blass.

Der alte Moor Ganz wohl, mein Sohn, – was hattest du mir zu sagen?

Franz Die Post ist angekommen – ein Brief von unserm Korrespondenten in Leipzig –

Der alte Moor *(begierig)* Nachrichten von meinem Sohne Karl?

Franz Hm! Hm! – So ist es. Aber ich fürchte – ich weiß nicht – ob ich – Eurer Gesundheit? – Ist Euch wirklich ganz wohl, mein Vater?

Der alte Moor Wie dem Fisch im Wasser! Von meinem Sohne schreibt er? – Wie kommst du zu dieser Besorgnis? Du hast mich zweimal gefragt.

Franz Wenn Ihr krank seid – nur die leiseste Ahndung habt, es zu werden, so lasst mich – ich will zu gelegnerer Zeit zu Euch reden. *(Halb vor sich)* Diese Zeitung ist nicht für einen zerbrechlichen Körper.

Der alte Moor Gott! Gott! was werd ich hören?

Franz Lasst mich vorerst auf die Seite gehn und eine Träne des Mitleids vergießen um meinen verlornen Bruder – ich sollte schweigen auf ewig – denn er ist Euer Sohn; ich sollte seine Schande verhüllen auf ewig – denn er ist mein Bruder. – Aber Euch gehorchen, ist meine erste, traurige Pflicht – darum vergebt mir.

Der alte Moor O Karl! Karl! Wüsstest du, wie deine Auf-

seht **seht aus**

Korrespondenten **Briefpartner**

Ahndung **Ahnung**

Zeitung **Nachricht**

verlornen Bruder **→ Seite 250**

Aufführung **Benehmen**

führung das Vaterherz foltert! Wie eine einzige frohe Nachricht von dir meinem Leben zehen Jahre zusetzen würde – mich zum Jüngling machen würde – da mich nun jede, ach! – einen Schritt näher ans Grab rückt!

zehen zehn

Franz Ist es das, alter Mann, so lebt wohl – wir alle würden noch heute die Haare ausraufen über Eurem Sarge.

Der alte Moor Bleib! – Es ist noch um den kleinen kurzen Schritt zu tun – lass ihm seinen Willen! *(Indem er sich niedersetzt)* Die Sünden seiner Väter werden heimgesucht im dritten und vierten Glied – lass ihn's vollenden.

Die Sünden … Glied vgl. 2. Mose 20,5

Franz *(nimmt den Brief aus der Tasche)* Ihr kennt unsern Korrespondenten! Seht! Den Finger meiner rechten Hand wollt' ich drum geben, dürft ich sagen, er ist ein Lügner, ein schwarzer, giftiger Lügner – – Fasst Euch! Ihr vergebt mir, wenn ich Euch den Brief nicht selbst lesen lasse – noch dörft Ihr nicht alles hören.

Der alte Moor Alles, alles – mein Sohn, du ersparst mir die Krücke.

ersparst mir die Krücke sorgst dafür, dass ich sterbe, bevor ich eine Krücke brauche

Franz *(liest)* »Leipzig, vom 1. Mai. – Verbände mich nicht eine unverbrüchliche Zusage, dir auch nicht das Geringste zu verhehlen, was ich von den Schicksalen deines Bruders auffangen kann, liebster Freund, nimmermehr würde meine unschuldige Feder an dir zur Tyrannin geworden sein. Ich kann aus hundert Briefen von dir abnehmen, wie Nachrichten dieser Art dein brüderliches Herz durchbohren müssen; mir ist's, als säh ich dich schon um den Nichtswürdigen, den Abscheulichen« – – *(Der alte Moor verbirgt sein Gesicht.)* Seht, Vater! ich lese Euch nur das Glimpflichste – »den Abscheulichen in tausend Tränen ergossen«, – ach, sie flossen – stürzten stromweis von dieser mitleidigen Wange – »mir ist's, als säh ich schon deinen alten, frommen Vater toten-

abnehmen entnehmen

bleich« – Jesus Maria! Ihr seid's, eh ihr noch das Mindeste wisset?

Der alte Moor Weiter! Weiter!

Franz »Totenbleich in seinen Stuhl zurücktaumeln und dem Tage fluchen, an dem ihm zum ersten Mal *Vater* entgegengestammelt ward. Man hat mir nicht alles entdecken mögen, und von dem Wenigen, das ich weiß, erfährst du nur Weniges. Dein Bruder scheint nun das Maß seiner Schande gefüllt zu haben; ich wenigstens kenne nichts über dem, was er wirklich erreicht hat, wenn nicht sein Genie das meinige hierin übersteigt. Gestern um Mitternacht hatte er den großen Entschluss, nach vierzigtausend Dukaten Schulden« – ein hübsches Taschengeld, Vater! – »nachdem er zuvor die Tochter eines reichen Bankiers allhier entjungfert und ihren Galan, einen braven Jungen von Stand, im Duell auf den Tod verwundet, mit sieben andern, die er mit in sein Luderleben gezogen, dem Arm der Justiz zu entlaufen« – Vater! Um Gotteswillen, Vater! Wie wird Euch?

wirklich bis jetzt

Dukaten Goldmünzen

Galan Liebhaber
von Stand adlig

Der alte Moor Es ist genug. – Lass ab, mein Sohn!

Franz Ich schone Eurer – »Man hat ihm Steckbriefe nachgeschickt, die Beleidigte schreien laut um Genugtuung, ein Preis ist auf seinen Kopf gesetzt – der Name Moor« – Nein! meine arme Lippen sollen nimmermehr einen Vater ermorden! *(Zerreißt den Brief)* Glaubt es nicht, Vater! Glaubt ihm keine Silbe!

Die Beleidigte im Schwäbischen gebräuchliche Pluralform

Der alte Moor *(weint bitterlich)* Mein Name! Mein ehrlicher Name!

Franz *(fällt ihm um den Hals)* Schändlicher, dreimal schändlicher Karl! Ahndete mir's nicht, da er, noch ein Knabe, den Mädels so nachschlenderte, mit Gassenjungen und elendem Gesindel auf Wiesen und Bergen sich herumhetzte, den Anblick der Kirche, wie ein Missetäter das

Gefängnis, floh und die Pfennige, die er Euch abquälte, dem ersten dem besten Bettler in den Hut warf, während dass wir daheim mit frommen Gebeten und heiligen Predigtbüchern uns erbauten? – Ahndete mir's nicht, da er die Abenteuer des Julius Cäsar und Alexander Magnus und anderer stockfinsterer Heiden lieber las als die Geschichte des bußfertigen Tobias? – Hundertmal hab ich's Euch geweissagt, denn meine Liebe zu ihm war immer in den Schranken der kindlichen Pflicht, – der Junge wird uns alle noch in Elend und Schande stürzen! – O dass er Moors Namen nicht trüge! dass mein Herz nicht so warm für ihn schlüge! Die gottlose Liebe, die ich nicht vertilgen kann, wird mich noch einmal vor Gottes Richterstuhl anklagen.

Julius Cäsar, Alexander Magnus → Seite 250
Geschichte des bußfertigen Tobias → Seite 250

Der alte Moor Oh – meine Aussichten! Meine goldenen Träume!

Franz Das weiß ich wohl. Das ist es ja, was ich eben sagte. Der feurige Geist, der in dem Buben lodert, sagtet Ihr immer, der ihn für jeden Reiz von Größe und Schönheit so empfindlich macht; diese Offenheit, die seine Seele auf dem Auge spiegelt, diese Weichheit des Gefühls, die ihn bei jedem Leiden in weinende Sympathie dahinschmelzt, dieser männliche Mut, der ihn auf den Wipfel hundertjähriger Eichen treibet und über Gräben und Palisaden und reißende Flüsse jagt, dieser kindische Ehrgeiz, dieser unüberwindliche Starrsinn und alle diese schöne, glänzende Tugenden, die im Vatersöhnchen keimten, werden ihn dereinst zu einem warmen Freund eines Freundes, zu einem trefflichen Bürger, zu einem Helden, zu einem *großen, großen* Manne machen – Seht Ihr's nun, Vater! – der feurige Geist hat sich entwickelt, ausgebreitet, herrliche Früchte hat er getragen. Seht diese Offenheit, wie hübsch sie sich zur Frechheit herumgedreht hat; seht diese Weichheit, wie zärtlich sie für Koketten girret, wie so empfindsam für die Reize einer Phryne! Seht dieses feurige Genie, wie es das Öl seines Lebens in sechs Jährchen so rein weggebrannt hat, dass er bei lebendigem Leibe umgeht, und da kommen die Leute und sind so unverschämt und sagen: c'est l'amour qui a fait ça! Ah! seht doch diesen kühnen, unternehmenden Kopf, wie er Plane schmiedet und ausführt, vor denen die Heldentaten eines Cartouches und Howards verschwinden! – Und wenn erst diese prächtigen Keime zur vollen Reife erwachsen, – was lässt sich auch von einem so zarten Alter Vollkommenes erwarten? – Vielleicht, Vater, erlebet Ihr noch die Freude, ihn an der Fronte eines Heeres zu erblicken, das in der heiligen Stille der Wälder residieret, und dem müden Wanderer seine Reise um die Hälfte der Bürde erleichtert – vielleicht könnt Ihr noch, eh Ihr zu Grabe geht, eine Wallfahrt nach seinem Monumente tun, das er sich zwischen Himmel und Erden errichtet – vielleicht, o Vater, Vater, Vater – seht Euch nach einem andern Namen um, sonst deuten Krämer und Gassenjungen mit Fingern auf Euch, die Euren Herrn Sohn auf dem Leipziger Marktplatz im Porträt gesehen haben.

Der alte Moor Und auch du, mein Franz, auch du? O meine Kinder! Wie sie nach meinem Herzen zielen!

Franz Ihr seht, ich kann auch witzig sein; aber mein Witz ist Skorpionstich. – Und dann der trockne Alltagsmensch, der kalte, hölzerne Franz, und wie die Titelchen alle heißen mögen, die Euch der Kontrast zwischen ihm und mir mocht eingegeben haben, wenn er Euch auf dem Schoße saß oder in die Backen zwickte – der wird einmal zwischen seinen Grenzsteinen sterben, und modern und vergessen werden, wenn der Ruhm dieses Universalkopfs

Koketten **gefallsüchtige Frauen**

Phryne **berühmte Edel-Prostituierte der Antike**

umgeht **wie ein Gespenst erscheint**

c'est l'amour qui a fait ça! **franz. »Das hat die Liebe gemacht!«**

Cartouches, Howard **berüchtigte Banden- und Straßenräuber**

Monumente **Denkmal; hier: Galgen**

auf dem Marktplatz im Porträt **Bilder von gesuchten Verbrechern wurden öffentlich »erhängt«**

von einem Pole zum andern fliegt – Ha! mit gefaltnen Händen dankt dir, o Himmel! der kalte, trockne, hölzerne Franz – dass er nicht ist, wie dieser!

Planen Plänen

Der alte Moor Vergib mir, mein Kind; zürne nicht auf einen Vater, der sich in seinen Planen betrogen findet. Der Gott, der mir durch Karln Tränen zusendet, wird sie durch dich, mein Franz, aus meinen Augen wischen.

Orakel göttliche Weissagung

Franz Ja, Vater, aus Euren Augen soll er sie wischen. Euer Franz wird sein Leben dran setzen, das Eurige zu verlängern. Euer Leben ist das Orakel, das ich vor allem zu Rate ziehe über dem, was ich tun will, der Spiegel, durch den ich alles betrachte – keine Pflicht ist mir so heilig, die ich nicht zu brechen bereit bin, wenn's um Euer kostbares Leben zu tun ist. – Ihr glaubt mir das?

Der alte Moor Du hast noch große Pflichten auf dir, mein Sohn – Gott segne dich für das, was du mir warst und sein wirst!

Franz Nun sagt mir einmal – Wenn Ihr diesen Sohn nicht den Euren nennen müsstet, Ihr wärt ein glücklicher Mann?

Wehmutter Hebamme

Der alte Moor Stille! o stille! Da ihn die Wehmutter mir brachte, hub ich ihn gen Himmel und rief: Bin ich nicht ein glücklicher Mann?

Bauren Bauern

Franz Das sagtet ihr. Nun, habt Ihr's gefunden? Ihr beneidet den schlechtesten Eurer Bauren, dass er nicht Vater ist zu diesem – Ihr habt Kummer, solang Ihr diesen Sohn habt. Dieser Kummer wird wachsen mit Karln. Dieser Kummer wird Euer Leben untergraben.

Der alte Moor Oh! er hat mich zu einem achtzigjährigen Manne gemacht.

Franz Nun also – wenn Ihr dieses Sohnes Euch entäußertet?

Der alte Moor *(auffahrend)* Franz! Franz! was sagst du?

Franz Ist es nicht diese Liebe zu ihm, die Euch all den Gram macht? Ohne diese Liebe ist er für Euch nicht da.

Ohne diese strafbare, diese verdammliche Liebe ist er Euch gestorben – ist er Euch nie geboren. Nicht Fleisch und Blut, das Herz macht uns zu Vätern und Söhnen. Liebt Ihr ihn nicht mehr, so ist diese Abart auch Euer Sohn nicht mehr, und wär er aus Eurem Fleische geschnitten. Er ist Euer Augapfel gewesen bisher; nun aber, ärgert dich dein Auge, sagt die Schrift, so reiß es aus. Es ist besser, einäugig gen Himmel, als mit zwei Augen in die Hölle. Es ist besser, kinderlos gen Himmel, als wenn beide, Vater und Sohn, in die Hölle fahren. So spricht die Gottheit!

verdammliche verdammenswerte

sagt die Schrift vgl. Markus 9,47

Der alte Moor Du willst, ich soll meinen Sohn verfluchen?

Franz Nicht doch! nicht doch! – Euren Sohn sollt Ihr nicht verfluchen. Was heißt Ihr Euren Sohn? – dem Ihr das Leben gegeben habt, wenn er sich auch alle ersinnliche Mühe gibt, das Eurige zu verkürzen?

Der alte Moor Oh, das ist allzu wahr! das ist ein Gericht über mich. Der Herr hat's ihm geheißen.

Franz Seht Ihr's, wie kindlich Euer Busenkind an Euch handelt? Durch Eure väterliche Teilnehmung erwürgt er Euch, mordet Euch durch Eure Liebe, hat Euer Vaterherz selbst bestochen, Euch den Garaus zu machen. Seid Ihr einmal nicht mehr, so ist er Herr Eurer Güter, König seiner Triebe. Der Damm ist weg; und der Strom seiner Lüste kann itzt freier dahinbrausen. Denkt Euch einmal an seine Stelle! Wie oft muss er den Vater unter die Erde wünschen – wie oft den Bruder – die ihm im Lauf seiner Exzesse so unbarmherzig im Weg stehen. Ist das aber Liebe gegen Liebe? Ist das kindliche Dankbarkeit gegen väterliche Milde? Wenn er dem geilen Kitzel eines Augenblicks zehn Jahre Eures Lebens aufopfert? Wenn er den Ruhm seiner Väter, der sich schon sieben

Busenkind Lieblingskind

Exzesse Ausschweifungen

geilen Kitzel überschießendes Verlangen

Jahrhunderte unbefleckt erhalten hat, in *einer* wollüstigen Minute aufs Spiel setzt? Heißt Ihr das Euren Sohn? Antwortet! Heißt Ihr das einen Sohn?

Der alte Moor Ein unzärtliches Kind! ach! aber mein Kind doch! mein Kind doch!

Studium Betreiben

Franz Ein allerliebstes, köstliches Kind, dessen ewiges Studium ist, keinen Vater zu haben – O dass Ihr's begreifen lerntet! dass Euch die Schuppen fielen vom Auge! Aber Eure Nachsicht muss ihn in seinen Liederlichkeiten befestigen; Euer Vorschub ihnen Rechtmäßigkeit geben. Ihr werdet freilich den Fluch von seinem Haupte laden, auf Euch, Vater, auf Euch wird der Fluch der Verdammnis fallen.

Der alte Moor Gerecht! sehr gerecht! – Mein, mein ist alle Schuld!

Franz Wie viele Tausende, die voll sich gesoffen haben vom Becher der Wollust, sind durch Leiden gebessert worden. Und ist nicht der körperliche Schmerz, der jedes Übermaß begleitet, ein Fingerzeig des göttlichen Willens? Sollte ihn der Mensch durch seine grausame Zärtlichkeit verkehren? Soll der Vater das ihm anvertraute Pfand auf ewig zugrund richten? – Bedenkt, Vater, wenn Ihr ihn seinem Elend auf einige Zeit preisgeben werdet, wird er nicht entweder umkehren müssen und sich bessern? oder er wird auch in der großen Schule des Elends ein Schurke bleiben, und dann – wehe dem Vater, der die Ratschlüsse einer höheren Weisheit durch Verzärtlung zernichtet! – Nun, Vater?

Der alte Moor Ich will ihm schreiben, dass ich meine Hand von ihm wende.

Franz Da tut Ihr recht und klug daran.

Der alte Moor Dass er nimmer vor meine Augen komme.

Franz Das wird eine heilsame Wirkung tun.

Der alte Moor *(zärtlich)* Bis er anders worden.

Franz Schon recht, schon recht – Aber, wenn er nun kommt mit der Larve des Heuchlers, Euer Mitleid erweint, Eure Vergebung sich erschmeichelt und morgen hingeht und Eurer Schwachheit spottet im Arm seiner Huren? – Nein, Vater! Er wird freiwillig wiederkehren, wenn ihn sein Gewissen rein gesprochen hat.

Larve Maske

Der alte Moor So will ich ihm das auf der Stelle schreiben.

Franz Halt! noch ein Wort, Vater! Eure Entrüstung, fürchte ich, möchte Euch zu harte Worte in die Feder werfen, die ihm das Herz zerspalten würden – und dann – glaubt Ihr nicht, dass er das schon für Verzeihung nehmen werde, wenn Ihr ihn noch eines eigenhändigen Schreibens wert haltet? Darum wird's besser sein, Ihr überlasst das Schreiben mir.

Der alte Moor Tu das, mein Sohn. – Ach! es hätte mir doch das Herz gebrochen! Schreib ihm – –

Franz *(schnell)* Dabei bleibt's also?

Der alte Moor Schreib ihm, dass ich tausend blutige Tränen, tausend schlaflose Nächte – Aber bring meinen Sohn nicht zur Verzweiflung!

Franz Wollt Ihr Euch nicht zu Bette legen, Vater? Es griff Euch hart an.

Der alte Moor Schreib ihm, dass die väterliche Brust – ich sage dir, bring meinen Sohn nicht zur Verzweiflung. *(Geht traurig ab)*

Franz *(mit Lachen ihm nachsehend)* Tröste dich, Alter, du wirst ihn nimmer an diese Brust drücken, der Weg dazu ist ihm verrammelt, wie der Himmel der Hölle – Er war aus deinen Armen gerissen, ehe du wusstest, dass du es wollen könntest – da müsst ich ein erbärmlicher Stümper sein, wenn ich's nicht einmal so weit gebracht hätte, einen Sohn vom Herzen des Vaters loszulösen, und wenn er

ehernen Banden **eisernen Fesseln**

Der Wald ist heller **Das Ziel rückt näher**

mit ehernen Banden daran geklammert wäre – Ich hab einen magischen Kreis von Flüchen um dich gezogen, den er nicht überspringen soll – Glück zu, Franz! Weg ist das Schoßkind – Der Wald ist heller. Ich muss diese Papiere vollends aufheben, wie leicht könnte jemand meine Handschrift kennen! *(Er liest die zerrissenen Briefstücke zusammen.)* – Und Gram wird auch den Alten bald fortschaffen, – und ihr muss ich diesen Karl aus dem Herzen reißen, wenn auch ihr halbes Leben dran hängen bleiben sollte.

einen Rest gesetzt hätte **bankrott gewesen wäre**

hofieren **schmeicheln**

Ich habe große Rechte, über die Natur ungehalten zu sein, und bei meiner Ehre! ich will sie geltend machen. – Warum bin ich nicht der Erste aus Mutterleib gekrochen? Warum nicht der Einzige? Warum musste sie mir diese Bürde von Hässlichkeit aufladen? Gerade mir? Nicht anders, als ob sie bei meiner Geburt einen Rest gesetzt hätte. Warum gerade mir die Lappländersnase? Gerade mir dieses Mohrenmaul? Diese Hottentottenaugen? Wirklich, ich glaube, sie hat von allen Menschensorten das Scheußliche auf einen Haufen geworfen und mich daraus gebacken. Mord und Tod! Wer hat ihr die Vollmacht gegeben, jenem dieses zu verleihen und mir vorzuenthalten? Könnte ihr jemand darum hofieren, eh er entstund? Oder sie beleidigen, eh er selbst wurde? Warum ging sie so parteilich zu Werke?

Nein! nein! ich tu ihr Unrecht. Gab sie uns doch Erfindungsgeist mit, setzte uns nackt und armselig ans Ufer dieses großen Ozeans *Welt* – Schwimme, wer schwimmen kann, und wer zu plump ist, geh' unter! Sie gab mir nichts mit; wozu ich mich machen will, das ist nun meine Sache. Jeder hat gleiches Recht zum Größten und Kleinsten, Anspruch wird an Anspruch, Trieb an Trieb und Kraft an Kraft zernichtet. Das Recht wohnet beim

Überwältiger, und die Schranken unserer Kraft sind unsere Gesetze.
Wohl gibt es gewisse gemeinschaftliche Pakta, die man geschlossen hat, die Pulse des Weltzirkels zu treiben. Ehrlicher Name! – Wahrhaftig, eine reichhaltige Münze, mit der sich meisterlich schachern lässt, wer's versteht, sie gut auszugeben. Gewissen – o ja freilich! ein tüchtiger Lumpenmann, Sperlinge von Kirschbäumen wegzuschröcken! – auch das ein gut geschriebener Wechselbrief, mit dem auch der Bankerottierer zur Not noch hinauslangt.
In der Tat, sehr lobenswürdige Anstalten, die Narren im Respekt und den Pöbel unter dem Pantoffel zu halten, damit die Gescheiten es desto bequemer haben. Ohne Anstand, recht schnackische Anstalten! Kommen mir für wie die Hecken, die meine Bauren gar schlau um ihre Felder herumführen, dass ja kein Hase drüber setzt, ja beileibe kein Hase! – Aber der gnädige Herr gibt seinem Rappen den Sporn und galoppiert weich über der weiland Ernte.
Armer Hase! Es ist doch eine jämmerliche Rolle, der Hase sein zu müssen auf dieser Welt – Aber der gnädige Herr braucht Hasen!
Also frisch drüber hinweg! Wer nichts fürchtet, ist nicht weniger mächtig, als der, den alles fürchtet. Es ist itzo Mode, Schnallen an den Beinkleidern zu tragen, womit man sie nach Belieben weiter und enger schnürt. Wir wollen uns ein Gewissen nach der neuesten Façon anmessen lassen, um es hübsch weiter aufzuschnallen, wie wir zulegen. Was können wir dafür? Geht zum Schneider! Ich habe Langes und Breites von einer sogenannten *Blutliebe* schwatzen gehört, das einem ordentlichen Hausmann den Kopf heiß machen könnte – Das ist dein

Pakta **Verträge**
des Weltzirkels **der Gesellschaft**
schachern **Geschäfte machen**
Wechselbrief **Scheck**
Ohne Anstand **Zweifellos**
schnackische **ulkige**
für **vor**
weiland **ehemaligen**
Façon **Form**

Bruder! – das ist verdolmetscht: Er ist aus ebendem Ofen geschossen worden, aus dem du geschossen bist – also sei er dir heilig! – Merkt doch einmal diese verzwickte Konsequenz, diesen possierlichen Schluss von der Nachbarschaft der Leiber auf die Harmonie der Geister, von ebenderselben Heimat zu ebenderselben Empfindung, von einerlei Kost zu einerlei Neigung. Aber weiter – es ist dein Vater! Er hat dir das Leben gegeben, du bist sein Fleisch, sein Blut – also sei er dir heilig. Wiederum eine schlaue Konsequenz! Ich möchte doch fragen, *warum* hat er mich gemacht? doch wohl nicht gar aus Liebe zu mir, der erst ein *Ich* werden sollte? Hat er mich gekannt, ehe er mich machte? Oder hat er mich gedacht, wie er mich machte? Oder hat er *mich* gewünscht, da er mich machte? Wusste er, was ich werden würde? Das wollt' ich ihm nicht raten, sonst möcht' ich ihn dafür strafen, dass er mich doch gemacht hat! Kann ich's ihm Dank wissen, dass ich ein Mann wurde? So wenig, als ich ihn verklagen könnte, wenn er ein Weib aus mir gemacht hätte. Kann ich eine Liebe erkennen, die sich nicht auf Achtung gegen mein *Selbst* gründet? Konnte Achtung gegen mein Selbst vorhanden sein, das erst dadurch entstehen sollte, davon es die Voraussetzung sein muss? Wo stickt denn nun das Heilige? Etwa im Aktus selber, durch den ich entstund? – Als wenn dieser etwas mehr wäre als viehischer Prozess zur Stillung viehischer Begierden! Oder stickt es vielleicht im Resultat dieses Aktus, der noch nichts ist als eiserne Notwendigkeit, die man so gern wegwünschte, wenn's nicht auf Unkosten von Fleisch und Blut geschehen müsste? Soll ich ihm etwa darum gute Worte geben, dass er mich liebt? Das ist eine Eitelkeit von ihm, die Schoßsünde aller Künstler, die sich in ihrem Werk kokettieren, wär es auch noch so

Konsequenz **Folgerung**

da **als**

stickt **steckt**

Aktus **hier: Akt der Zeugung**

entstund **entstand**

kokettieren **gefallen, bewundern**

hässlich. – Sehet also, das ist die ganze Hexerei, die ihr in einen heiligen Nebel verschleiert, unsre Furchtsamkeit zu missbrauchen. Soll auch ich mich dadurch gängeln lassen wie einen Knaben?
Frisch also! mutig ans Werk! – Ich will alles um mich her ausrotten, was mich einschränkt, dass ich nicht *Herr* bin. *Herr* muss ich sein, dass ich das mit Gewalt ertrotze, wozu mir die Liebenswürdigkeit gebricht. *(Ab)*

Zweite Szene

Schenke an den Grenzen von Sachsen.

Karl von Moor *in ein Buch vertieft.* **Spiegelberg** *trinkend am Tisch.*

Karl von Moor *(legt das Buch weg)* Mir ekelt vor diesem tintenklecksenden Säkulum, wenn ich in meinem Plutarch lese von großen Menschen.

Spiegelberg *(stellt ihm ein Glas hin und trinkt)* Den Josephus musst du lesen.

Moor Der lohe Lichtfunke Prometheus' ist ausgebrannt, dafür nimmt man itzt die Flamme von Bärlappenmehl – Theaterfeuer, das keine Pfeife Tabak anzündet. Da krabbeln sie nun wie die Ratten auf der Keule des Herkules, und studieren sich das Mark aus dem Schädel, was das für ein Ding sei, das er in seinen Hoden geführt hat? Ein französischer Abbé doziert, Alexander sei ein Hasenfuß gewesen, ein schwindsüchtiger Professor hält sich bei jedem Wort ein Fläschchen Salmiakgeist vor die Nase und liest ein Kollegium über die *Kraft*. Kerls, die in Ohnmacht fallen, wenn sie einen Buben gemacht haben,

Säkulum lat. »Jahrhundert«
Plutarch → Seite 250
Josephus Flavius Josephus (37 – um 100), jüdischer Geschichtsschreiber
Lichtfunke Prometheus' → Seite 250
Keule des Herkules → Seite 250
Abbé Geistlicher
doziert lehrt
liest ein Kollegium hält eine Vorlesung

Taktik des Hannibals → Seite 251
feuchtohrige Buben … exponieren müssen. → Seite 251
alexandrinisch in Alexandriner-Versen, hier: langatmig

kritteln über die Taktik des Hannibals – feuchtohrige Buben fischen Phrases aus der Schlacht bei Cannä, und greinen über die Siege des Scipio, weil sie sie exponieren müssen.

Spiegelberg Das ist ja recht alexandrinisch geflennt.

Moor Schöner Preis für euren Schweiß in der Feldschlacht, dass ihr jetzt in Gymnasien lebet und eure Unsterblichkeit in einem Bücherriemen mühsam fortgeschleppt wird. Kostbarer Ersatz eures verprassten Blutes, von einem Nürnberger Krämer um Lebkuchen gewickelt – oder, wenn's glücklich geht, von einem französischen Tragödienschreiber auf Stelzen geschraubt, und mit Drahtfäden gezogen zu werden! Hahaha!

Spiegelberg *(trinkt)* Lies den Josephus, ich bitte dich drum.

Kastratenjahrhundert entmanntes Jahrhundert
Kommentationen erläuternden Kommentaren
Konventionen Gesellschaftsregeln
hudeln plagen
Schelm Bösewicht, Schurke
Aufstreich Versteigerung
Sadduzäer konservative Juden zur Zeit Jesu
Judenzins sehr hohen (Wucher)Zins
Schlamp Schleppe am Kleid

Moor Pfui! Pfui über das schlappe Kastratenjahrhundert, zu nichts nütze, als die Taten der Vorzeit wiederzukäuen und die Helden des Altertums mit Kommentationen zu schinden und zu verhunzen mit Trauerspielen. Die Kraft seiner Lenden ist versiegen gegangen, und nun muss Bierhefe den Menschen fortpflanzen helfen.

Spiegelberg Tee, Bruder, Tee!

Moor Da verrammeln sie sich die gesunde Natur mit abgeschmackten Konventionen, haben das Herz nicht, ein Glas zu leeren, weil sie Gesundheit dazu trinken müssen – belecken den Schuhputzer, dass er sie vertrete bei Ihro Gnaden, und hudeln den armen Schelm, den sie nicht fürchten. – Vergöttern sich um ein Mittagessen, und möchten einander vergiften um ein Unterbett, das ihnen beim Aufstreich überboten wird. – Verdammen den Sadduzäer, der nicht fleißig genug in die Kirche kommt, und berechnen ihren Judenzins am Altare – fallen auf die Knie, damit sie ja ihren Schlamp ausbreiten können – wenden kein Aug von dem Pfarrer, damit sie sehen, wie seine Perücke frisiert ist. – Fallen in Ohnmacht, wenn sie eine Gans bluten sehen, und klatschen in die Hände, wenn ihr Nebenbuhler bankerott von der Börse geht. – – So warm ich ihnen die Hand drückte: – Nur noch einen Tag! – Umsonst! – Ins Loch mit dem Hund! – Bitten! Schwüre! Tränen! *(Auf den Boden stampfend)* Hölle und Teufel!

Ins Loch Ins Gefängnis

Spiegelberg Und um so ein paar tausend lausige Dukaten –

Moor Nein, ich mag nicht daran denken. Ich soll meinen Leib pressen in eine Schnürbrust und meinen Willen schnüren in Gesetze. Das Gesetz hat zum Schneckengang verdorben, was Adlerflug geworden wäre. Das Gesetz hat noch keinen großen Mann gebildet, aber die Freiheit brütet Kolosse und Extremitäten aus. Sie verpalisadieren sich ins Bauchfell eines Tyrannen, hofieren der Laune seines Magens und lassen sich klemmen von seinen Winden. – Ah! dass der Geist Hermanns noch in der Asche glimmte! – Stelle mich vor ein Heer Kerls wie ich, und aus Deutschland soll eine Republik werden, gegen die Rom und Sparta Nonnenklöster sein sollen. *(Er wirft den Degen auf den Tisch und steht auf.)*

Extremitäten außerordentliche Taten

Hermanns → Seite 251

Spiegelberg *(aufspringend)* Bravo! Bravissimo! Du bringst mich eben recht auf das Chapitre. Ich will dir was ins Ohr sagen, Moor, das schon lang mit mir umgeht, und du bist der Mann dazu – sauf, Bruder, sauf – wie wär's, wenn wir Juden würden und das Königreich wieder aufs Tapet brächten!

Chapitre Thema

aufs Tapet ins Gespräch

Moor *(lacht aus vollem Halse)* Ah! Nun merk ich – nun merk ich – du willst die Vorhaut aus der Mode bringen, weil der Barbier die deinige schon hat?

Barbier Chirurg und Haarschneider

Spiegelberg Dass dich Bärenhäuter! Ich bin freilich wunderbarerweis schon voraus beschnitten. Aber sag, ist das nicht ein schlauer und herzhafter Plan? Wir lassen ein

Manifest ausgehen in alle vier Enden der Welt und zitieren nach Palästina, was kein Schweinefleisch isst. Da beweis ich nun durch triftige Dokumente, Herodes, der Vierfürst, sei mein Großahnherr gewesen, und so ferner. Das wird ein Viktoria abgeben, Kerl, wenn sie wieder ins Trockene kommen und Jerusalem wieder aufbauen dörfen. Itzt frisch mit den Türken aus Asien, weils Eisen noch warm ist, und Zedern gehauen aus dem Libanon, und Schiffe gebaut, und geschachert mit alten Borten und Schnallen das ganze Volk. Mittlerweile –

Moor *(nimmt ihn lächelnd bei der Hand)* Kamerad! Mit den Narrenstreichen ist's nun am Ende.

Spiegelberg *(stutzig)* Pfui, du wirst doch nicht gar den verlorenen Sohn spielen wollen! Ein Kerl wie du, der mit dem Degen mehr auf die Gesichter gekritzelt hat, als drei Substituten in einem Schaltjahr ins Befehlbuch schreiben! Soll ich dir von der großen Hundsleiche vorerzählen? Ha! ich muss nur dein eigenes Bild wieder vor dich rufen, das wird Feuer in deine Adern blasen, wenn dich sonst nichts mehr begeistert. Weißt du noch, wie die Herren vom Kollegio deiner Dogge das Bein hatten abschießen lassen, und du zur Revanche ließest ein Fasten ausschreiben in der ganzen Stadt? Man schmollte über dein Reskript. Aber du nicht faul, lässest alles Fleisch aufkaufen in ganz L., dass in acht Stund kein Knoch mehr zu nagen ist in der ganzen Rundung, und die Fische anfangen, im Preise zu steigen. Magistrat und Bürgerschaft düsselten Rache. Wir Pursche frisch heraus zu siebzehnhundert, und du an der Spitze, und Metzger und Schneider und Krämer hinterher, und Wirt und Barbierer und alle Zünfte, und fluchen, Sturm zu laufen wider die Stadt, wenn man den Purschen ein Haar krümmen wollte. Da ging's aus, wie 's Schießen zu Hornberg, und mussten

Manifest politisches Programm
zitieren … isst lassen alle Juden nach Palästina kommen
Herodes, der Vierfürst Herodes Antipas, Herrscher über Galiläa von 4 v. – 39 n. Chr.
Viktoria Sieggeschrei
Zedern … Libanon vgl. Ezechiel 27,5
Substituten Amtsschreiber
Kollegio Rat der Stadt
schmollte über dein Reskript belächelte deinen Erlass
Rundung Umgebung
düsselten flüsterten
Pursche Burschen
Schießen zu Hornberg Redewendung für: ohne Sieger

abziehen mit langer Nase. Du lässest Doktores kommen ein ganzes Konzilium und botst drei Dukaten, wer dem Hund ein Rezept schreiben würde. Wir sorgten, die Herren werden zu viel Ehr im Leib haben und *nein* sagen, und hatten's schon verabredt, sie zu forcieren. Aber das war unnötig; die Herren schlugen sich um die drei Dukaten, und kam's im Abstreich herab auf drei Batzen, in einer Stund sind zwölf Rezepte geschrieben, dass das Tier auch bald drauf verreckte.

Moor Schändliche Kerls!

Spiegelberg Der Leichenpomp wird veranstaltet in aller Pracht, Carmina gab's die schwere Meng um den Hund, und zogen wir aus des Nachts gegen tausend, eine Laterne in der einen Hand, unsre Raufdegen in der andern, und so fort durch die Stadt mit Glockenspiel und Geklimper, bis der Hund beigesetzt war. Drauf gab's ein Fressen, das währt bis an den lichten Morgen, da bedanktest du dich bei den Herren für das herzliche Beileid und ließest das Fleisch verkaufen ums halbe Geld. Mort de ma vie, da hatten wir dir Respekt wie eine Garnison in einer eroberten Festung –

Moor Und du schämst dich nicht, damit groß zu prahlen? Hast nicht einmal so viel Scham, dich dieser Streiche zu schämen?

Spiegelberg Geh, geh! Du bist nicht mehr Moor. Weißt du noch, wie tausendmal du, die Flasche in der Hand, den alten Filzen hast aufgezogen und gesagt: Er soll nur drauflos schaben und scharren, du wollest dir dafür die Gurgel absaufen. – Weißt du noch? he? weißt du noch? O du heilloser, erbärmlicher Prahlhans! Das war noch männlich gesprochen und edelmännisch, aber –

Moor Verflucht seist du, dass du mich dran erinnerst! Verflucht ich, dass ich es sagte! Aber es war nur im Dampfe

Konzilium **hier: Gruppe**

forcieren **zwingen**

Abstreich **Herunterhandeln**
Batzen **Münzen à vier Kreuzer**

Leichenpomp, Carmina **Begräbnisfeier und -lieder**

Mort de ma vie **franz. »Tod meines Lebens«**

Filzen **Geizkragen**

des Weins, und mein Herz hörte nicht, was meine Zunge prahlte.

Spiegelberg *(schüttelt den Kopf)* Nein! nein! nein! das kann nicht sein. Unmöglich, Bruder, das kann dein Ernst nicht sein. Sag, Brüderchen, ist es nicht die Not, die dich so stimmt? Komm, lass dir ein Stückchen aus meinen Bubenjahren erzählen. Da hatt ich neben meinem Haus einen Graben, der, wie wenig, seine acht Schuh breit war, wo wir Buben uns in die Wette bemühten hinüberzuspringen. Aber das war umsonst. Pflumpf! lagst du, und ward ein Gezisch und Gelächter über dir, und wurdest mit Schneeballen geschmissen über und über. Neben meinem Haus lag eines Jägers Hund an einer Kette, eine so bissige Bestie, die dir die Mädels wie der Blitz am Rockzipfel hatte, wenn sie sich's versahn und zu nah dran vorbeistrichen. Das war nun mein Seelengaudium, den Hund überall zu necken, wo ich nur konnte, und wollt halb krepieren vor Lachen, wenn mich dann das Luder so giftig anstierte und so gern auf mich losgerannt wär, wenn's nur gekonnt hätte. – Was geschieht? Ein andermal mach ich's ihm auch wieder so und werf ihn mit einem Stein so derb an die Ripp, dass er vor Wut von der Kette reißt und auf mich dar, und ich wie alle Donnerwetter reißaus und davon – Tausend Schwerenot! Da ist dir just der vermaledeite Graben dazwischen. Was zu tun? Der Hund ist mir hart an den Fersen und wütig, also kurz resolviert – ein Anlauf genommen – drüben bin ich. Dem Sprung hatt ich Leib und Leben zu danken; die Bestie hätte mich zuschanden gerissen.

wie wenig **mindestens**
Schuh **30 Zentimeter, Längenmaß**
sich's versahn **nicht aufpassten**
Seelengaudium **Spaß, Freude**
auf mich dar **auf mich zu**
kurz resolviert **kurz entschlossen**

Moor Aber wozu itzt das?

Spiegelberg Dazu – dass du sehen sollst, wie die Kräfte wachsen in der Not. Darum lass ich mir's auch nicht bange sein, wenn's aufs Äußerste kommt. Der Mut wächst mit der Gefahr; die Kraft erhebt sich im Drang. Das Schicksal muss einen großen Mann aus mir haben wollen, weil's mir so quer durch den Weg streicht.

Moor *(ärgerlich)* Ich wüsste nicht, wozu wir den Mut noch haben sollten und noch nicht gehabt hätten.

Spiegelberg So? – Und du willst also deine Gaben in dir verwittern lassen? Dein Pfund vergraben? Meinst du, deine Stinkereien in Leipzig machen die Grenzen des menschlichen Witzes aus? Da lass uns erst in die große Welt kommen. Paris und London! – wo man Ohrfeigen einhandelt, wenn man einen mit dem Namen eines ehrlichen Mannes grüßt. Da ist es auch ein Seelenjubilo, wenn man das Handwerk ins Große praktiziert. – Du wirst gaffen! Du wirst Augen machen! Wart, und wie man Handschriften nachmacht, Würfel verdreht, Schlösser aufbricht und den Koffern das Eingeweid ausschüttet – das sollst du noch von Spiegelberg lernen! Die Kanaille soll man an den nächsten besten Galgen knüpfen, die bei *geraden* Fingern verhungern will.

Moor *(zerstreut)* Wie? Du hast es wohl gar noch weiter gebracht?

Spiegelberg Ich glaube gar, du setzest ein Misstrauen in mich. Wart, lass mich erst warm werden; du sollst Wunder sehen, dein Gehirnchen soll sich im Schädel umdrehen, wenn mein kreißender Witz in die Wochen kommt. – *(Steht auf, hitzig)* Wie es sich aufhellt in mir! Große Gedanken dämmern auf in meiner Seele! Riesenplane gären in meinem schöpfrischen Schädel. Verfluchte Schlafsucht! *(Sich vorn Kopf schlagend)* Die bisher meine Kräfte in Ketten schlug, meine Aussichten sperrte und spannte; ich erwache, fühle, wer ich bin – wer ich werden muss!

Moor Du bist ein Narr. Der Wein bramarbasiert aus deinem Gehirne.

Dein Pfund vergraben vgl. Lukas 19, 11–28

jubilo lat. »ich jauchze«

Kanaille Schuft, Lump

bei geraden Fingern in ehrlicher Lebensweise

wenn mein kreißender Witz … kommt wenn ich meine Ideen gebäre

spannte einspannte, einengte

bramarbasiert prahlt

Spiegelberg *(hitziger)* Spiegelberg, wird es heißen, kannst du hexen, Spiegelberg? Es ist Schade, dass du kein General worden bist, Spiegelberg, wird der König sagen, du hättest die Östreicher durch ein Knopfloch gejagt. Ja, hör ich die Dokters jammern, es ist unverantwortlich, dass der Mann nicht die Medizin studiert hat, er hätte ein neues Kropfpulver erfunden. Ach! und dass er das Kamerale nicht zum Fach genommen hat, werden die Sullys in ihren Kabinetten seufzen, er hätte aus Steinen Louisdore hervorgezaubert. Und Spiegelberg wird es heißen in Osten und Westen, und in den Kot mit euch, ihr Memmen, ihr Kröten, indes Spiegelberg mit ausgespreiteten Flügeln zum Tempel des Nachruhms emporfliegt.

Kamerale Volkswirtschaftslehre
die Sullys → Seite 251
Louisdore französische Geldmünzen

Moor Glück auf den Weg! Steig du auf Schandsäulen zum Gipfel des Ruhms. Im Schatten meiner väterlichen Haine, in den Armen meiner Amalia lockt mich ein edler Vergnügen. Schon die vorige Woche hab ich meinem Vater um Vergebung geschrieben, hab ihm nicht den kleinsten Umstand verschwiegen, und wo Aufrichtigkeit ist, ist auch Mitleid und Hilfe. Lass uns Abschied nehmen, Moritz. Wir sehen uns heut, und nie mehr. Die Post ist angelangt. Die Verzeihung meines Vaters ist schon innerhalb dieser Stadtmauren.

Haine Ländereien
edler edleres
Stadtmauren Stadtmauern

Schweizer, **Grimm**, **Roller**, **Schufterle**, **Razmann** *treten auf.*

Roller Wisst ihr auch, dass man uns auskundschaftet?

Grimm Dass wir keinen Augenblick sicher sind aufgehoben zu werden?

aufgehoben entdeckt, festgenommen

Moor Mich wundert's nicht. Es gehe, wie es will! saht ihr den Schwarz nicht? sagt er euch von keinem Brief, den er an mich hätte?

Roller Schon lang sucht er dich, ich vermute so etwas.

Moor Wo ist er, wo? wo? *(Will eilig fort)*

Roller Bleib! wir haben ihn hieher beschieden. Du zitterst? –

Moor Ich zittre nicht. Warum sollt' ich auch zittern? Kameraden! dieser Brief – freut euch mit mir! Ich bin der Glücklichste unter der Sonne, warum sollt' ich zittern?

Schwarz *tritt auf.*

Moor *(fliegt ihm entgegen)* Bruder! Bruder! den Brief! den Brief!

Schwarz *(gibt ihm den Brief, den er hastig aufbricht)* Was ist dir? Wirst du nicht wie die Wand?

Moor Meines Bruders Hand!

Schwarz Was treibt denn der Spiegelberg?

Grimm Der Kerl ist unsinnig. Er macht Gestus wie beim Sankt-Veits-Tanz.

Schufterle Sein Verstand geht im Ring herum. Ich glaub, er macht Verse.

Razmann Spiegelberg! He, Spiegelberg! – Die Bestie hört nicht.

Grimm *(schüttelt ihn)* Kerl! träumst du, oder –?

Spiegelberg *(der sich die ganze Zeit über mit den Pantomimen eines Projektmachers im Stubeneck abgearbeitet hat, springt wild auf)* La bourse ou la vie! *(Und packt Schweizern an der Gurgel, der ihn gelassen an die Wand wirft. – Moor lässt den Brief fallen und rennt hinaus. Alle fahren auf.)*

Roller *(ihm nach)* Moor! Wo 'naus, Moor? was beginnst du?

Grimm Was hat er, was hat er? Er ist bleich wie die Leiche.

Schweizer Das müssen schöne Neuigkeiten sein! Lass doch sehen!

Roller *(nimmt den Brief von der Erde und liest)* »Unglück-

hieher beschieden **hierher bestellt**

unsinnig **von Sinnen**

Gestus wie … **gliederzuckend**

Pantomimen eines Projektmachers **Gebärden des Pläneschmiedens**

La bourse ou la vie! **franz. »Geld oder Leben! «**

kürzlich in Kürze

traktiert behandelt

bis deine Haare … werden vgl. Daniel 4,30

licher Bruder!« Der Anfang klingt lustig. »Nur kürzlich muss ich dir melden, dass deine Hoffnung vereitelt ist – du sollst hingehen, lässt dir der Vater sagen, wohin dich deine Schandtaten führen. Auch, sagt er, werdest du dir keine Hoffnung machen, jemals Gnade zu seinen Füßen zu erwimmern, wenn du nicht gewärtig sein wollest, im untersten Gewölb seiner Türme mit Wasser und Brot so lang traktiert zu werden, bis deine Haare wachsen wie Adlersfedern und deine Nägel wie Vogelsklauen werden. Das sind seine eigene Worte. Er befiehlt mir, den Brief zu schließen. Leb wohl auf ewig. Ich bedaure dich – Franz von Moor.«

Schweizer Ein zuckersüßes Brüderchen! In der Tat! – Franz heißt die Kanaille?

Spiegelberg *(sachte herbeischleichend)* Von Wasser und Brot ist die Rede? Ein schönes Leben! Da hab ich anders für euch gesorgt! Sagt ich's nicht, ich müsst am Ende für euch alle denken?

Schweizer Was sagt der Schafskopf? der Esel will für uns alle denken?

Spiegelberg Hasen, Krüppel, lahme Hunde seid ihr alle, wenn ihr das Herz nicht habt, etwas Großes zu wagen!

vermaledeiten verfluchten

Roller Nun, das wären wir freilich, du hast recht – aber wird es uns auch aus dieser vermaledeiten Lage reißen, was du wagen wirst? wird es? –

raffiniert kommt

Mähre schwaches Pferd

Hundsfott Schuft

Spiegelberg *(mit einem stolzen Gelächter)* Armer Tropf! Aus dieser Lage reißen? hahaha! – aus dieser Lage reißen? – und auf mehr raffiniert dein Fingerhut voll Gehirn nicht? und damit trabt deine Mähre zum Stalle? Spiegelberg müsste ein Hundsfott sein, wenn er mit dem nur anfangen wollte. Zu Helden, sag ich dir, zu Freiherrn, zu Fürsten, zu Göttern wird's euch machen!

Razmann Das ist viel auf einen Hieb, wahrlich! Aber es wird wohl eine halsbrechende Arbeit sein, den Kopf wird's wenigstens kosten.

Spiegelberg Es will nichts als Mut, denn was den Witz betrifft, den nehm ich ganz über *mich*. Mut, sag ich, Schweizer! Mut! Roller, Grimm, Razmann, Schufterle! Mut! –

nehm ich ganz über mich **übernehme ich**

Schweizer Mut? Wenn's nur das ist – Mut hab ich genug, um barfuß mitten durch die Hölle zu gehn.

Schufterle Mut genug, mich unterm lichten Galgen mit dem leibhaftigen Teufel um einen armen Sünder zu balgen.

Spiegelberg So gefällt mir's! Wenn ihr Mut habt, tret' einer auf und sag': Er habe noch etwas zu verlieren, und nicht alles zu gewinnen! –

Schwarz Wahrhaftig, da gäb's manches zu verlieren, wenn ich das verlieren wollte, was ich noch zu gewinnen habe!

Razmann Ja, zum Teufel! und manches zu gewinnen, wenn ich das gewinnen wollte, was ich nicht verlieren kann.

Schufterle Wenn ich das verlieren müsste, was ich auf Borgs auf dem Leibe trage, so hätt ich allenfalls morgen nichts mehr zu verlieren.

auf Borgs **nur geliehen**

Spiegelberg Also denn! *(Er stellt sich mitten unter sie mit beschwörendem Ton.)* Wenn noch ein Tropfen deutschen Heldenbluts in euren Adern rinnt – kommt! Wir wollen uns in den böhmischen Wäldern niederlassen, dort eine Räuberbande zusammenziehen und – Was gafft ihr mich an? – Ist euer bisschen Mut schon verdampft?

Roller Du bist wohl nicht der erste Gauner, der über den hohen Galgen weggesehen hat – und doch – Was hätten wir sonst noch für eine Wahl übrig?

Spiegelberg Wahl? Was? nichts habt ihr zu wählen! Wollt ihr im Schuldturm stecken, und zusammenschnurren, bis man zum Jüngsten Tag posaunt? Wollt ihr euch mit der Schaufel und Haue um einen Bissen trocken Brot abquä-

Schuldturm **Gefängnis**
bis man … posaunt **bis zum Ende der Zeit**
Haue **Hacke**

len? Wollt ihr an der Leute Fenster mit einem Bänkelsängerlied ein mageres Almosen erpressen? oder wollt ihr zum Kalbsfell schwören – und da ist erst noch die Frage, ob man euren Gesichtern traut – und dort unter der milzsüchtigen Laune eines gebieterischen Korporals das Fegfeuer zum Voraus abverdienen? oder bei klingendem Spiel nach dem Takt der Trommel spazieren gehen, oder im Galliotenparadies das ganze Eisenmagazin Vulkans hinterherschleifen? Seht, das habt ihr zu wählen, da ist es beisammen, was ihr wählen könnt!

Bänkelsänger fahrender Musikant
zum Kalbsfell schwören Soldat werden
milzsüchtigen üblen
im Galliotenparadies … hinterherschleifen als Galeerensklaven angekettet sein

Roller So unrecht hat der Spiegelberg eben nicht. Ich hab auch meine Plane schon zusammengemacht, aber sie treffen endlich auf eins. Wie wär's, dacht ich, wenn ihr euch hinsetztet und ein Taschenbuch oder einen Almanach oder so was Ähnlichs zusammensudeltet und um den lieben Groschen rezensiertet, wie's wirklich Mode ist?

treffen auf eins laufen auf das Gleiche hinaus

Schufterle Zum Henker! ihr ratet nach zu meinen Projekten. Ich dachte bei mir selbst, wenn du ein Pietist würdest und wöchentlich deine Erbauungsstunden hieltest?

nach nahe
Pietist → Seite 251

Grimm Getroffen! und wenn das nicht geht, ein Atheist! Wir könnten die vier Evangelisten aufs Maul schlagen, ließen unser Buch durch den Schinder verbrennen, und so ging's reißend ab.

Atheist Gottesleugner
so ging's reißend ab fände es reißenden Absatz

Razmann Oder zögen wir wider die Franzosen zu Felde – ich kenne einen Dokter, der sich ein Haus aus purem Quecksilber gebauet hat, wie das Epigramm auf der Haustüre lautet.

die Franzosen die Geschlechtskrankheit Syphilis
Quecksilber Mittel zur Behandlung der Syphilis
Epigramm hier: Aufschrift

Schweizer *(steht auf und gibt Spiegelberg die Hand)* Moritz, du bist ein großer Mann! – oder es hat ein blindes Schwein eine Eichel gefunden.

Schwarz Vortreffliche Plane! honette Gewerbe! Wie doch die großen Geister sympathisieren! Itzt fehlte nur noch, dass

honette anständige

wir Weiber und Kupplerinnen würden, oder gar unsere Jungferschaft zu Markte trieben.

Spiegelberg Possen, Possen! Und was hindert's, dass ihr nicht das meiste in einer Person sein könnt? Mein Plan wird euch immer am höchsten poussieren, und da habt ihr noch Ruhm und Unsterblichkeit! Seht, arme Schlucker! Auch so weit muss man hinausdenken! Auch auf den Nachruhm, das süße Gefühl von Unvergesslichkeit –

Roller Und obenan in der Liste der ehrlichen Leute! Du bist ein Meisterredner, Spiegelberg, wenn's drauf ankommt, aus einem ehrlichen Mann einen Hollunken zu machen – Aber sag doch einer, wo der Moor bleibt? –

Spiegelberg Ehrlich, sagst du? Meinst du, du seist nachher weniger ehrlich, als du itzt bist? Was heißt du ehrlich? Reichen Filzen ein Dritteil ihrer Sorgen vom Hals schaffen, die ihnen nur den goldnen Schlaf verscheuchen, das stockende Geld in Umlauf bringen, das Gleichgewicht der Güter wiederherstellen, mit einem Wort, das goldne Alter wieder zurückrufen, dem lieben Gott von manchem lästigen Kostgänger helfen, ihm Krieg, Pestilenz, teure Zeit und *Dokters* ersparen – siehst du, das heiß ich ehrlich sein, das heiß ich ein würdiges Werkzeug in der Hand der Vorsehung abgeben. – Und so bei jedem Braten, den man isst, den schmeichelhaften Gedanken zu haben: den haben dir deine Finten, dein Löwenmut, deine Nachtwachen erworben – von Groß und Klein respektiert zu werden –

Roller Und endlich gar bei lebendigem Leibe gen Himmel fahren, und trutz Sturm und Wind, trutz dem gefräßigen Magen der alten Urahne Zeit unter Sonn und Mond und allen Fixsternen schweben, wo selbst die unvernünftigen Vögel des Himmels, von edler Begierde herbeigelockt, ihr himmlisches Konzert musizieren, und die Engel mit

poussieren **angenehm sein**

Hollunken **Halunken**

das goldne Alter **antike Vorstellung einer idealen früheren Welt**

Pestilenz **Pest**

Finten **Tricks**

trutz **trotz**

die Engel mit Schwänzen **Teufel**

Synedrium oberster Rat
Potentaten Herrscher
von Jupiters ... anzunehmen vom Adler zerfleischt werden wie Prometheus
dem dreibeinigten Tiere dem Galgen
Schindanger Leichenplatz für Verbrecher
Sukzessionsleiter Thronfolge
Oktav kleines Buchformat
Prostitution hier: Ehrlosigkeit
Acheron → Seite 251
Katechismus Glaubensbekenntnis
wie ein anderer Orpheus wie ein zweiter Orpheus → Seite 251

Schwänzen ihr hochheiliges Synedrium halten? Nicht wahr? – Und wenn Monarchen und Potentaten von Motten und Würmern verzehrt werden, die Ehre haben zu dürfen, von Jupiters königlichem Vogel Visiten anzunehmen? – Moritz, Moritz, Moritz! nimm dich in Acht! nimm dich in Acht, vor dem dreibeinigten Tiere!

Spiegelberg Und das schröckt dich, Hasenherz? ist doch schon manches Universalgenie, das die Welt hätte reformieren können, auf dem Schindanger verfault, und spricht man nicht von so einem Jahrhunderte, Jahrtausende lang, da mancher König und Kurfürst in der Geschichte überhüpft würde, wenn sein Geschichtschreiber die Lücke in der Sukzessionsleiter nicht scheute und sein Buch dadurch nicht um ein paar Oktavseiten gewönne, die ihm der Verleger mit barem Gelde bezahlt – Und wenn dich der Wanderer so hin und her fliegen sieht im Winde – der muss auch kein Wasser im Hirn gehabt haben, brummt er in den Bart, und seufzt über die elenden Zeiten.

Schweizer *(klopft ihn auf die Achsel)* Meisterlich, Spiegelberg! Meisterlich! Was zum Teufel, steht ihr da und zaudert?

Schwarz Und lass es auch *Prostitution* heißen – Was folgt weiter? Kann man nicht auf den Fall immer ein Pülverchen mit sich führen, das einen so im Stillen übern Acheron fördert, wo kein Hahn darnach kräht? Nein, Bruder Moritz! dein Vorschlag ist gut. So lautet auch mein Katechismus.

Schufterle Blitz! Und der meine nicht minder. Spiegelberg, du hast mich geworben!

Razmann Du hast, wie ein anderer Orpheus, die heulende Bestie, mein Gewissen in den Schlaf gesungen. Nimm mich ganz, wie ich da bin!

Grimm Si omnes consentiunt ego non dissentio. Wohlgemerkt, ohne Komma! Es ist ein Aufstreich in meinem Kopf: Pietisten – Quacksalber – Rezensenten und Jauner! Wer am meisten bietet, der hat mich. Nimm diese Hand, Moritz!

Roller Und auch du, Schweizer? *(Gibt Spiegelberg die rechte Hand)* Also verpfänd ich meine Seele dem Teufel.

Spiegelberg Und deinen Namen den Sternen! Was liegt daran, wohin auch die Seele fährt? Wenn Scharen vorausgesprengter Kuriere unsere Niederfahrt melden, dass sich die Satane festtäglich herausputzen, sich den tausendjährigen Ruß aus den Wimpern stäuben, und Myriaden gehörnter Köpfe aus der rauchenden Mündung ihrer Schwefelkamine hervorwachsen, unsern Einzug zu sehen? Kameraden! *(Aufgesprungen)* Frisch auf! Kameraden! Was in der Welt wiegt diesen Rausch des Entzückens auf? Kommt, Kameraden!

Roller Sachte nur! sachte! Wohin? Das Tier muss auch seinen Kopf haben, Kinder.

Spiegelberg *(giftig)* Was predigt der Zauderer? Stand nicht der Kopf schon, eh noch ein Glied sich regte? Folgt, Kameraden!

Roller Gemach sag ich. Auch die Freiheit muss ihren Herrn haben. Ohne Oberhaupt ging Rom und Sparta zugrunde.

Spiegelberg *(geschmeidig)* Ja – haltet – Roller sagt recht. Und das muss ein erleuchteter Kopf sein. Versteht ihr? Ein feiner, politischer Kopf muss das sein. Ja! wenn ich mir's denke, was ihr vor einer Stunde waret, was ihr itzt seid, – durch *einen* glücklichen Gedanken seid – ja freilich, freilich müsst ihr einen Chef haben – und wer diesen Gedanken entsponnen, sagt, muss das nicht ein erleuchteter politischer Kopf sein?

Si omnes … non dissentio. lat. »Wenn alle übereinstimmen, widerspreche ich nicht.«
ohne Komma → Seite 251
Jauner Gauner

Myriaden griech. »Zehntausende«, hier: Ungezählte

Gemach Ruhig, langsam

Roller Wenn sich's hoffen ließe – träumen ließe – aber ich fürchte, er wird es nicht tun.

Spiegelberg Warum nicht? Sag's keck heraus, Freund! – So schwer es ist, das kämpfende Schiff gegen die Winde zu lenken, so schwer sie auch drückt, die Last der Kronen – sag's unverzagt, Roller, – vielleicht wird er's doch tun.

Roller Und leck ist das Ganze, wenn er's nicht tut. Ohne den Moor sind wir Leib ohne Seele.

Stockfisch Langweiler

Spiegelberg *(unwillig von ihm weg)* Stockfisch!

Erzt Erz

Megäre Rachegöttin

verwilde verwildere

Moor *(tritt herein in wilder Bewegung und läuft heftig im Zimmer auf und nieder, mit sich selber)* Menschen – Menschen! falsche, heuchlerische Krokodilbrut! Ihre Augen sind Wasser! Ihre Herzen sind Erzt! Küsse auf den Lippen! Schwerter im Busen! Löwen und Leoparden füttern ihre Jungen, Raben tischen ihren Kleinen auf dem Aas, und Er, Er – Bosheit hab ich dulden gelernt, kann dazu lächeln, wenn mein erboster Feind mir mein eigen Herzblut zutrinkt – aber wenn Blutliebe zur Verräterin, wenn Vaterliebe zur Megäre wird, o so fange Feuer, männliche Gelassenheit, verwilde zum Tiger, sanftmütiges Lamm, und jede Faser recke sich auf zu Grimm und Verderben.

Roller Höre, Moor! Was denkst du davon? Ein Räuberleben ist doch auch besser, als bei Wasser und Brot im untersten Gewölbe der Türme?

Moor Warum ist dieser Geist nicht in einen Tiger gefahren, der sein wütendes Gebiss in Menschenfleisch haut? Ist das Vatertreue? Ist das Liebe für Liebe? Ich möchte ein Bär sein, und die Bären des Nordlands wider dies mörderische Geschlecht anhetzen – Reue, und keine Gnade! Oh ich möchte den Ozean vergiften, dass sie den Tod aus allen Quellen saufen! Vertrauen, unüberwindliche Zuversicht, und kein Erbarmen!

Roller So höre doch, Moor, was ich dir sage!

Moor Es ist unglaublich, es ist ein Traum, eine Täuschung – So eine rührende Bitte, so eine lebendige Schilderung des Elends und der zerfließenden Reue – die wilde Bestie wär in Mitleid zerschmolzen! Steine hätten Tränen vergossen, und doch – man würde es für ein boshaftes Pasquill aufs Menschengeschlecht halten, wenn ich's aussagen wollte – und doch, doch – oh, dass ich durch die ganze Natur das Horn des Aufruhrs blasen könnte, Luft, Erde und Meer wider das Hyänengezücht ins Treffen zu führen!

Pasquill Spottschrift

ins Treffen in die Schlacht

Grimm Höre doch, höre! vor Rasen hörst du ja nicht.

Moor Weg, weg von mir! Ist dein Name nicht Mensch! Hat dich das Weib nicht geboren? – Aus meinen Augen, du mit dem Menschengesicht! – Ich hab ihn so unaussprechlich geliebt! so liebte kein Sohn; ich hätte tausend Leben für ihn – *(Schäumend auf die Erde stampfend)* Ha! – wer mir itzt ein Schwert in die Hand gäb, dieser Otterbrut eine brennende Wunde zu versetzen! wer mir sagte, wo ich das Herz ihres Lebens erzielen, zermalmen, zernichten – er sei mein Freund, mein Engel, mein Gott – ich will ihn anbeten!

Otterbrut vgl. Matthäus 3,7

Roller Eben diese Freunde wollen ja wir sein, lass dich doch weisen!

weisen belehren

Schwarz Komm mit uns in die böhmischen Wälder! Wir wollen eine Räuberbande sammeln, und du – *(Moor stiert ihn an.)*

Schweizer Du sollst unser Hauptmann sein! du musst unser Hauptmann sein!

Spiegelberg *(wirft sich wild in einen Sessel)* Sklaven und Memmen!

Moor Wer blies dir das Wort ein? Höre, Kerl! *(indem er Schwarzen hart ergreift)* Das hast du nicht aus deiner Menschenseele hervorgeholt! Wer blies dir das Wort ein?

So wahr … lebt vgl. Samuel 20,3

Ja, bei dem tausendarmigen Tod! das wollen wir, das müssen wir! der Gedanke verdient Vergötterung – *Räuber* und *Mörder!* – So wahr meine Seele lebt, ich bin euer Hauptmann!

Alle *(mit lärmendem Geschrei)* Es lebe der Hauptmann!

ihm hinhelfe ihn töte

Spiegelberg *(aufspringend, vor sich)* Bis ich ihm hinhelfe!

Star Trübung der Augenlinse

Moor Siehe, da fällt's wie der Star von meinen Augen! was für ein Tor ich war, dass ich ins Käficht zurückwollte! – Mein Geist dürstet nach Taten, mein Atem nach Freiheit, – *Mörder, Räuber!* – mit diesem Wort war das Gesetz unter meine Füße gerollt – Menschen haben Menschheit vor mir verborgen, da ich an Menschheit appellierte, weg denn von mir Sympathie und menschliche Schonung! – Ich habe keinen Vater mehr, ich habe keine Liebe mehr, und Blut und Tod soll mich vergessen lehren, dass mir jemals etwas teuer war! Kommt, kommt! – Oh ich will mir eine fürchterliche Zerstreuung machen – es bleibt dabei, ich bin euer Hauptmann! Und Glück zu dem Meister unter euch, der am wildesten sengt, am grässlichsten mordet, denn ich sage euch, er soll königlich belohnet werden – Tretet her um mich ein jeder und schwöret mir Treu und Gehorsam zu bis in den Tod! – schwört mir das bei dieser männlichen Rechte!

an Menschheit appellierte mich an die Menschheit wandte

Alle *(geben ihm die Hand)* Wir schwören dir Treu und Gehorsam bis in den Tod!

Moor Nun, und bei dieser männlichen Rechte! schwör ich euch hier, treu und standhaft euer Hauptmann zu bleiben bis in den Tod! Den soll dieser Arm gleich zur Leiche machen, der jemals zagt oder zweifelt oder zurücktritt! Ein Gleiches widerfahre mir von jedem unter euch, wenn ich meinen Schwur verletze! Seid ihr's zufrieden? *(Spiegelberg läuft wütend auf und nieder.)*

aufgeworfenen in die Höhe geworfenen

Alle *(mit aufgeworfenen Hüten)* Wir sind's zufrieden.

Moor Nun dann, so lasst uns gehn! Fürchtet euch nicht vor Tod und Gefahr, denn über uns waltet ein unbeugsames Fatum! Jeden ereilet endlich sein Tag, es sei auf dem weichen Kissen von Flaum, oder im rauen Gewühl des Gefechts, oder auf offenem Galgen und Rad! Eins davon ist unser Schicksal!

(Sie gehen ab.)

Spiegelberg *(ihnen nachsehend, nach einer Pause)* Dein Register hat ein Loch. Du hast das Gift weggelassen. *(Ab)*

Fatum Schicksal

Rad → Seite 252

Dein Register Deine Aufzählung

Dritte Szene

Im Moorischen Schloss. Amaliens Zimmer.

Franz. Amalia.

Franz Du siehst weg, Amalia? Verdien ich weniger als der, den der Vater verflucht hat?

Amalia Weg! – Ha des liebevollen, barmherzigen Vaters, der seinen Sohn Wölfen und Ungeheuern preisgibt! daheim labt er sich mit süßem, köstlichem Wein und pflegt seiner morschen Glieder in Kissen von Eider, während sein großer, herrlicher Sohn darbt – schämt euch, ihr Unmenschen! schämt euch, ihr Drachenseelen, ihr Schande der Menschheit! – seinen einzigen Sohn!

Franz Ich dächte, er hätt ihrer zween.

Amalia Ja, er verdient solche Söhne zu haben, wie du bist. Auf seinem Todbett wird er umsonst die welken Hände ausstrecken nach seinem Karl und schaudernd zurückfahren, wenn er die eiskalte Hand seines Franzens fasst – oh es ist süß, es ist köstlich süß, von deinem Vater ver-

Eider Daunenfeder der Eiderente

zween zwei

flucht zu werden! Sprich, Franz, liebe brüderliche Seele, was muss man tun, wenn man von ihm verflucht sein will?

schwärmst fantasierst

Franz Du schwärmst, meine Liebe, du bist zu bedauren.

Amalia O ich bitte dich – bedauerst du deinen Bruder? – Nein, Unmensch, du hassest ihn! Du hassest mich doch auch?

Franz Ich liebe dich wie mich selbst, Amalia!

Amalia Wenn du mich liebst, kannst du mir wohl eine Bitte abschlagen?

Franz Keine, keine! wenn sie nicht mehr ist als mein Leben.

Amalia O, wenn das ist! Eine Bitte, die du so leicht, so gern erfüllen wirst, *(stolz)* – Hasse mich! Ich müsste feuerrot werden vor Scham, wenn ich an Karln denke und mir eben einfiel', dass du mich nicht hassest. Du versprichst mir's doch? – Itzt geh und lass mich, ich bin so gern allein!

Franz Allerliebste Träumerin! wie sehr bewundere ich dein sanftes liebevolles Herz. *(Ihr auf die Brust klopfend)* Hier, hier herrschte Karl wie ein Gott in seinem Tempel, Karl stand vor dir im Wachen, Karl regierte in deinen Träumen, die ganze Schöpfung schien dir nur in den Einzigen zu zerfließen, den Einzigen wiederzustrahlen, den Einzigen dir entgegenzutönen.

Amalia *(bewegt)* Ja wahrhaftig, ich gesteh es. Euch Barbaren zum Trutz will ich's vor aller Welt gestehen – ich lieb ihn!

Franz Unmenschlich, grausam! Diese Liebe so zu belohnen! Die zu vergessen –

Amalia *(auffahrend)* Was, mich vergessen?

Franz Hattest du ihm nicht einen Ring an den Finger gesteckt? einen Diamantring zum Unterpfand deiner Treue! – Freilich nun, wie kann auch ein Jüngling den Reizen einer Metze Widerstand tun? Wer wird's ihm

Metze Prostituierte

auch verdenken, da ihm sonst nichts mehr übrig war wegzugeben, – und bezahlte sie ihn nicht mit Wucher dafür mit ihren Liebkosungen, ihren Umarmungen?

Amalia *(aufgebracht)* Meinen Ring einer Metze?

Franz Pfui, pfui! das ist schändlich. Wohl aber, wenn's nur das wäre! – Ein Ring, so kostbar er auch ist, ist im Grunde bei jedem Juden wiederzuhaben – vielleicht mag ihm die Arbeit daran nicht gefallen haben, vielleicht hat er einen schönern dafür eingehandelt.

Amalia *(heftig)* Aber *meinen* Ring – ich sage, *meinen* Ring?

Franz Keinen andern, Amalia – ha! solch ein Kleinod, und an meinem Finger – und von Amalia! – von hier sollt' ihn der Tod nicht gerissen haben – nicht wahr, Amalia, nicht die Kostbarkeit des Diamants, nicht die Kunst des Gepräges – die Liebe macht seinen Wert aus. – Liebstes Kind, du weinest? wehe über den, der diese köstlichen Tropfen aus so himmlischen Augen presst – ach, und wenn du erst alles wüsstest, ihn selbst sähest, ihn unter *der* Gestalt sähest? –

Kleinod wertvoller Gegenstand

Amalia Ungeheuer! wie, unter welcher Gestalt?

Franz Stille, stille, gute Seele, frage mich nicht aus! *(Wie vor sich, aber laut)* Wenn es doch wenigstens nur einen Schleier hätte, das garstige Laster, sich dem Auge der Welt zu entstehlen! Aber da blickt's schrecklich durch den gelben, bleifarbenen Augenring; – da verrät sich's im totenblassen, eingefallenen Gesicht und dreht die Knochen hässlich hervor – da stammelt's in der halben, verstümmelten Stimme – da predigt's fürchterlich laut vom zitternden, hinschwankenden Gerippe – da durchwühlt es der Knochen innerstes Mark und bricht die mannhafte Stärke der Jugend – da, da spritzt es den eitrigten, fressenden Schaum aus Stirn und Wangen und Mund und der ganzen Fläche des Leibes zum scheußlichen Aussatz her-

das garstige Laster die Syphilis

eitrigten eitrigen

vor und nistet abscheulich in den Gruben der viehischen Schande – pfui, pfui! mir ekelt. Nasen, Augen, Ohren schütteln sich. – Du hast jenen Elenden gesehen, Amalia, der in unserem Siechenhause seinen Geist auskeuchte, die Scham schien ihr scheues Auge vor ihm zuzublinzen – du ruftest Wehe über ihn aus. Ruf dies Bild noch einmal ganz in deine Seele zurück, und Karl steht vor dir! – Seine Küsse sind Pest, seine Lippen vergiften die deinen!

Amalia *(schlägt ihn)* Schamloser Lästerer!

Franz Graut dir vor diesem Karl? Ekelt dir schon von dem matten Gemälde? Geh, gaff ihn selbst an, deinen schönen, englischen, göttlichen Karl! Geh, sauge seinen balsamischen Atem ein und lass dich von den Ambrosiadüften begraben, die aus seinem Rachen dampfen! der bloße Hauch seines Mundes wird dich in jenen schwarzen todähnlichen Schwindel hauchen, der den Geruch eines berstenden Aases und den Anblick eines leichenvollen Walplatzes begleitet.

Amalia *(wendet ihr Gesicht ab)*

Franz Welches Aufwallen der Liebe! Welche Wollust in der Umarmung – aber ist es nicht ungerecht, einen Menschen um seiner siechen Außenseite willen zu verdammen? Auch im elendesten äsopischen Krüppel kann eine große, liebenswürdige Seele wie ein Rubin aus dem Schlamme glänzen. *(Boshaft lächelnd)* Auch aus blattrigten Lippen kann ja die Liebe –
Freilich, wenn das Laster auch die Festen des Charakters erschüttert, wenn mit der Keuschheit auch die Tugend davonfliegt, wie der Duft aus der welken Rose verdampft – wenn mit dem Körper auch der Geist zum Krüppel verdirbt –

Amalia *(froh aufspringend)* Ha! Karl! nun erkenn ich dich wieder! du bist noch ganz! ganz! alles war Lüge! – Weißt

Siechenhause **Krankenhause**
zuzublinzen **zuzukneifen**
englischen **engelsgleichen**
balsamischen **duftenden**
Ambrosia **Speise der Götter**
Walplatzes **Schlachtfeldes**
äsopischen Krüppel → Seite 252
blattrigten **durch die Blattern (Syphilis) vernarbten**
Festen **Festungen**

du nicht, Bösewicht, dass Karl unmöglich das werden kann? *(Franz steht einige Zeit tiefsinnig, dann dreht er sich plötzlich, um zu gehn.)* Wohin so eilig, fliehst du vor deiner eigenen Schande?

Franz *(mit verhülltem Gesicht)* Lass mich, lass mich! – meinen Tränen den Lauf lassen – tyrannischer Vater! den besten deiner Söhne so hinzugeben dem Elend – der rings umgebenden Schande – lass mich, Amalia! ich will ihm zu Füßen fallen, auf den Knien will ich ihn beschwören, den ausgesprochenen Fluch auf mich, auf mich zu laden – mich zu enterben – mich – mein Blut – mein Leben – alles –

Amalia *(fällt ihm um den Hals)* Bruder meines Karls, bester, liebster Franz!

Franz O Amalia! Wie lieb ich dich um dieser unerschütterten Treue gegen meinen Bruder – verzeih, dass ich es wagte, deine Liebe auf diese harte Probe zu setzen! – Wie schön hast du meine Wünsche gerechtfertigt! – mit diesen Tränen, diesen Seufzern, diesem himmlischen Unwillen – auch für mich, für mich – unsere Seelen stimmten so zusammen.

Amalia O nein, das taten sie nie!

Franz Ach, sie stimmten so harmonisch zusammen, ich meinte immer, wir müssten Zwillinge sein! Und wär der leidige Unterschied von außen nicht, wobei leider freilich ich verlieren muss, wir würden zehnmal verwechselt. Du bist, sagt ich oft zu mir selbst, ja, du bist der ganze Karl, sein Echo, sein Ebenbild!

Amalia *(schüttelt den Kopf)* Nein, nein, bei jenem keuschen Lichte des Himmels! kein Äderchen von ihm, kein Fünkchen von seinem Gefühle –

keuschen **unschuldigen**

Franz So ganz gleich in unsern Neigungen – die Rose war seine liebste Blume – welche Blume war mir über die

war mir über **galt mir mehr als**

Rose? Er liebte die Musik unaussprechlich, und ihr seid Zeugen, ihr Sterne! ihr habt mich so oft in der Totenstille der Nacht beim Klaviere belauscht, wenn alles um mich begraben lag in Schatten und Schlummer – und wie kannst du noch zweifeln, Amalia, wenn unsere Liebe in *einer Vollkommenheit* zusammentraf, und wenn die Liebe die nämliche ist, wie könnten ihre Kinder entarten?

die nämliche die gleiche

Amalia *(sieht ihn verwundert an)*

Franz Es war ein stiller heiterer Abend, der letzte, eh er nach Leipzig abreiste, da er mich mit sich in jene Laube nahm, wo ihr so oft zusammensaßet in Träumen der Liebe – stumm blieben wir lang – zuletzt ergriff er meine Hand und sprach leise mit Tränen: Ich verlasse Amalia, ich weiß nicht – mir ahndet's, als hieß' es auf ewig – verlass sie nicht, Bruder! – sei ihr Freund – ihr Karl – wenn Karl – nimmer – wiederkehrt – *(Er stürzt vor ihr nieder und küsst ihr die Hand mit Heftigkeit.)* Nimmer, nimmer, nimmer wird er wiederkehren, und ich hab's ihm zugesagt mit einem heiligen Eide!

Amalia *(zurückspringend)* Verräter, wie ich dich ertappe! In ebendieser Laube beschwur er mich, keiner andern Liebe – wenn er sterben sollte – siehst du, wie gottlos, wie abscheulich du – geh aus meinen Augen!

Franz Du kennst mich nicht, Amalia, du kennst mich gar nicht!

Amalia O ich kenne dich, von itzt an kenn ich dich – und du wolltest ihm gleich sein? Vor dir sollt' er um mich geweint haben? Vor dir? Ehe hätt er meinen Namen auf den Pranger geschrieben! Geh den Augenblick!

Ehe Eher
Pranger Holzpfahl zur Bloßstellung von Verbrechern

Franz Du beleidigst mich!

Amalia Geh, sag ich. Du hast mir eine kostbare Stunde gestohlen, sie werde dir an deinem Leben abgezogen!

Franz Du hassest mich.

Amalia Ich verachte dich, geh!

Franz *(mit den Füßen stampfend)* Wart! so sollst du vor mir zittern! Mich einem Bettler aufopfern? *(Zornig ab)*

Amalia Geh, Lotterbube – itzt bin ich wieder bei Karln – Bettler, sagt er? so hat die Welt sich umgedreht, Bettler sind Könige, und Könige sind Bettler! – Ich möchte die Lumpen, die er anhat, nicht mit dem Purpur der Gesalbten vertauschen – der Blick, mit dem er bettelt, das muss ein großer, ein königlicher Blick sein – ein Blick, der die Herrlichkeit, den Pomp, die Triumphe der Großen und Reichen zernichtet! In den Staub mit dir, du prangendes Geschmeide! *(Sie reißt sich die Perlen vom Hals.)* Seid verdammt, Gold und Silber und Juwelen zu tragen, ihr Großen und Reichen! Seid verdammt, an üppigen Mahlen zu zechen! Verdammt, euren Gliedern wohl zu tun auf weichen Polstern der Wollust! Karl! Karl! so bin ich dein wert – *(Ab)*

Lotterbube **Nichtsnutz**

dem Purpur der Gesalbten **dem Königsmantel**

—> Stop (lesen)

Zweiter Akt

Erste Szene

Franz von Moor *(nachdenkend in seinem Zimmer)* Es dauert mir zu lange – der Doktor will, er sei im Umkehren – das Leben eines Alten ist doch eine Ewigkeit! – Und nun wär freie, ebene Bahn bis auf diesen ärgerlichen zähen Klumpen Fleisch, der mir, gleich dem unterirdischen Zauberhund in den Geistermärchen, den Weg zu meinen Schätzen verrammelt.

sei im Umkehren beginne zu gesunden

Müssen denn aber meine Entwürfe sich unter das eiserne Joch des Mechanismus beugen? – Soll sich mein hochfliegender Geist an den Schneckengang der *Materie* ketten lassen? – Ein Licht ausgeblasen, das ohnehin nur mit den letzten Öltropfen noch wuchert – mehr ist's nicht – Und doch möcht ich das nicht gern selbst getan haben um der Leute willen. Ich möchte ihn nicht gern getötet, aber abgelebt. Ich möcht es machen wie der gescheite Arzt, nur umgekehrt. – Nicht der Natur durch einen Querstreich den Weg verrannt, sondern sie in ihrem eigenen Gange befördert. Und wir vermögen doch wirklich die Bedingungen des Lebens zu verlängern, warum sollten wir sie nicht auch verkürzen können? Philosophen und Mediziner lehren mich, wie treffend die Stimmungen des Geists mit den Bewegungen der Maschine zusammenlauten. Gichtrische Empfindungen werden jederzeit von einer Dissonanz der mechanischen Schwingungen begleitet – Leidenschaften *misshandeln* die Lebenskraft – der überladene Geist drückt sein Gehäuse zu Boden – Wie denn nun? – Wer es verstünde, dem Tod diesen ungebahnten Weg in das Schloss des Lebens zu ebenen? – den Körper vom Geist aus zu ver-

des Mechanismus der physischen Körperfunktionen

Gichtrische Krampfhafte

derben – ha! ein Originalwerk! – wer das zustand brächte? – Ein Werk ohnegleichen! – Sinne nach, Moor! – Das wär eine Kunst, die's verdiente, dich zum Erfinder zu haben. Hat man doch die Giftmischerei beinahe in den Rang einer ordentlichen Wissenschaft erhoben und die Natur durch Experimente gezwungen, ihre Schranken anzugeben, dass man nunmehr des Herzens Schläge jahrlang vorausrechnet und zu dem Pulse spricht, bis hieher und nicht weiter*!– Wer sollte nicht auch hier seine Flügel versuchen?
Und wie ich nun werde zu Werk gehen müssen, diese süße, friedliche Eintracht der Seele mit ihrem Leibe zu stören? Welche Gattung von Empfindnissen ich werde wählen müssen? Welche wohl den Flor des Lebens am grimmigsten anfeinden? *Zorn*? – dieser heißhungrige Wolf frisst sich zu schnell satt – *Sorge*? – dieser Wurm nagt mir zu langsam – *Gram*? diese Natter schleicht mir zu träge – *Furcht*? die Hoffnung lässt sie nicht umgreifen – was? sind das all die Henker des Menschen? – Ist das Arsenal des Todes so bald erschöpft? – *(Tiefsinnend)* Wie? – Nun? – Was? Nein! – Ha! *(Auffahrend) Schreck*! – Was kann der Schreck nicht? – Was kann Vernunft, Religion wider dieses Giganten eiskalte Umarmung? – Und doch? – Wenn er auch diesem Sturm stünde? – Wenn er? – O so komme du mir zu Hülfe *Jammer*, und du *Reue*, höllische Eumenide, grabende Schlange, die ihren Fraß wiederkäut und ihren eigenen Kot wiederfrisst; ewige Zerstörerinnen und ewige Schöpferinnen eures Giftes, und du, heulende *Selbstverklagung*, die du dein eigen Haus verwüstest, und

den Flor
das Blühen

umgreifen
sich durchsetzen
Arsenal
Vorrat

Eumenide
→ Seite 252

* Eine Frau in Paris soll es durch ordentlich angestellte Versuche mit Giftpulver so weit gebracht haben, dass sie den entfernten Todestag mit ziemlicher Zuverlässigkeit vorausbestimmen konnte. Pfui über unsere Ärzte, die diese Frau im Prognostizieren beschämt!

Prognostizieren
Vorhersagen

Grazien Göttinnen der Anmut
geizigen hier: sehnsüchtigen
Furien Rachegöttinnen
des Zergliederers des Leichensezierers
korrosivischem zersetzendem

deine eigene Mutter verwundest – Und kommt auch ihr mir zu Hülfe wohltätige Grazien selbst, sanftlächelnde *Vergangenheit*, und du mit dem überquellenden Füllhorn, blühende *Zukunft*, haltet ihm in euren Spiegeln die Freuden des Himmels vor, wenn euer fliehender Fuß seinen geizigen Armen entgleitet – So fall ich Streich auf Streich, Sturm auf Sturm dieses zerbrechliche Leben an, bis den Furientrupp zuletzt schließt – die *Verzweiflung*! Triumph! Triumph! – Der Plan ist fertig – schwer und kunstvoll wie keiner – zuverlässig – sicher – denn *(spöttisch)* des Zergliederers Messer findet ja keine Spuren von Wunde oder korrosivischem Gift. *(Entschlossen)* Wohlan denn!

Hermann *tritt auf.*

Deus ex machina! ➔ Seite 252
Junker Sohn des adligen Herrn

Ha! Deus ex machina! Hermann!

Hermann Zu Euren Diensten, gnädiger Junker!

Franz *(gibt ihm die Hand)* Die du keinem Undankbaren erweisest.

Hermann Ich hab Proben davon.

mit Nächstem demnächst

Franz Du sollst mehr haben mit Nächstem – mit Nächstem, Hermann! – Ich habe dir etwas zu sagen, Hermann.

Hermann Ich höre mit tausend Ohren.

Haar auf der Zunge streitlustig

Franz Ich kenne dich, du bist ein entschlossner Kerl – Soldatenherz – Haar auf der Zunge! – Mein Vater hat dich sehr beleidigt, Hermann!

Hermann Der Teufel hole mich, wenn ich's vergesse!

Beutel Geldbeutel

Franz Das ist der Ton eines Manns! Rache geziemt einer männlichen Brust. Du gefällst mir, Hermann. Nimm diesen Beutel, Hermann. Er sollte schwerer sein, wenn ich erst Herr wäre.

Hermann Das ist ja mein ewiger Wunsch, gnädiger Junker, ich dank Euch.

Franz Wirklich, Hermann? wünschest du wirklich, ich wäre Herr? – aber mein Vater hat das Mark eines Löwen, und ich bin der jüngere Sohn.

Hermann Ich wollt', Ihr wärt der ältere Sohn und Euer Vater hätte das Mark eines schwindsüchtigen Mädchens.

Franz Ha! wie dich der ältere Sohn dann belohnen wollte! wie er dich aus diesem unedlen Staub, der sich so wenig mit deinem Geist und Adel verträgt, ans Licht emporheben wollte! – Dann solltest du, ganz wie du da bist, mit Gold überzogen werden und mit vier Pferden durch die Straßen dahinrasseln, wahrhaftig, das solltest du! – aber ich vergesse, wovon ich dir sagen wollte – hast du das Fräulein von Edelreich schon vergessen, Hermann?

Hermann Wetter Element! was erinnert Ihr mich an das?

Wetter Element! **Fluch**

Franz Mein Bruder hat sie dir weggefischt.

Hermann Er soll dafür büßen!

Franz Sie gab dir einen Korb. Ich glaube gar, er warf dich die Treppen hinunter.

Hermann Ich will ihn dafür in die Hölle stoßen.

Franz Er sagte: man raune sich einander ins Ohr, du seist zwischen dem Rindfleisch und Meerrettich gemacht worden, und dein Vater habe dich nie ansehen können, ohne an die Brust zu schlagen und zu seufzen: Gott sei mir Sünder gnädig!

zwischen dem Rindfleisch und Meerrettich gemacht **schnell nebenher gezeugt zwischen zwei Gängen**

Hermann *(wild)* Blitz, Donner und Hagel, seid still!

Franz Er riet dir, deinen Adelbrief im Aufstreich zu verkaufen, und deine Strümpfe damit flicken zu lassen.

Hermann Alle Teufel! ich will ihm die Augen mit den Nägeln auskratzen.

Franz Was? du wirst böse? was kannst du böse auf ihn sein? Was kannst du ihm Böses tun? Was kann so eine Ratze gegen einen Löwen? Dein Zorn versüßt ihm seinen Triumph nur. Du kannst nichts tun, als deine Zähne

Ratze **Ratte**

zusammenschlagen, und deine Wut an trocknem Brote auslassen.

Hermann *(stampft auf den Boden)* Ich will ihn zu Staub zerreiben.

Franz *(klopft ihm auf die Achsel)* Pfui, Hermann, du bist ein Kavalier. Du musst den Schimpf nicht auf dir sitzen lassen. Du musst das Fräulein nicht fahren lassen, nein, das musst du um alle Welt nicht tun, Hermann! Hagel und Wetter! Ich würde das Äußerste versuchen, wenn ich an deiner Stelle wäre.

Kavalier höflicher, galanter Mann
Schimpf Schmach, Schande

Hermann Ich ruhe nicht, bis ich *ihn* und *ihn* unterm Boden hab.

ihn und ihn Betonung durch Wiederholung

Franz Nicht so stürmisch, Hermann! Komm näher – du sollst Amalia haben!

Hermann Das muss ich, trutz dem Teufel! das muss ich!

Franz Du sollst sie haben, sag ich dir, und das von meiner Hand. Komm näher, sag ich – du weißt vielleicht nicht, dass Karl so gut als enterbt ist?

Hermann *(näher kommend)* Unbegreiflich, das erste Wort, das ich höre.

Franz Sei ruhig, und höre weiter! du sollst ein andermal mehr davon hören – ja, ich sage dir, seit eilf Monaten so gut als verbannt. Aber schon bereut der Alte den voreiligen Schritt, den er doch, *(lachend)* will ich hoffen, nicht selbst getan hat. Auch liegt ihm die Edelreich täglich hart an mit ihren Vorwürfen und Klagen. Über kurz oder lang wird er ihn in allen vier Enden der Welt aufsuchen lassen, und gute Nacht, Hermann! wenn er ihn findet. Du kannst ihm ganz demütig die Kutsche halten, wenn er mit ihr in die Kirche zur Trauung fährt.

eilf elf

Hermann Ich will ihn am Kruzifix erwürgen.

am Kruzifix beim Beten vorm Kreuz

Franz Der Vater wird ihm bald die Herrschaft abtreten, und in Ruhe auf seinen Schlössern leben. Itzt hat der stolze

Strudelkopf den Zügel in Händen, itzt lacht er seiner Hasser und Neider – und ich, der ich dich zu einem wichtigen großen Manne machen wollte, ich selbst, Hermann, werde tief gebückt vor seiner Türschwelle –

Hermann *(in Hitze)* Nein, so wahr ich Hermann heiße, das sollt Ihr nicht! wenn noch ein Fünkchen Verstand in diesem Gehirne glostet! das sollt Ihr nicht!

glostet **glimmt**

Franz Wirst *du* es hindern? auch dich, mein lieber Hermann, wird er seine Geißel fühlen lassen, wird dir ins Angesicht speien, wenn du ihm auf der Straße begegnest, und wehe dir dann, wenn du die Achsel zuckst oder das Maul krümmst – siehe, so steht's mit deiner Anwerbung ums Fräulein, mit deinen Aussichten, mit deinen Entwürfen.

Geißel **Peitsche**

Hermann Sagt mir! was soll ich tun?

Franz Höre dann, Hermann! dass du siehst, wie ich mir dein Schicksal zu Herzen nehme als ein redlicher Freund – geh – kleide dich um – mach dich ganz unkenntlich, lass dich beim Alten melden, gib vor, du kämest geraden Wegs aus Böhmen, hättest mit meinem Bruder dem Treffen bei Prag beigewohnt – hättest ihn auf der Walstatt den Geist aufgeben sehen –

Treffen bei Prag **→ Seite 252**
Walstatt **Kampfplatz**

Hermann Wird man mir glauben?

Franz Hoho! dafür lass mich sorgen! Nimm dieses Paket. Hier findest du deine Kommission ausführlich. Und Dokumente darzu, die den Zweifel selbst glaubig machen sollen – mach itzt nur, dass du fortkommst, und ungesehen! spring durch die Hintertüre in den Hof, von da über die Gartenmauer – die Katastrophe dieser Tragikomödie überlass mir!

Kommission **Aufgabe**
glaubig **glaubend**

Hermann Und die wird sein: Vivat der neue Herr, Franziskus von Moor!

Vivat **lat. »Es lebe«**

Franz *(streichelt ihm die Backen)* Wie schlau du bist! – denn siehst du, auf diese Art erreichen wir alle Zwecke zumal

zumal **zugleich**

einiger einziger

und bald. Amalia gibt ihre Hoffnung auf ihn auf. Der Alte misst sich den Tod seines Sohnes bei, und – er kränkelt – ein schwankendes Gebäude braucht des Erdbebens nicht, um übern Haufen zu fallen – er wird die Nachricht nicht überleben – dann bin ich sein einiger Sohn – Amalia hat ihre Stützen verloren, und ist ein Spiel meines Willens, da kannst du leicht denken – kurz, alles geht nach Wunsch – aber du musst dein Wort nicht zurücknehmen!

Hermann Was sagt ihr? *(Frohlockend)* Eh soll die Kugel in ihren Lauf zurückkehren, und in dem Eingeweid ihres Schützen wüten – rechnet auf mich! Lasst nur mich machen – Adieu!

Franz *(ihm nachrufend)* Die Ernte ist dein, lieber Hermann! – Wenn der Ochse den Kornwagen in die Scheune gezogen hat, so muss er mit Heu vorlieb nehmen. Dir eine Stallmagd, und keine Amalia! *(Geht ab)*

Zweite Szene

Des alten Moors Schlafzimmer.

Der alte Moor *schlafend in seinem Lehnsessel.* **Amalia.**

Amalia *(sachte herbeischleichend)* Leise, leise! er schlummert. *(Sie stellt sich vor den Schlafenden.)* Wie schön, wie ehrwürdig! – ehrwürdig, wie man die Heiligen malt – nein, ich kann dir nicht zürnen! Weißlockigtes Haupt, dir kann ich nicht zürnen! Schlummre sanft, wache froh auf, ich allein will hingehn und leiden.

Der alte Moor *(träumend)* Mein Sohn! mein Sohn! mein Sohn!

Amalia *(ergreift seine Hand)* Horch, horch! sein Sohn ist in seinen Träumen.

Der alte Moor Bist du da? bist du wirklich? ach! wie siehst du so elend! Sieh mich nicht an mit diesem kummervollen Blick! ich bin elend genug.

Amalia *(weckt ihn schnell)* Seht auf, lieber Greis! Ihr träumtet nur. Fasst Euch!

Der alte Moor *(halb wach)* Er war nicht da? drückt ich nicht seine Hände? Garstiger Franz! willst du ihn auch meinen Träumen entreißen?

Amalia Merkst du's, Amalia?

Der alte Moor *(ermuntert sich)* Wo ist er? wo? wo bin ich? du da, Amalia?

Amalia Wie ist Euch? Ihr schlieft einen erquickenden Schlummer.

Der alte Moor Mir träumte von meinem Sohn. Warum hab ich nicht fortgeträumt? vielleicht hätt ich Verzeihung erhalten aus seinem Munde.

Amalia Engel grollen nicht – er verzeiht Euch. *(Fasst seine Hand mit Wehmut)* Vater meines Karls! ich verzeih Euch.

Der alte Moor Nein, meine Tochter! diese Totenfarbe deines Angesichts verdammet den Vater. Armes Mädchen! Ich brachte dich um die Freuden deiner Jugend – o fluche mir nicht!

Amalia *(küsst seine Hand mit Zärtlichkeit)* Euch?

Der alte Moor Kennst du dieses Bild, meine Tochter?

Amalia Karls! –

Der alte Moor So sah er, als er ins sechszehente Jahr ging. Itzt ist er anders – Oh es wütet in meinem Innern – diese Milde ist Unwillen, dieses Lächeln Verzweiflung – Nicht wahr, Amalia? Es war an seinem Geburtstage in der Jasminlaube, als du ihn maltest? – Oh meine Tochter! Eure Liebe machte mich so glücklich.

Amalia *(immer das Aug auf das Bild geheftet)* Nein! nein!

er ist's nicht. Bei Gott! das ist Karl nicht – Hier, hier *(auf Herz und Stirne zeigend)* So ganz, so anders. Die träge Farbe reicht nicht, den himmlischen Geist nachzuspiegeln, der in seinem feurigen Auge herrschte. Weg damit! dies ist so menschlich! Ich war eine Stümperin.

Der alte Moor Dieser huldreiche, erwärmende Blick – wär er vor meinem Bette gestanden, ich hätte gelebt mitten im Tode! Nie, nie wär ich gestorben!

Amalia Nie, nie wärt Ihr gestorben! Es wär ein Sprung gewesen, wie man von einem Gedanken auf einen andern und schönern hüpft – dieser Blick hätt Euch übers Grab hinübergeleuchtet. Dieser Blick hätt Euch über die Sterne getragen!

Der alte Moor Es ist schwer, es ist traurig! Ich sterbe, und mein Sohn Karl ist nicht hier – ich werde zu Grabe getragen, und er weint nicht an meinem Grabe – wie süß ist's, eingewiegt zu werden in den Schlaf des Todes von dem Gebet eines Sohns – das ist Wiegengesang.

Amalia *(schwärmend)* Ja süß, himmlisch süß ist's, eingewiegt zu werden in den Schlaf des Todes von dem Gesang des Geliebten – vielleicht träumt man auch im Grabe noch fort – ein langer, ewiger unendlicher Traum von Karln, bis man die Glocke der Auferstehung läutet – *(aufspringend, entzückt)* und von itzt an in seinen Armen auf ewig. *(Pause. Sie geht ans Klavier und spielt.)*

Willst dich … im Lethe nicht!
→ Seite 252

Willst dich, Hektor, ewig mir entreißen,
Wo des Äaciden mordend Eisen
Dem Patroklus schröcklich Opfer bringt?
Wer wird künftig deinen Kleinen lehren
Speere werfen und die Götter ehren,
Wenn hinunter dich der Xanthus schlingt?

Xanthus Fluss bei Troja (Ilium)

Der alte Moor Ein schönes Lied, meine Tochter. Das musst du mir vorspielen, eh ich sterbe.

Amalia Es ist der Abschied Andromachas und Hektors – Karl und ich haben's oft zusammen zu der Laute gesungen. *(Spielt fort)*

Teures Weib, geh, hol die Todeslanze,
Lass mich fort zum wilden Kriegestanze,
Meine Schultern tragen Ilium;
Über Astyanax unsre Götter!
Hektor fällt, ein Vaterlandserretter,
Und wir sehn uns wieder in Elysium.

Elysium Reich der Seligen

Daniel.

Daniel Es wartet draußen ein Mann auf Euch. Er bittet, vorgelassen zu werden, er hab Euch eine wichtige Zeitung.

Der alte Moor Mir ist auf der Welt nur etwas wichtig, du weißt's, Amalia – ist's ein Unglücklicher, der meiner Hülfe bedarf? Er soll nicht mit Seufzen von hinnen gehn.

Amalia Ist's ein Bettler, er soll eilig heraufkommen. *(Daniel ab)*

Der alte Moor Amalia! Amalia! schone meiner!

Amalia *(spielt fort)*

Nimmer lausch ich deiner Waffen Schalle,
Einsam liegt dein Eisen in der Halle,
Priams großer Heldenstamm verdirbt!
Du wirst hingehn, wo kein Tag mehr scheinet,
Der Cocytus durch die Wüsten weinet,
Deine Liebe in dem Lethe stirbt.

Priams großer Heldenstamm → Seite 252
Cocytus → Seite 252
Lethe → Seite 252

All mein Sehnen, all mein Denken
Soll der schwarze Lethefluss ertränken,
Aber meine Liebe nicht!
Horch! der Wilde rast schon an den Mauren –
Gürte mir das Schwert um, lass das Trauren,
Hektors Liebe stirbt im Lethe nicht!

verkappt verkleidet

Franz. Hermann *verkappt.* **Daniel.**

Franz Hier ist der Mann. Schröckliche Botschaften, sagt er, warten auf Euch. Könnt Ihr sie hören?

Der alte Moor Ich kenne nur eine. Tritt her, mein Freund, und schone mein nicht! Reicht ihm einen Becher Wein!

Hermann *(mit veränderter Stimme)* Gnädiger Herr! lasst es einen armen Mann nicht entgelten, wenn er wider Willen Euer Herz durchbohrt. Ich bin ein Fremdling in diesem Lande, aber Euch kenn ich sehr gut, Ihr seid der Vater Karls von Moor.

Der alte Moor Woher weißt du das?

Hermann Ich kannte Euren Sohn –

Amalia *(auffahrend)* Er lebt? lebt? Du kennst ihn? wo ist er? wo, wo? *(Will hinwegrennen)*

Der alte Moor Du weißt von meinem Sohn?

der leidige Krieg der Siebenjährige Krieg (1756–1763)

Schwerin → Seite 253

Hermann Er studierte in Leipzig. Von da zog er, ich weiß nicht wie weit, herum. Er durchschwärmte Deutschland in die Runde und, wie er mir sagte, mit unbedecktem Haupt, barfuß, und erbettelte sein Brot vor den Türen. Fünf Monate drauf brach der leidige Krieg zwischen Preußen und Österreich wieder aus, und da er auf der Welt nichts mehr zu hoffen hatte, zog ihn der Hall von Friederichs siegreicher Trommel nach Böhmen. Erlaubt mir, sagte er zum großen Schwerin, dass ich den Tod sterbe auf dem Bette der Helden, ich hab keinen Vater mehr! –

Der alte Moor Sieh mich nicht an, Amalia!

Hermann Man gab ihm eine Fahne. Er flog den preußischen Siegesflug mit. Wir kamen zusammen unter ein Zelt zu liegen. Er sprach viel von seinem alten Vater und von bessern vergangenen Tagen – und von vereitelten Hoffnungen – uns standen die Tränen in den Augen.

Der alte Moor *(verhüllt sein Haupt in das Kissen)* Stille, o stille!

Hermann Acht Tage drauf war das heiße Treffen bei Prag – ich darf Euch sagen, Euer Sohn hat sich gehalten wie ein wackerer Kriegsmann. Er tat Wunder vor den Augen der Armee. Fünf Regimenter mussten neben ihm wechseln, er stand. Feuerkugeln fielen rechts und links, Euer Sohn stand. Eine Kugel zerschmetterte ihm die rechte Hand, Euer Sohn nahm die Fahne in die linke, und stand –

Amalia *(in Entzückung)* Hektor, Hektor! hört Ihr's? Er stand –

Hermann Ich traf ihn am Abend der Schlacht niedergesunken unter Kugelgepfeife, mit der Linken hielt er das stürzende Blut, die Rechte hatte er in die Erde gegraben. Bruder! rief er mir entgegen, es lief ein Gemurmel durch die Glieder, der General sei vor einer Stunde gefallen – er ist gefallen, sagt ich, und du? – Nun, wer ein braver Soldat ist, rief er und ließ die linke Hand los, der folge seinem General wie ich! Bald darauf hauchte er seine große Seele dem Helden zu.

Franz *(wild auf Hermann losgehend)* Dass der Tod deine verfluchte Zunge versiegle! Bist du hieher kommen, unserem Vater den Todesstoß zu geben? – Vater! Amalia! Vater!

Hermann Es war der letzte Wille meines sterbenden Kameraden. Nimm dies Schwert, röchelte er, du wirst's meinem alten Vater überliefern; das Blut seines Sohnes klebt daran, er ist gerochen, er mag sich weiden. Sag ihm, sein Fluch hätte mich gejagt in Kampf und Tod, ich sei gefallen in Verzweiflung! Sein letzter Seufzer war Amalia!

gerochen **gerächt**
sich weiden **sich daran erbauen**

Amalia *(wie aus einem Todesschlummer aufgejagt)* Sein letzter Seufzer, Amalia!

Der alte Moor *(grässlich schreiend, sich die Haare ausraufend)* Mein Fluch ihn gejagt in den Tod! gefallen in Verzweiflung!

Franz *(umherirrend im Zimmer)* Oh! was habt Ihr gemacht, Vater? Mein Karl, mein Bruder!

Hermann Hier ist das Schwert, und hier ist auch ein Portrait, das er zu gleicher Zeit aus dem Busen zog! Es gleicht diesem Fräulein auf ein Haar. Dies soll meinem Bruder Franz, sagte er, – ich weiß nicht, was er damit sagen wollte.

Franz *(wie erstaunt)* Mir? Amalias Portrait? Mir, Karl, Amalia? Mir?

Feiler Käuflicher

Amalia *(heftig auf Hermann losgehend)* Feiler, bestochener Betrüger! *(Fasst ihn hart an)*

Hermann Das bin ich nicht, gnädiges Fräulein. Sehet selbst, ob's nicht Euer Bild ist – Ihr mögt's ihm wohl selbst gegeben haben.

Franz Bei Gott! Amalia, das deine! Es ist wahrlich das deine!

Amalia *(gibt ihm das Bild zurück)* Mein, mein! O Himmel und Erde!

Der alte Moor *(schreiend, sein Gesicht zerfleischend)* Wehe, wehe! mein Fluch ihn gejagt in den Tod! gefallen in Verzweiflung!

Panier Fahne

Franz Und er gedachte meiner in der letzten schweren Stunde des Scheidens, meiner! Englische Seele – da schon das schwarze Panier des Todes über ihm rauschte – meiner! –

Der alte Moor *(lallend)* Mein Fluch ihn gejagt in den Tod, gefallen mein Sohn in Verzweiflung! –

Hermann Den Jammer steh ich nicht aus. Lebt wohl, alter Herr! *(Leise zu Franz)* Warum habt Ihr auch das gemacht, Junker? *(Geht schnell ab)*

Amalia *(aufspringend, ihm nach)* Bleib! bleib! Was waren seine letzten Worte?

Hermann *(zurückrufend)* Sein letzter Seufzer war Amalia! *(Ab)*

Amalia Sein letzter Seufzer war Amalia! – Nein, du bist kein Betrüger! So ist es wahr – wahr – er ist tot! – tot! – *(hin und her taumelnd, bis sie umsinkt)* tot – Karl ist tot –

Franz Was seh ich? Was steht da auf dem Schwert? geschrieben mit Blut – Amalia!

Amalia Von ihm?

Franz Seh ich recht, oder träum ich? Siehe da mit blutiger Schrift: *Franz, verlass meine Amalia nicht!* Sieh doch! sieh doch! Und auf der andern Seite: *Amalia, deinen Eid zerbrach der allgewaltige Tod!* – Siehst du nun, siehst du nun? Er schrieb's mit erstarrender Hand, schrieb's mit dem warmen Blut seines Herzens, schrieb's an der Ewigkeit feierlichem Rande! sein fliehender Geist verzog, Franz und Amalia noch zusammenzuknüpfen.

verzog **nahm sich die Zeit**

Amalia Heiliger Gott! es ist seine Hand. – Er hat mich nie geliebt! *(Schnell ab)*

Franz *(auf den Boden stampfend)* Verzweifelt! meine ganze Kunst erliegt an dem Starrkopf.

Der alte Moor Wehe, wehe! Verlass mich nicht, meine Tochter! – Franz, Franz! gib mir meinen Sohn wieder!

Franz Wer war's, der ihm den Fluch gab? Wer war's, der seinen Sohn jagte in Kampf und Tod und Verzweiflung? – Oh! er war ein Engel! ein Kleinod des Himmels. Fluch über seine Henker! Fluch, Fluch über Euch selber! –

Der alte Moor *(schlägt mit geballter Faust wider Brust und Stirn)* Er war ein Engel, war Kleinod des Himmels! Fluch, Fluch, Verderben, Fluch über mich selber! Ich bin der Vater, der seinen großen Sohn erschlug. Mich liebt' er bis in den Tod! mich zu rächen, rannte er in Kampf und Tod! Ungeheuer, Ungeheuer! *(Wütet wider sich selber)*

Franz Er ist dahin, was helfen späte Klagen? *(Höhnisch lachend)* Es ist leichter morden, als lebendig machen. Ihr werdet ihn nimmer aus seinem Grabe zurückholen.

Der alte Moor Nimmer, nimmer, nimmer aus dem Grabe zurückholen! Hin, verloren auf ewig! – Und du hast mir den Fluch aus dem Herzen geschwätzt, du – du – Meinen Sohn mir wieder!

Franz Reizt meinen Grimm nicht. Ich verlass Euch im Tode! –

Der alte Moor Scheusal! Scheusal! Schaff mir meinen Sohn wieder! *(Fährt aus dem Sessel, will Franzen an der Gurgel fassen, der ihn zurückschleudert)*

Franz Kraftlose Knochen, ihr wagt es – sterbt! verzweifelt! *(Ab)*

Der alte Moor Tausend Flüche donnern dir nach! Du hast mir meinen Sohn aus den Armen gestohlen. *(Voll Verzweiflung hin und her geworfen im Sessel)* Wehe, wehe! Verzweifeln, aber nicht sterben! – Sie fliehen, verlassen mich im Tode – meine gute Engel fliehen von mir, weichen alle die Heilige vom eisgrauen Mörder – Wehe! Wehe! will mir keiner das Haupt halten, will keiner die ringende Seele entbinden? Keine Söhne! keine Töchter! keine Freunde! – Menschen nur – Will keiner, allein – verlassen – Wehe! Wehe! – Verzweifeln, aber nicht sterben!

Amalia *mit verweinten Augen.*

Der alte Moor Amalia! Bote des Himmels! Kommst du, meine Seele zu lösen?

Amalia *(mit sanfterem Ton)* Ihr habt einen herrlichen Sohn verloren.

Der alte Moor *Ermordet*, willst du sagen. Mit diesem Zeugnis belastet tret ich vor den Richterstuhl Gottes.

Amalia Nicht also, jammervoller Greis! der himmlische Vater rückt' ihn zu sich. Wir wären zu glücklich gewesen auf dieser Welt. – Droben, droben über den Sonnen – Wir sehn ihn wieder.

also so

Der alte Moor Wiedersehen, wiedersehen! Oh es wird mir durch die Seele schneiden ein Schwert – Wenn ich ein Heiliger ihn unter den Heiligen finde – mitten im Himmel werden durch mich schauern Schauer der Hölle! Im Anschauen des Unendlichen mich zermalmen die Erinnerung: Ich hab meinen Sohn ermordet!

es wird mir … ein Schwert vgl. Lukas 2,35

Amalia Oh, er wird Euch die Schmerzerinnerung aus der Seele lächeln, seid doch heiter, lieber Vater! ich bin's so ganz. Hat er nicht schon den himmlischen Hörern den Namen Amalia vorgesungen auf der seraphischen Harfe, und die himmlischen Hörer lispelten ihm leise nach? Sein letzter Seufzer war ja, Amalia! wird nicht sein erster Jubel, Amalia! sein?

seraphischen Harfe → Seite 253
lispelten flüsterten

Der alte Moor Himmlischer Trost quillt von deinen Lippen! Er wird mir lächeln, sagst du? Vergeben? du musst bei mir bleiben, Geliebte meines Karls, wenn ich sterbe.

Amalia Sterben ist Flug in seine Arme. Wohl Euch! Ihr seid zu beneiden. Warum sind diese Gebeine nicht mürb? warum diese Haare nicht grau? Wehe über die Kräfte der Jugend! Willkommen, du markloses Alter! näher gelegen dem Himmel und meinem Karl.

Franz *tritt auf.*

Der alte Moor Tritt her, mein Sohn! Vergib mir, wenn ich vorhin zu hart gegen dich war! Ich vergebe dir alles. Ich möchte so gern im Frieden den Geist aufgeben.

Franz Habt Ihr genug um Euren Sohn geweint? Soviel ich sehe, habt Ihr nur einen.

Jakob hatte … vgl. 1. Mose 37,31–35

Der alte Moor Jakob hatte der Söhne zwölf, aber um seinen Joseph hat er blutige Tränen geweint.

Franz Hum!

Der alte Moor Geh, nimm die Bibel, meine Tochter, und lies mir die Geschichte Jakobs und Josephs! Sie hat mich immer so gerührt, und damals bin ich noch nicht Jakob gewesen.

Amalia Welches soll ich Euch lesen? *(Nimmt die Bibel und blättert)*

Der alte Moor Lies mir den Jammer des Verlassenen, als er ihn nimmer unter seinen Kindern fand – und vergebens sein harrte im Kreis seiner eilfe – und sein Klagelied, als er vernahm, sein Joseph sei ihm genommen auf ewig –

Amalia *(liest)* »Da nahmen sie Josephs Rock, und schlachteten einen Ziegenbock, und tauchten den Rock in das Blut, und schickten den bunten Rock hin, und ließen ihn ihrem Vater bringen, und sagen: Diesen haben wir funden, siehe, ob's deines Sohnes Rock sei oder nicht?« *(Franz geht plötzlich hinweg.)* »Er kannte ihn aber und sprach: Es ist meines Sohnes Rock, ein böses Tier hat ihn gefressen, ein reißend Tier hat Joseph zerrissen.«

Der alte Moor *(fällt aufs Kissen zurück)* Ein reißend Tier hat Joseph zerrissen!

Amalia *(liest weiter)* »Und Jakob zerriss seine Kleider, und legte einen Sack um seine Lenden, und trug Leide um seinen Sohn lange Zeit, und all sein Söhne und Töchter traten auf, dass sie ihn trösteten, aber er wollte sich nicht trösten lassen und sprach: Ich werde mit Leid hinunterfahren –«

Der alte Moor Hör auf, hör auf! Mir wird sehr übel.

Amalia *(hinzuspringend, lässt das Buch fallen)* Hilf Himmel! Was ist das?

Der alte Moor Das ist der Tod! – Schwarz – schwimmt – vor meinen – Augen – ich bitt dich – ruf dem Pastor – dass er mir – das Abendmahl reiche – Wo ist – mein Sohn Franz?

Amalia Er ist geflohen! Gott erbarme sich unser!

Der alte Moor Geflohen – geflohen von des Sterbenden Bett? – – Und das all – all – von zwei Kindern voll Hoffnung – du hast sie – gegeben – hast sie – genommen – – dein Name sei – –

Amalia *(mit einem plötzlichen Schrei)* Tot! Alles tot! *(Ab in Verzweiflung)*

Franz *hüpft frohlockend herein.*

Franz *Tot*! schreien sie, *tot*! *Itzt* bin ich *Herr*. Im ganzen Schlosse zetert es, *tot*! – Wie aber, *schläft* er vielleicht nur? – freilich, ach freilich! das ist nun freilich ein Schlaf, wo es ewig niemals »Guten Morgen« heißt – Schlaf und Tod sind nur Zwillinge. Wir wollen einmal die Namen wechseln! Wackerer, willkommener Schlaf! Wir wollen dich Tod heißen! *(Er drückt ihm die Augen zu.)* Wer wird nun kommen, und es wagen, mich vor Gericht zu fordern? oder mir ins Angesicht zu sagen: du bist ein *Schurke*! Weg dann mit dieser lästigen Larve von Sanftmut und Tugend! Nun sollt ihr den nackten Franz sehen, und euch entsetzen! Mein Vater überzuckerte seine Forderungen, schuf sein Gebiet zu einem Familienzirkel um, saß liebreich lächelnd am Tor, und grüßte sie Brüder und Kinder. – Meine Augbraunen sollen über euch herhangen wie Gewitterwolken, mein herrischer Name schweben wie ein drohender Komet über diesen Gebirgen, meine Stirne soll euer Wetterglas sein! Er streichelte und koste den Nacken, der gegen ihn störrig zurückschlug. Streicheln und Kosen ist meine Sache nicht. Ich will euch die zackigte Sporen ins Fleisch hauen, und die scharfe Geißel

den nackten Franz **den wahren Franz**

Augbraunen **Augenbrauen**

Wetterglas **Barometer**

Traktament Bewirtung

Leibfarbe Lieblingsfarbe

Liverei Dieneruniform

versuchen. – In meinem Gebiet soll's so weit kommen, dass Kartoffeln und Dünnbier ein Traktament für Festtage werden, und wehe dem, der mir mit vollen, feurigen Backen unter die Augen tritt! Blässe der Armut und sklavischen Furcht sind meine Leibfarbe: in diese Liverei will ich euch kleiden! *(Er geht ab.)*

Dritte Szene

Die böhmischen Wälder.

Spiegelberg. Razmann. Räuberhaufen.

einen ganzen Trieb eine ganze Schar

hatte nichts … achtundsiebenzig → Seite 253

Krämer Kaufleute

rejizierte Magister abgewiesene Lehrer

Korps Armee

deliziöse feine

als immer

Renommee Ruf

pur nur

Razmann Bist da? bist's wirklich? So lass dich doch zu Brei zusammendrucken, lieber Herzensbruder Moritz! Willkommen in den böhmischen Wäldern! Bist ja groß worden und stark. Stern-Kreuz-Bataillon! Bringst ja Rekruten mit einen ganzen Trieb, du trefflicher Werber!

Spiegelberg Gelt, Bruder? Gelt? Und das ganze Kerl darzu! – du glaubst nicht, Gottes sichtbarer Segen ist bei mir; war dir ein armer hungriger Tropf, hatte nichts als diesen Stab, da ich über den Jordan ging, und itzt sind unserer achtundsiebenzig, meistens ruinierte Krämer, rejizierte Magister und Schreiber aus den schwäbischen Provinzen. Das ist dir ein Korps Kerles, Bruder, deliziöse Bursche, sag ich dir, wo als einer dem andern die Knöpfe von den Hosen stiehlt, und mit geladener Flinte neben ihm sicher ist – und haben voll auf, und stehen dir in einem Renommee vierzig Meilen weit, das nicht zu begreifen ist. Da ist dir keine Zeitung, wo du nicht ein Artikelchen von dem Schlaukopf Spiegelberg wirst getroffen haben, ich halte sie mir auch pur deswegen – vom Kopf bis zun Füßen haben sie mich dir hingestellt, du meinst, du sähst mich, – sogar meine Rockknöpfe haben sie nicht vergessen. Aber wir führen sie erbärmlich am Narrenseil herum. Ich geh letzthin in die Druckerei, geb vor, ich hätte den berüchtigten Spiegelberg gesehn, und diktier einem Skrizler, der dort saß, das leibhafte Bild von einem dortigen Wurmdoktor in die Feder, das Ding kommt um, der Kerl wird eingezogen, par force inquiriert, und in der Angst und in der Dummheit gesteht er dir, hol' mich der Teufel! gesteht dir, *er sei der Spiegelberg* – Donner und Wetter! Ich war eben auf dem Sprung, mich beim Magistrat anzugeben, dass die Kanaille mir meinen Namen so verhunzen soll – wie ich sage, drei Monat drauf hangt er. Ich musste nachher eine derbe Prise Tobak in die Nase reiben, als ich am Galgen vorbeispazierte, und den Pseudo-Spiegelberg in seiner Glorie da paradieren sah – und unterdessen dass Spiegelberg hangt, schleicht sich Spiegelberg ganz sachte aus den Schlingen, und deutet der superklugen Gerechtigkeit hinterrucks Eselsohren, dass 's zum Erbarmen ist.

Skrizler **Schreiber**
Wurmdoktor **Wanderarzt**
par force inquiriert **auf der Stelle verhört**
mich anzugeben **selbst anzuzeigen**
Glorie **Ruhm, Pracht**
paradieren **schaulaufen**

Razmann *(lacht)* Du bist eben noch immer der Alte.

Spiegelberg Das bin ich, wie du siehst, an Leib und Seel. Narr! einen Spaß muss ich dir doch erzählen, den ich neulich im Cäcilienkloster angerichtet habe. Ich treffe das Kloster auf meiner Wanderschaft so gegen die Dämmerung, und da ich eben den Tag noch keine Patrone verschossen hatte, du weißt, ich hasse das diem perdidi auf den Tod – so musste die Nacht noch durch einen Streich verherrlicht werden, und sollt's dem Teufel um ein Ohr gelten! Wir halten uns ruhig bis in die späte Nacht. Es wird mausstill. Die Lichter gehen aus. Wir denken, die Nonnen könnten itzt in den Federn sein. Nun nehm ich meinen Kameraden Grimm mit mir, heiß die andern warten vorm Tor, bis sie mein Pfeifchen hören würden, –

diem perdidi **lat. »Ich habe einen Tag verloren«**

versichere mich des Klosterwächters, nehm ihm die Schlüssel ab, schleich mich hinein, wo die Mägde schliefen, praktizier ihnen die Kleider weg, und heraus mit dem Pack zum Tor. Wir gehn weiter von Zelle zu Zelle, nehmen einer Schwester nach der andern die Kleider, endlich auch der Äbtissin. – Itzt pfeif ich, und meine Kerls draußen fangen an zu stürmen und zu hasselieren, als käm der Jüngste Tag, und hinein mit bestialischem Gepolter in die Zellen der Schwestern! – Hahaha! – da hättest du die Hatz sehen sollen, wie die armen Tierchen in der Finstere nach ihren Röcken tappten, und sich jämmerlich gebärdeten, wie sie zum Teufel waren, und wir indes wie alle Donnerwetter zugesetzt, und wie sie sich vor Schreck und Bestürzung in Bettlaken wickelten, oder unter dem Ofen zusammenkrochen wie Katzen, andere in der Angst ihres Herzens die Stube so besprenzten, dass du hättest das Schwimmen drin lernen können, und das erbärmliche Gezeter und Lamento, und endlich gar die alte Schnurre, die Äbtissin, angezogen wie Eva *vor* dem Fall – du weißt, Bruder, dass mir auf diesem weiten Erdenrund kein Geschöpf so zuwider ist als eine *Spinne* und ein *altes Weib*, und nun denk dir einmal die schwarzbraune, runzligte, zottigte Vettel vor mir herumtanzen, und mich bei ihrer jungfräulichen Sittsamkeit beschwören – alle Teufel! ich hatte schon den Ellbogen angesetzt, ihr die übrig gebliebenen *wenigen Edlen* vollends in den Mastdarm zu stoßen – kurz resolviert! entweder heraus mit dem Silbergeschirr, mit dem Klosterschatz und allen den blanken Tälerchen, oder – meine Kerls verstanden mich schon – ich sage dir, ich hab aus dem Kloster mehr dann tausend Taler Werts geschleift, und den Spaß obendrein, und meine Kerls haben ihnen ein Andenken hinterlassen, sie werden ihre neun Monate dran zu schleppen haben.

versichere mich **überwältige**

hasselieren **zu lärmen**

Finstere **Finsternis**

besprenzten **urinierten**

Schnurre **abfällig: alte Frau**

Vettel **abfällig: alte Frau**

die übrig gebliebenen wenigen Edlen **die Zähne**

dann **denn, als**

Razmann *(auf den Boden stampfend)* Dass mich der Donner da weg hatte!

Spiegelberg Siehst du? Sag du mehr, ob das kein Luderleben ist? und dabei bleibt man frisch und stark, und das Korpus ist noch beisammen, und schwillt dir stündlich wie ein Prälatsbauch – ich weiß nicht, ich muss was Magnetisches an mir haben, das dir alles Lumpengesindel auf Gottes Erdboden anzieht wie Stahl und Eisen.

Razmann Schöner Magnet du! Aber so möcht ich Henkers doch wissen, was für Hexereien du brauchst –

Spiegelberg Hexereien? Braucht keine Hexereien – Kopf musst du haben! Ein gewisses praktisches Judizium, das man freilich nicht in der Gerste frisst – denn siehst du, ich pfleg immer zu sagen: einen honetten Mann kann man aus jedem Weidenstotzen formen, aber zu einem Spitzbuben will's Grütz – auch gehört dazu ein eigenes Nationalgenie, ein gewisses, dass ich so sage, Spitzbubenklima, und da rat ich dir, reis du ins Graubünder Land, das ist das Athen der heutigen Gauner.

Razmann Bruder! man hat mir überhaupt das ganze Italien gerühmt.

Spiegelberg Ja, ja! man muss niemand sein Recht vorenthalten, Italien weist auch seine Männer auf, und wenn Deutschland so fortmacht, wie es bereits auf dem Weg ist, und die Bibel vollends hinausvotiert, wie es die glänzendsten Aspekten hat, so kann mit der Zeit auch noch aus Deutschland was Gutes kommen – überhaupt aber, muss ich dir sagen, macht das Klima nicht sonderlich viel, das Genie kommt überall fort, und das Übrige, Bruder – ein Holzapfel, weißt du wohl, wird im Paradiesgärtlein selber ewig keine Ananas – aber dass ich dir weiter sage, – wo bin ich stehengeblieben?

Razmann Bei den Kunstgriffen.

das Korpus **der Körper**

Prälat **Priester**

brauchst **verwendest**

Judizium **Urteilsvermögen**

man nicht … frisst **man sich erwerben muss**

Weidenstotzen **Weidenstamm**

Grütz **Grips**

hinausvotiert **abwählt**

Aspekten **Anschein**

Bettelvögten, Stadtpatrollanten und Zuchtknechten Aufseher der Bettler, Stadtwächter und Gefängnisaufseher
sondierst prüfst
die wohlfeile Zeit Langeweile
fünf Prozent Zinsen für Kredite
Physiognomik → Seite 253
darfst brauchst
Pelikan Zange zum Zähneziehen

Spiegelberg Ja recht, bei den Kunstgriffen. So ist dein Erstes, wenn du in die Stadt kommst, du ziehst bei den Bettelvögten, Stadtpatrollanten und Zuchtknechten Kundschaft ein, wer so am fleißigsten bei ihnen einspreche, die Ehre gebe, und diese Kunden suchst du auf – ferner nistest du dich in die Kaffeehäuser, Bordelle, Wirtshäuser ein, spähst, sondierst, wer am meisten über die wohlfeile Zeit, die fünf Prozent, über die einreißende Pest der Polizeiverbesserungen schreit, wer am meisten über die Regierung schimpft, oder wider die Physiognomik eifert und dergleichen. Bruder! das ist die rechte Höhe! die Ehrlichkeit wackelt wie ein hohler Zahn, du darfst nur den Pelikan ansetzen – oder besser und kürzer: du gehst und wirfst einen vollen Beutel auf die offene Straße, versteckst dich irgendwo, und merkst dir wohl, wer ihn aufhebt – eine Weile drauf jagst du hinterher, suchst, schreist, und fragst nur so im Vorbeigehen: haben der Herr nicht etwa einen Geldbeutel gefunden? Sagt er ja? – nun so hat's der Teufel gesehen; leugnet er's aber: der Herr verzeihen – ich wüsste mich nicht zu entsinnen, – ich bedaure, *(aufspringend)* Bruder! Triumph Bruder! Lösch deine Laterne aus, schlauer Diogenes! – du hast deinen Mann gefunden.

Diogenes → Seite 253

Razmann Du bist ein ausgelernter Praktikus.

Spiegelberg Mein Gott! als ob ich noch jemals dran gezweifelt hätte – Nun du deinen Mann in dem Hamen hast, musst du's auch fein schlau angreifen, dass du ihn hebst! – Siehst du, mein Sohn? das hab ich so gemacht: – Sobald ich einmal die Fährte hatte, hängt ich mich meinem Kandidaten an wie eine Klette, saufte Brüderschaft mit ihm, und notabene! zechfrei musst du ihn halten! da geht freilich ein Schönes drauf, aber das achtest du nicht – – du gehst weiter, du führst ihn in Spielkom-

Hamen Fischnetz
notabene lat. »merke gut«
geht … drauf ist teuer

panien und bei liederlichen Menschern ein, verwickelst ihn in Schlägereien, und schelmische Streiche, bis er an Saft und Kraft und Geld und Gewissen, und gutem Namen bankrutt wird; denn incidenter muss ich dir sagen, du richtest nichts aus, wenn du nicht Leib und Seele verderbst – Glaube mir, Bruder! das hab ich aus meiner starken Praxi wohl fünfzigmal abstrahiert, wenn der ehrliche Mann einmal aus dem Nest gejagt ist, so ist der Teufel Meister – Der Schritt ist dann so leicht – o so leicht, als der Sprung von einer Hure zu einer Betschwester. – Horch doch! was für ein Knall war das?

incidenter **lat. »nebenbei«**

abstrahiert **hier: erfahren, gelernt**

Razmann Es war gedonnert, nur fortgemacht!

nur fortgemacht! **erzähl weiter!**

Spiegelberg Noch ein kürzerer besserer Weg ist der, du plünderst deinem Mann Haus und Hof ab, bis ihm kein Hemd mehr am Leibe hebt, alsdann kommt er dir von selber – lern mich die Pfiffe nicht, Bruder – frag einmal das Kupfergesicht dort – Schwerenot! den hab ich schön ins Garn gekriegt – ich hielt ihm vierzig Dukaten hin, die sollt er haben, wenn er mir seines Herrn Schlüssel in Wachs drücken wollte – denk einmal! die dumme Bestie tut's, bringt mir, hol mich der Teufel, die Schlüssel und will itzt das Geld haben – Monsieur, sagt ich, weiß Er auch, dass ich itzt diese Schlüssel geradeswegs zum Polizei-Lieutenant trage, und Ihm ein Logis am lichten Galgen miete? – Tausendsackerment! da hättest du den Kerl sehen sollen die Augen aufreißen, und anfangen zu zappeln wie ein nasser Pudel. – – »Ums Himmels willen, hab der Herr doch Einsicht! ich will – will –« Was will Er? Will Er itzt gleich den Zopf hinaufschlagen und mit mir zum Teufel gehn? – »O von Herzen gern, mit Freuden!« – Hahaha! guter Schlucker, mit Speck fangt man Mäuse – lach ihn doch aus, Razmann! hahaha!

Pfiffe **Kniffe**

in Wachs drücken **um eine Kopie anzufertigen**

Logis **Unterkunft**

Razmann Ja, ja, ich muss gestehen. Ich will mir diese Lektion mit goldnen Ziffern auf meine Hirntafel schreiben. Der Satan mag seine Leute kennen, dass er dich zu seinem Mäkler gemacht hat.

Mäkler Vermittler

Spiegelberg Gelt, Bruder? und ich denke, wenn ich ihm zehen stelle, lässt er mich frei ausgehen – gibt ja jeder Verleger seinem Sammler das zehente Exemplar gratis, warum soll der Teufel so jüdisch zu Werk gehn? – Razmann! ich rieche Pulver –

zehen zehn
Sammler Buchverkäufer
jüdisch hier: knauserig

Razmann Sapperment! ich riech's auch schon lang. – Gib Acht, es wird in der Näh was gesetzt haben! – Ja, ja! wie ich dir sage, Moritz – du wirst dem Hauptmann mit deinen Rekruten willkommen sein – er hat auch schon brave Kerl angelockt.

Spiegelberg Aber die meinen! die meinen – pah –

Razmann Nun ja! sie mögen hübsche Fingerchen haben – aber ich sage dir, der Ruf unsers Hauptmanns hat auch schon ehrliche Kerl in Versuchung geführt.

Spiegelberg Ich will nicht hoffen.

Razmann Sans Spaß! und sie schämen sich nicht, unter ihm zu dienen. Er mordet nicht um des Raubes willen, wie wir – nach dem Geld schien er nicht mehr zu fragen, sobald er's vollauf haben konnte, und selbst sein Dritteil an der Beute, das ihn von Rechtswegen trifft, verschenkt er an Waisenkinder, oder lässt damit arme Jungen von Hoffnung studieren. Aber soll er dir einen Landjunker schröpfen, der seine Bauern wie das Vieh abschindet, oder einen Schurken mit goldnen Borten unter den Hammer kriegen, der die Gesetze falschmünzt, und das Auge der Gerechtigkeit übersilbert, oder sonst ein Herrchen von dem Gelichter – Kerl! da ist er dir in seinem Element, und haust teufelmäßig, als wenn jede Faser an ihm eine Furie wäre.

Sans franz. »ohne«
von Hoffnung die begabt sind

Spiegelberg Hum! Hum!

Razmann Neulich erfuhren wir im Wirtshaus, dass ein reicher Graf von Regensburg durchkommen würde, der einen Prozess von einer Million durch die Pfiffe seines Advokaten durchgesetzt hätte; er saß eben am Tisch und brettelte – Wie viel sind unserer? frug er mich, indem er hastig aufstand; ich sah ihn die Unterlippe zwischen die Zähne klemmen, welches er nur tut, wenn er am grimmigsten ist – nicht mehr als fünf! sagt ich – es ist genug! sagt er, warf der Wirtin das Geld auf den Tisch, ließ den Wein, den er sich hatte reichen lassen, unberührt stehen – wir machten uns auf den Weg. Die ganze Zeit über sprach er kein Wort, lief abseitwärts und allein, nur dass er uns von Zeit zu Zeit fragte, ob wir noch nichts gewahr worden wären, und uns befahl, das Ohr an die Erde zu legen. Endlich so kommt der Graf hergefahren, der Wagen schwer bepackt, der Advokat saß bei ihm drin, voraus ein Reuter, nebenher ritten zwei Knechte – da hättest du den Mann sehen sollen, wie er, zwei Terzerolen in der Hand, vor uns her auf den Wagen zusprang! Und die Stimme, mit der er rief: Halt! – der Kutscher, der nicht Halt machen wollte, musste vom Bock herabtanzen, der Graf schoss aus dem Wagen in den Wind, die Reuter flohen – dein Geld, Kanaille! rief er donnernd – er lag wie ein Stier unter dem Beil – und bist du der Schelm, der die Gerechtigkeit zur feilen Hure macht? der Advokat zitterte, dass ihm die Zähne klapperten, – der Dolch stak in seinem Bauch wie ein Pfahl in dem Weinberg – ich habe das Meine getan! rief er, und wandte sich stolz von uns weg, das Plündern ist eure Sache – Und somit verschwand er in den Wald –

Advokaten **Rechtsanwaltes**
brettelte **spielte ein Brettspiel**
Reuter **Reiter**
Terzerolen **Pistolen**
Schelm **hier: Verbrecher**

Spiegelberg Hum, hum! Bruder, was ich dir vorhin erzählt habe, bleibt unter uns, er braucht's nicht zu wissen. Verstehst du?

Razmann Recht, recht! ich versteh.

Grillen Eigenheiten, Launen

Spiegelberg Du kennst ihn ja! Er hat so seine Grillen. Du verstehst mich.

Razmann Ich versteh, ich versteh.

Schwarz *in vollem Lauf.*

Passagiers Reisende

Razmann Wer da? was gibt's da? Passagiers im Wald?

Schwarz Hurtig, hurtig! wo sind die andern? – tausendsackerment! ihr steht da und plaudert! Wisst ihr denn nicht – wisst ihr denn gar nicht? – und Roller –

dann denn

Razmann Was dann? was dann?

Schwarz Roller ist gehangen, noch vier andere mit –

wenn wann

Razmann Roller? Schwerenot! seit wenn – woher weißt du's?

Rechtstäge Gerichtsverhandlungen

auf der Tortur examiniert unter Folter verhört

Schwarz Schon über drei Wochen sitzt er, und wir erfahren nichts, schon drei Rechtstäge sind über ihn gehalten worden, und wir hören nichts, man hat ihn auf der Tortur examiniert, wo der Hauptmann sei? – der wackere Bursche hat nichts bekannt; gestern ist ihm der Prozess gemacht worden, diesen Morgen ist er dem Teufel Extrapost zugefahren.

Razmann Vermaledeit! weiß es der Hauptmann?

Kapuzinerskutte Mönchsgewand

Schwarz Erst gestern erfährt er's. Er schäumt wie ein Eber. Du weißt's, er hat immer am meisten gehalten auf Roller, und nun die *Tortur* erst – Strick und Leiter sind schon an den Turm gebracht worden, es half nichts; er selbst hat sich schon in Kapuzinerskutte zu ihm geschlichen, und die Person mit ihm wechseln wollen, Roller schlug's hartnäckig ab, itzt hat er einen Eid geschworen, dass es uns eiskalt über die Leber lief, er wolle ihm eine Todesfackel anzünden, wie sie noch keinem König geleuchtet hat, die ihnen den Buckel braun und blau brennen soll. Mir ist bang für die Stadt. Er hat schon lang eine Pike auf sie, weil sie so schändlich bigott ist, und du weißt, wenn er sagt: ich will's tun! so ist's so viel, als wenn's unser einer getan hat.

Pike Ärger, Hass
bigott scheinfromm

Razmann Das ist wahr! ich kenne den Hauptmann. Wenn er dem Teufel sein Wort drauf gegeben hätte, in die Hölle zu fahren, er würde nie beten, wenn er mit einem halben Vaterunser selig werden könnte! – Aber ach! der arme Roller! der arme Roller! –

Spiegelberg Memento mori! Aber das regt mich nicht an. *(Trillert ein Liedchen)*

Geh ich vorbei am Rabensteine,
So blinz ich nur das rechte Auge zu
Und denk, du hängst mir wohl alleine
Wer ist ein Narr, ich oder du?

Memento mori! lat. »Denke daran, dass du sterben musst!«
regt mich nicht an regt mich nicht auf
Rabensteine Hinrichtungsstätte

Razmann *(aufspringend)* Horch! ein Schuss. *(Schießen und Lärmen)*

Spiegelberg Noch einer!

Razmann Wieder einer! der Hauptmann! *(Hinter der Szene gesungen)*

Die Nürnberger henken keinen.
Sie hätten ihn denn vor. *(Dacapo)*

Sie hätten ihn denn vor. Es sei denn, sie hätten ihn vorher.

Schweizer, Roller *(hinter der Szene)* Holla ho! Holla ho!

Razmann Roller! Roller! Holen mich zehn Teufel!

Schweizer, Roller *(hinter der Szene)* Razmann! Schwarz! Spiegelberg! Razmann!

Razmann Roller! Schweizer! Blitz, Donner, Hagel und Wetter! *(Fliegen ihm entgegen)*

Räuber Moor *zu Pferd.* **Schweizer, Roller, Grimm, Schufterle, Räubertrupp** *mit Kot und Staub bedeckt, treten auf.*

Räuber Moor *(vom Pferd springend).* Freiheit! Freiheit! – –

Du bist im Trocknen, Roller! – Führ meinen Rappen ab, Schweizer, und wasch ihn mit Wein. *(Wirft sich auf die Erde)* Das hat gegolten!

Das hat gegolten! Das ging ums Ganze!

Feueresse des Plutos Schornstein der Hölle

Razmann *(zu Roller)* Nun, bei der Feueresse des Plutos! bist du vom Rad auferstanden?

Schwarz Bist du sein Geist? oder bin ich ein Narr? oder bist du's wirklich?

Roller *(in Atem)* Ich bin's. Leibhaftig. Ganz. Wo glaubst du, dass ich herkomme?

Stab … gebrochen → Seite 253

Schwarz Da frag die Hexe! der Stab war schon über dich gebrochen!

recta lat. »gerade, direkt«

Roller Das war er freilich, und noch mehr. Ich komme recta vom Galgen her. Lass mich nur erst zu Atem kommen. Der Schweizer wird dir erzählen. Gebt mir ein Glas Branntenwein! – du auch wieder da, Moritz? Ich dachte, dich woanders wiederzusehen – gebt mir doch ein Glas Branntenwein! meine Knochen fallen auseinander – o mein Hauptmann! wo ist mein Hauptmann?

Schwarz Gleich, gleich! – so sag doch, so schwätz doch! wie bist du davongekommen? wie haben wir dich wieder? der Kopf geht mir um. Vom Galgen her, sagst du?

in den Schoß Abrahams vgl. Lukas 16,22

auf die Anatomie verhandelt der Wissenschaft zum Sezieren versprochen

Roller *(stürzt eine Flasche Branntenwein hinunter)* Ah, das schmeckt, das brennt ein! – geradeswegs vom Galgen her! sag ich. Ihr steht da, und gafft, und könnt's nicht träumen – ich war auch nur drei Schritte von der Sackermentsleiter, auf der ich in den Schoß Abrahams steigen sollte – so nah, so nah – war dir schon mit Haut und Haar auf die Anatomie verhandelt! hättest mein Leben um 'n Prise Schnupftabak haben können, dem Hauptmann dank ich Luft, Freiheit und Leben.

liege im Salz sei in Gefahr

Schweizer Es war ein Spaß, der sich hören lässt. Wir hatten den Tag vorher durch unsre Spionen Wind gekriegt, der Roller liege tüchtig im Salz, und wenn der Himmel nicht beizeit noch einfallen wollte, so werde er morgen am Tag – das war als heut – den Weg alles Fleisches gehen müssen – Auf! sagt der Hauptmann, was wiegt ein Freund nicht. – Wir retten ihn, oder retten ihn nicht, so wollen wir ihm wenigstens doch eine Todesfackel anzünden, wie sie noch keinem König geleuchtet hat, die ihnen den Buckel braun und blau brennen soll. Die ganze Bande wird aufgeboten. Wir schicken einen Expressen an ihn, der's ihm in einem Zettelchen beibrachte, das er ihm in die Suppe warf.

Expressen Eilboten

Roller Ich verzweifelte an dem Erfolg.

verzweifelte zweifelte

Schweizer Wir passten die Zeit ab, bis die Passagen leer waren. Die ganze Stadt zog dem Spektakel nach, Reuter und Fußgänger durcheinander und Wagen, der Lärm und der Galgenpsalm johlten weit. Itzt, sagt der Hauptmann, brennt an, brennt an! Die Kerl flogen wie Pfeile, steckten die Stadt an dreiunddreißig Ecken zumal in Brand, werfen feurige Lunten in die Nähe des Pulverturms, in Kirchen und Scheunen – Mordbleu es war keine Viertelstunde vergangen, der Nordostwind, der auch seinen Zahn auf die Stadt haben muss, kam uns trefflich zustatten, und half die Flamme bis hinauf in die obersten Giebel jagen. Wir indes Gasse auf, Gasse nieder, wie Furien – Feuerjo! Feurjo! durch die ganze Stadt – Geheul, – Geschrei – Gepolter – fangen an die Brandglocken zu brummen, knallt der Pulverturm in die Luft, als wär die Erde mitten entzweigeborsten, und der Himmel zerplatzt und die Hölle zehntausend Klafter tiefer versunken.

Passagen Straßen

Roller Und itzt sah mein Gefolge zurück – da lag die Stadt wie Gomorrha und Sodom, der ganze Horizont war Feuer, Schwefel und Rauch, vierzig Gebürge brüllen den infernalischen Schwank in die Rund herum nach, ein panischer Schreck schmeißt alle zu Boden – itzt nutz ich den Zeitpunkt, und risch, wie der Wind! – ich war losgebun-

Gomorrha und Sodom → Seite 253
infernalischen Schwank höllischen Schlag

versteinert wie Lots Weib vgl. 1. Mose 19,26
zerrissen die Haufen durch die Menge hindurch
schätzen ermessen
Antezessor Vorgänger
Abfall Temperaturunterschied

den, so nah war's dabei – da meine Begleiter versteinert wie Lots Weib zurückschaun, Reißaus! zerrissen die Haufen! davon! Sechzig Schritte weg werf ich die Kleider ab, stürze mich in den Fluss, schwimm unterm Wasser fort, bis ich glaubte, ihnen aus dem Gesichte zu sein. Mein Hauptmann schon parat mit Pferden und Kleidern – so bin ich entkommen. Moor! Moor! möchtest du bald auch in den Pfeffer geraten, dass ich dir Gleiches mit Gleichem vergelten kann!

Razmann Ein bestialischer Wunsch, für den man dich hängen sollte – aber es war ein Streich zum Zerplatzen.

Roller Es war Hülfe in der Not, ihr könnt's nicht schätzen. Ihr hättet sollen – den Strick um den Hals – mit lebendigem Leibe zu Grabe marschieren wie ich, und die sackermentalischen Anstalten und Schinderszeremonien, und mit jedem Schritt, den der scheue Fuß vorwärts wankte, näher und fürchterlich näher die verfluchte Maschine, wo ich einlogiert werden sollte, im Glanz der schröcklichen Morgensonne steigend, und die lauernden Schindersknechte und die grässliche Musik – noch raunt sie in meinen Ohren – und das Gekrächze hungriger Raben, die an meinem halbfaulen Antezessor zu dreißigen hingen, und das alles, alles – und obendrein noch der Vorschmack der Seligkeit, die mir blühete! – Bruder, Bruder! und auf einmal die Losung zur Freiheit – Es war ein Knall, als ob dem Himmelfass ein Reif gesprungen wäre – hört, Kanaillen! ich sag euch, wenn man aus dem glühenden Ofen ins Eiswasser springt, kann man den Abfall nicht so stark fühlen, als ich, da ich am andern Ufer war.

Spiegelberg *(lacht)* Armer Schlucker! Nun ist's ja verschwitzt. *(Trinkt ihm zu)* Zur glücklichen Wiedergeburt!

Roller *(wirft sein Glas weg)* Nein, bei allen Schätzen des Mammons! ich möchte das nicht zum zweiten Mal erleben. Sterben ist etwas mehr als Harlekinssprung, und Todesangst ist ärger als Sterben.

Spiegelberg Und der hüpfende Pulverturn – merkst du's itzt, Razmann? – drum stank auch die Luft so nach Schwefel, stundenweit, als würde die ganze Garderobe des Molochs unter dem Firmament ausgelüftet – es war ein Meisterstreich, Hauptmann! ich beneide dich drum.

Schweizer Macht sich die Stadt eine Freude daraus, meinen Kameraden wie ein verhetztes Schwein abtun zu sehen, was, zum Henker! sollen wir uns ein Gewissen daraus machen, unserem Kameraden zulieb die Stadt draufgehen zu lassen? Und nebenher hatten unsere Kerls noch das gefundene Fressen, über den alten Kaiser zu plündern. – Sagt einmal! was habt ihr weggekapert?

Einer von der Bande Ich hab mich während des Durcheinanders in die Stephanskirche geschlichen und die Borten vom Altartuch abgetrennt; der liebe Gott da, sagt ich, ist ein reicher Mann und kann ja Goldfäden aus einem Batzenstrick machen.

Schweizer Du hast wohl getan – was soll auch der Plunder in einer Kirche? Sie tragen's dem Schöpfer zu, der über den Trödelkram lachet, und seine Geschöpfe dörfen verhungern. – Und du, Spangeler – wo hast du dein Netz ausgeworfen?

Ein Zweiter Ich und Bügel haben einen Kaufladen geplündert und bringen Zeug für unser funfzig mit.

Ein Dritter Zwei goldne Sackuhren habe ich weggebixt, und ein Dutzend silberne Löffel darzu.

Schweizer Gut, gut. Und wir haben ihnen eins angerichtet, dran sie vierzehn Tage werden zu löschen haben. Wenn sie dem Feuer wehren wollen, so müssen sie die Stadt

Mammon Geld

Pulverturn Pulverturm

Moloch heidnischer Gott, Teufel

Firmament Himmel

abtun sterben, töten

über den alten Kaiser ohne Strafe

Batzenstrick billigen Strick

Zeug Kleidung

Sackuhren Taschenuhren

weggebixt gestohlen

durch Wasser ruinieren – Weißt du nicht, Schufterle, wie viel es Tote gesetzt hat?

Schufterle Dreiundachtzig sagt man. Der Turm allein hat ihrer sechszig zu Staub zerschmettert.

Räuber Moor *(sehr ernst)* Roller, du bist teuer bezahlt.

Schufterle Pah, pah! was heißt aber das? – ja, wenn's Männer gewesen wären – aber da waren's Wickelkinder, die ihre Laken vergolden, eingeschnurrte Mütterchen, die ihnen die Mücken wehrten, ausgedörrte Ofenhocker, die keine Türe mehr finden konnten – Patienten, die nach dem Doktor winselten, der in seinem gravitätischen Trab der Hatz nachgezogen war – Was leichte Beine hatte, war ausgeflogen der Komödie nach, und nur der Bodensatz der Stadt blieb zurück, die Häuser zu hüten.

ihre Laken vergolden ins Bett machen

gravitätischen gemessenen, würdevollen

Moor O der armen Gewürme! Kranke, sagst du, Greise und Kinder? –

Schufterle Ja zum Teufel! und Kindbetterinnen darzu, und hochschwangere Weiber, die befürchteten, unterm lichten Galgen zu abortieren, junge Frauen, die besorgten, sich an den Schindersstückchen zu versehen und ihrem Kind in Mutterleib den Galgen auf den Buckel zu brennen – Arme Poeten, die keinen Schuh anzuziehen hatten, weil sie ihr einziges Paar in die Mache gegeben, und was das Hundsgesindel mehr ist, es lohnt sich der Mühe nicht, dass man davon redt. Wie ich von ungefähr so an einer Baracke vorbeigehe, hör ich drinnen ein Gezeter, ich guck hinein, und wie ich's beim Licht besehe, was war's? Ein Kind war's, noch frisch und gesund, das lag auf dem Boden unterm Tisch, und der Tisch wollte eben angehen, – Armes Tierchen, sagt ich, du verfrierst ja hier, und warf's in die Flamme –

zu abortieren eine Fehlgeburt zu erleiden

zu versehen mit schlimmen Folgen ansehen

Moor Wirklich, Schufterle? – Und diese Flamme brenne in deinem Busen, bis die Ewigkeit grau wird! – Fort Ungeheuer! Lass dich nimmer unter meiner Bande sehen! Murrt ihr! – Überlegt ihr? – Wer überlegt, wann *ich* befehle? – Fort mit ihm, sag ich, – es sind noch mehr unter euch, die meinem Grimm reif sind. Ich kenne dich, Spiegelberg. Aber ich will nächstens unter euch treten, und fürchterlich Musterung halten.

(Sie gehn zitternd ab. Moor allein, heftig auf und ab gehend)

Höre sie nicht, Rächer im Himmel! – Was kann ich dafür? Was kannst du dafür, wenn deine Pestilenz, deine Teurung, deine Wasserfluten, den Gerechten mit dem Bösewicht auffressen? Wer kann der Flamme befehlen, dass sie nicht auch durch die gesegneten Saaten wüte, wenn sie das Genist der Hornissel zerstören soll? – O pfui über den Kindermord! den Weibermord! – den Krankenmord! – Wie beugt mich diese Tat! Sie hat meine schönsten Werke vergiftet – da steht der Knabe, schamrot und ausgehöhnt vor dem Auge des Himmels, der sich anmaßte, mit Jupiters Keile zu spielen, und Pygmäen niederwarf, da er Titanen zerschmettern sollte – geh, geh! du bist der Mann nicht, das Rachschwert der obern Tribunale zu regieren, du erlagst bei dem ersten Griff – hier entsag ich dem frechen Plan, gehe, mich in irgendeine Kluft der Erde zu verkriechen, wo der Tag vor meiner Schande zurücktritt. *(Er will fliehen.)*

Räuber *(eilig)* Sieh dich vor, Hauptmann! Es spukt! Ganze Haufen böhmischer Reuter schwadronieren im Holz herum – der höllische Blaustrumpf muss ihnen verträtscht haben –

Neue Räuber Hauptmann! Hauptmann! Sie haben uns die Spur abgelauert – rings ziehen ihrer etliche tausend einen Kordon um den mittlern Wald.

Neue Räuber Weh, weh, weh! Wir sind gefangen, gerädert,

wann wenn

Hornissel Hornisse

Jupiters Keile Donnerkeile des Göttervaters

Pygmäen Zwerge

Titanen Riesen

der obern Tribunale des göttlichen Gerichts

schwadronieren schwärmen

der höllische Blaustrumpf der Teufel

Kordon Ring, Absperrung

wir sind geviertelt! Viele tausend Husaren, Dragoner und Jäger sprengen um die Anhöhe, und halten die Luftlöcher besetzt.

(Moor geht ab.)

Schweizer. Grimm. Roller. Schwarz. Schufterle. Spiegelberg. Razmann. Räubertrupp.

Kommissbrotrittern Soldaten

Sie setzen … Kreuzer verdingen sich für kleines Geld

Schweizer Haben wir sie aus den Federn geschüttelt? Freu dich doch, Roller! Das hab ich mir lange gewünscht, mich mit so Kommissbrotrittern herumzuhauen – wo ist der Hauptmann? Ist die ganze Bande beisammen? Wir haben doch Pulver genug?

Razmann Pulver die schwere Meng. Aber unser sind achtzig in allem, und so immer kaum einer gegen ihrer zwanzig.

Schweizer Desto besser! und lass es fünfzig gegen meinen großen Nagel sein – Haben sie so lang gewartet, bis wir ihnen die Streu unterm Arsch angezündet haben – Brüder, Brüder! so hat's keine Not. Sie setzen ihr Leben an zehen Kreuzer, fechten wir nicht für Hals und Freiheit? – Wir wollen über sie her wie die Sündflut und auf ihre Köpfe herabfeuren wie Wetterleuchten – Wo zum Teufel! ist dann der Hauptmann?

Spiegelberg Er verlässt uns in dieser Not. Können wir denn nicht mehr entwischen?

Schweizer Entwischen?

Spiegelberg Oh! warum bin ich nich geblieben in Jerusalem.

Kloak Kotgrube

Schweizer So wollt' ich doch, dass du im Kloak ersticktest, Dreckseele du! Bei nackten Nonnen hast du ein großes Maul, aber wenn du zwei Fäuste siehst, – Memme, zeige dich itzt, oder man soll dich in eine Sauhaut nähen, und durch Hunde verhetzen lassen.

Razmann Der Hauptmann, der Hauptmann!

Moor, *langsam, vor sich.*

Moor Ich habe sie vollends ganz einschließen lassen, itzt müssen sie fechten wie Verzweifelte. *(Laut)* Kinder! nun gilt's! Wir sind verloren, oder wir müssen fechten wie angeschossene Eber.

Schweizer Ha! ich will ihnen mit meinen Fangern den Bauch schlitzen, dass ihnen die Kutteln schuhlang herausplatzen! – Führ uns an, Hauptmann! Wir folgen dir in den Rachen des Todes.

Fangern **Fangmessern**
Kutteln **Gedärme**

Moor Ladet alle Gewehre! Es fehlt doch an Pulver nicht?

Schweizer *(springt auf)* Pulver genug, die Erde gegen den Mond zu sprengen!

Razmann Jeder hat fünf Paar Pistolen geladen, jeder noch drei Kugelbüchsen darzu.

Moor Gut, gut! Und nun muss ein Teil auf die Bäume klettern, oder sich ins Dickicht verstecken, und Feuer auf sie geben im Hinterhalt –

Schweizer Da gehörst du hin, Spiegelberg!

Moor Wir andern, wie Furien, fallen ihnen in die Flanken!

Schweizer Darunter bin ich, ich!

Moor Zugleich muss jeder sein Pfeifchen hören lassen, im Wald herumjagen, dass unsere Anzahl schröcklicher werde: auch müssen alle Hunde los, und in ihre Glieder gehetzt werden, dass sie sich trennen, zerstreuen und euch in den Schuss rennen. Wir drei, Roller, Schweizer und ich, fechten im Gedränge.

Schweizer Meisterlich, vortrefflich! – Wir wollen sie zusammenwettern, dass sie nicht wissen, wo sie die Ohrfeigen herkriegen. Ich habe wohl ehe eine Kirsche vom Maul weggeschossen. Lass sie nur anlaufen.

ehe **ehedem**

(Schufterle zupft Schweizern, dieser nimmt den Hauptmann beiseit und spricht leise mit ihm.)

Moor Schweig!

Schweizer Ich bitte dich –

Moor Weg! Er dank' es seiner Schande, sie hat ihn gerettet. Er soll nicht sterben, wenn ich und mein Schweizer sterben, und mein Roller. Lass ihn die Kleider ausziehen, so will ich sagen, er sei ein Reisender, und ich hab' ihn bestohlen – Sei ruhig, Schweizer, ich schwöre darauf, er wird doch noch gehangen werden.

Pater *tritt auf.*

Pater *(vor sich, stutzt)* Ist das das Drachennest? – Mit eurer Erlaubnis, meine Herren! Ich bin ein Diener der Kirche, und draußen stehen siebenzehnhundert, die jedes Haar auf meinen Schläfen bewachen.

Schweizer Bravo! bravo! Das war wohl gesprochen, sich den Magen warmzuhalten.

Moor Schweig, Kamerad! – Sagen Sie kurz, Herr Pater! Was haben Sie hier zu tun?

Pater Mich sendet die hohe Obrigkeit, die über Leben und Tod spricht – ihr Diebe – ihr Mordbrenner – ihr Schelmen – giftige Otterbrut, die im Finstern schleicht und im Verborgenen sticht – Aussatz der Menschheit – Höllenbrut – köstliches Mahl für Raben und Ungeziefer – Kolonie für Galgen und Rad –

Schweizer Hund! hör auf zu schimpfen, oder – *(Er drückt ihm den Kolben vors Gesicht.)*

Moor Pfui doch, Schweizer! du verdirbst ihm ja das Konzept – er hat seine Predigt so brav auswendig gelernt – nur weiter, mein Herr! – »für Galgen und Rad?«

Beutelschneider Diebe

Pater Und du, feiner Hauptmann! Herzog der Beutelschneider! Gaunerkönig! Großmogol aller Schelmen unter der Sonne! – Ganz ähnlich jenem ersten abscheulichen

Rädelsführer, der tausend Legionen schuldloser Engel in rebellisches Feuer fachte, und mit sich hinab in den tiefen Pfuhl der Verdammnis zog – das Zetergeschrei verlassener Mütter heult deinen Fersen nach, Blut saufst du wie Wasser, Menschen wägen auf deinem mörderischen Dolch keine Luftblase auf. –

Rädelsführer Anstifter, hier: der Teufel, vgl. Offenbarung 12,9 und 12,20

wägen … keine Luftblase auf sind nichts wert

Moor Sehr wahr, sehr wahr! Nur weiter!

Pater Was? Sehr wahr, sehr wahr? ist das auch eine Antwort?

Moor Wie, mein Herr? darauf haben Sie sich wohl nicht gefasst gemacht? Weiter, nur weiter! Was wollten Sie weiter sagen?

Pater *(im Eifer)* Entsetzlicher Mensch! hebe dich weg von mir! Picht nicht das Blut des ermordeten Reichsgrafen an deinen verfluchten Fingern? Hast du nicht das Heiligtum des Herrn mit diebischen Händen durchbrochen, und mit einem Schelmengriff die geweihten Gefäße des Nachtmahls entwandt? Wie? hast du nicht Feuerbrände in unsere gottesfürchtige Stadt geworfen? und den Pulverturm über die Häupter guter Christen herabgestürzt? *(mit zusammengeschlagenen Händen)* Greuliche, greuliche Frevel, die bis zum Himmel hinaufstinken, das Jüngste Gericht waffnen, dass es reißend daherbricht! Reif zur Vergeltung, zeitig zur letzten Posaune!

Picht Klebt (wie Pech)

Nachtmahls Abendmahls

zeitig zur letzten Posaune vgl. 1. Korinther 15,51 f.

Moor Meisterlich geraten bis hieher! aber zur Sache. Was lässt mir der hochlöbliche Magistrat durch Sie kundmachen?

Pater Was du nie wert bist zu empfangen – Schau um dich, Mordbrenner! Was nur dein Auge absehen kann, bist du eingeschlossen von unsern Reutern – hier ist kein Raum zum Entrinnen mehr – so gewiss Kirschen auf diesen Eichen wachsen, und diese Tannen Pfirsiche tragen, so gewiss werdet ihr unversehrt diesen Eichen und diesen Tannen den Rücken kehren.

Moor Hörst du's wohl, Schweizer? – Aber nur weiter!

Pater Höre dann, wie gütig, wie langmütig das Gericht mit dir Böswicht verfährt. Wirst du itzt gleich zum Kreuz kriechen, und um Gnade und Schonung flehen, siehe, so wird dir die Strenge selbst Erbarmen, die Gerechtigkeit eine liebende Mutter sein – sie drückt das Auge bei der Hälfte deiner Verbrechen zu, und lässt es – denk doch! – und lässt es *bei dem Rade bewenden.*

Schweizer Hast du's gehört, Hauptmann? Soll ich hingehn, und diesem abgerichteten Schäferhund die Gurgel zusammenschnüren, dass ihm der rote Saft aus allen Schweißlöchern sprudelt? –

Roller Hauptmann! – Sturm, Wetter und Hölle! – Hauptmann! – wie er die Unterlippe zwischen die Zähne klemmt! soll ich diesen Kerl das Oberst zuunterst unters Firmament wie einen Kegel aufsetzen?

Schweizer Mir, mir! Lass mich kniend vor dir niederfallen! Mir lass die Wollust, ihn zu Brei zusammenzureiben! *(Pater schreit.)*

Moor Weg von ihm! Wag' es keiner, ihn anzurühren! – *(Zum Pater, indem er seinen Degen zieht)* Sehen Sie, Herr Pater! hier stehn neunundsiebenzig, deren Hauptmann ich bin, und weiß keiner auf Wink und Kommando zu fliegen oder nach Kanonenmusik zu tanzen, und draußen stehn siebenzehnhundert, unter Musketen ergraut – aber hören Sie nun! so redet Moor, der Mordbrenner Hauptmann: Wahr ist's, ich habe den Reichsgrafen erschlagen, die Dominikuskirche angezündet und geplündert, hab Feuerbrände in eure bigotte Stadt geworfen, und den Pulverturm über die Häupter guter Christen herabgestürzt – aber das ist noch nicht alles. Ich habe noch mehr getan. *(Er streckt seine rechte Hand aus.)* Bemerken Sie die vier kostbaren Ringe, die ich an jedem Finger trage –

Musketen Gewehren

gehen Sie hin, und richten Sie Punkt für Punkt den Herren des Gerichts über Leben und Tod aus, was Sie sehen und hören werden – diesen Rubin zog ich einem Minister vom Finger, den ich auf der Jagd zu den Füßen seines Fürsten niederwarf. Er hatte sich aus dem Pöbelstaub zu seinem ersten Günstling emporgeschmeichelt, der Fall seines Nachbars war seiner Hoheit Schemel – Tränen der Waisen huben ihn auf. Diesen Demant zog ich einem Finanzrat ab, der Ehrenstellen und Ämter an die Meistbietenden verkaufte und den trauernden Patrioten von seiner Türe stieß. – Diesen Achat trag ich einem Pfaffen Ihres Gelichters zur Ehre, den ich mit eigener Hand erwürgte, als er auf offener Kanzel geweint hatte, dass die Inquisition so in Zerfall käme – ich könnte Ihnen noch mehr Geschichten von meinen Ringen erzählen, wenn mich nicht schon die paar Worte gereuten, die ich mit Ihnen verschwendet habe –

Pater O Pharao! Pharao!

Moor Hört ihr's wohl? Habt ihr den Seufzer bemerkt? Steht er nicht da, als wollte er Feuer vom Himmel auf die Rotte Korah herunterbeten, richtet mit einem Achselzucken, verdammt mit einem christlichen *Ach!* – Kann der Mensch denn so blind sein? Er, der die hundert Augen des Argus hat, Flecken an seinem Bruder zu spähen, kann er so gar blind gegen sich selbst sein? – Da donnern sie Sanftmut und Duldung aus ihren Wolken, und bringen dem Gott der Liebe Menschenopfer wie einem feuerarmigen Moloch – predigen Liebe des Nächsten, und fluchen den achtzigjährigen Blinden von ihren Türen hinweg; – stürmen wider den Geiz und haben Peru um goldner Spangen willen entvölkert und die Heiden wie Zugvieh vor ihre Wagen gespannt – Sie zerbrechen sich die Köpfe, wie es doch möglich gewesen wäre, dass die

Demant **Diamant**

Achat **Edelstein**

Inquisition **Verfolgung von Ungläubigen**

Pharao **→ Seite 253**

die Rotte Korah **von Gott bestrafte Aufständische, vgl. 4. Mose 16,5**

Argus **vieläugiger Riese aus der griechischen Mythologie**

donnern sie **predigen sie**

Peru … entvölkert **→ Seite 253**

Ischariot Jünger, der Jesus verriet

Pharisäer gesetzestreue jüdische Gruppe, hier: Heuchler

exemplarischen Wandel vorbildliche Lebensführung

Ungeheuer am Nilus Krokodil als Zeichen für Falschheit

Verwesern Verwaltern

Natur hätte können einen Ischariot schaffen, und nicht der Schlimmste unter ihnen würde den dreieinigen Gott um zehen Silberlinge verraten. – O über euch Pharisäer, euch Falschmünzer der Wahrheit, euch Affen der Gottheit! Ihr scheut euch nicht, vor Kreuz und Altären zu knien, zerfleischt eure Rücken mit Riemen, und foltert euer Fleisch mit Fasten; ihr wähnt, mit diesen erbärmlichen Gaukeleien demjenigen einen blauen Dunst vorzumachen, den ihr Toren doch den Allwissenden nennt, nicht anders, als wie man der Großen am bittersten spottet, wenn man ihnen schmeichelt, dass sie die Schmeichler hassen; ihr pocht auf Ehrlichkeit und exemplarischen Wandel, und der Gott, der euer Herz durchschaut, würde wider den Schöpfer ergrimmen, wenn er nicht eben der wäre, der das Ungeheuer am Nilus erschaffen hat. – Schafft ihn aus meinen Augen!

Pater Dass ein Bösewicht noch so stolz sein kann!

Moor Nicht genug – itzt will ich stolz reden. Geh hin und sage dem hochlöblichen Gericht, das über Leben und Tod würfelt – Ich bin kein Dieb, der sich mit Schlaf und Mitternacht verschwört, und auf der Leiter groß und herrisch tut – was ich getan habe, werd ich ohne Zweifel einmal im Schuldbuch des Himmels lesen, aber mit seinen erbärmlichen Verwesern will ich kein Wort mehr verlieren. Sag ihnen, mein Handwerk ist Wiedervergeltung – Rache ist mein Gewerbe. *(Er kehrt ihm den Rücken zu.)*

Pater Du willst also nicht Schonung und Gnade? – Gut, mit dir bin ich fertig. *(Wendet sich zu der Bande)* So höret dann ihr, was die Gerechtigkeit euch durch mich zu wissen tut! – Werdet ihr itzt gleich diesen verurteilten Missetäter gebunden überliefern, seht, so soll euch die Strafe eurer Greuel bis auf das letzte Andenken erlassen sein – die heilige Kirche wird euch verlorne Schafe mit erneuerter Liebe in ihren Mutterschoß aufnehmen, und jedem unter euch soll der Weg zu einem Ehrenamt offen stehn. *(Mit triumphierendem Lächeln)* Nun, nun? Wie schmeckt das, E. Majestät? – Frisch also! Bindet ihn, und seid frei!

E. Majestät **Euer Majestät**

Moor Hört ihr's auch? Hört ihr? Was stutzt ihr? Was steht ihr verlegen da? Sie bietet euch Freiheit, und ihr seid wirklich schon ihre Gefangene. – Sie schenkt euch das Leben, und das ist keine Prahlerei, denn ihr seid wahrhaftig gerichtet – Sie verheißt euch Ehren und Ämter, und was kann euer Los anders sein, wenn ihr auch obsiegtet, als Schmach und Fluch und Verfolgung. – Sie kündigt euch Versöhnung vom Himmel an, und ihr seid wirklich verdammt. Es ist kein Haar an keinem unter euch, das nicht in die Hölle fährt. Überlegt ihr noch? Wankt ihr noch? Ist es so schwer, zwischen Himmel und Hölle zu wählen? Helfen Sie doch, Herr Pater!

Pater *(vor sich)* Ist der Kerl unsinnig? – Sorgt ihr etwa, dass dies eine Falle sei, euch lebendig zu fangen? – Leset selbst, hier ist der Generalpardon unterschrieben. *(Er gibt Schweizern ein Papier.)* Könnt ihr noch zweifeln?

Generalpardon **ausnahmslose Begnadigung**

Moor Seht doch, seht doch! Was könnt ihr mehr verlangen? – Unterschrieben mit eigener Hand – es ist Gnade über alle Grenzen – oder fürchtet ihr wohl, sie werden ihr Wort brechen, weil ihr einmal gehört habt, dass man Verrätern nicht Wort hält? – O seid außer Furcht! Schon die Politik könnte sie zwingen, Wort zu halten, wenn sie es auch dem Satan gegeben hätten. Wer würde ihnen in Zukunft noch Glauben beimessen? Wie würden sie je einen zweiten Gebrauch davon machen können? – Ich wollte drauf schwören, sie meinen's aufrichtig. Sie wissen, dass ich es bin, der euch empört und erbittert hat, euch halten sie für unschuldig. Eure Verbrechen legen sie für Jugendfehler, für Übereilungen aus. Mich allein wollen sie haben, ich allein verdiene zu büßen. Ist es nicht so, Herr Pater?

Pater Wie heißt der Teufel, der aus ihm spricht? – Ja freilich, freilich ist es so – der Kerl macht mich wirbeln.

macht mich wirbeln **bringt mich durcheinander**
durchzureißen **davonzukommen**

Moor Wie, noch keine Antwort? denkt ihr wohl gar mit den Waffen noch durchzureißen? Schaut doch um euch, schaut doch um euch! Das werdet ihr doch nicht denken, das wäre itzt kindische Zuversicht. – Oder schmeichelt ihr euch wohl gar, als Helden zu fallen, weil ihr saht, dass ich mich aufs Getümmel freute? – Oh glaubt das nicht! Ihr seid nicht *Moor* – Ihr seid heillose Diebe! Elende Werkzeuge meiner größeren Plane, wie der Strick verächtlich in der Hand des Henkers! – Diebe können nicht fallen, wie Helden fallen. Das Leben ist den Dieben Gewinn, dann kommt was Schröckliches nach – Diebe haben das Recht, vor dem Tode zu zittern. – Höret, wie ihre Hörner tönen! Sehet, wie drohend ihre Säbel daherblinken! wie? noch unschlüssig? seid ihr toll? seid ihr wahnwitzig? – Es ist unverzeihlich! Ich dank euch mein Leben nicht, ich schäme mich eures Opfers!

werde unsinnig **verliere die Sinne**

Pater *(äußerst erstaunt)* Ich werde unsinnig, ich laufe davon! Hat man je von so was gehört?

Moor Oder fürchtet ihr wohl, ich werde mich selbst erstechen, und durch einen Selbstmord den Vertrag zernichten, der nur an dem Lebendigen haftet? Nein, Kinder! das ist eine unnütze Furcht. Hier werf ich meinen Dolch weg, und meine Pistolen, und dies Fläschchen mit Gift, das mir noch wohlkommen sollte – ich bin so elend, dass ich auch die Herrschaft über mein Leben verloren habe. – Was, noch unschlüssig? Oder glaubt ihr vielleicht, ich werde mich zur Wehr setzen, wenn ihr mich binden wollt? Seht! hier bind ich meine rechte Hand an diesen

Eichenast, ich bin ganz wehrlos, ein Kind kann mich umwerfen – Wer ist der Erste, der seinen Hauptmann in der Not verlässt?

Roller *(in wilder Bewegung)* Und wann die Hölle uns neunfach umzingelte! *(Schwenkt seinen Degen)* Wer kein Hund ist, rette den Hauptmann!

Schweizer *(zerreißt den Pardon und wirft die Stücke dem Pater ins Gesicht)* In unsern Kugeln Pardon! Fort, Kanaille, sag dem Senat, der dich gesandt hat, du träfst unter Moors Bande keinen einzigen Verräter an. – Rettet, rettet den Hauptmann!

Alle *(lärmen)* Rettet, rettet, rettet den Hauptmann!

Moor *(sich losreißend, freudig)* Itzt sind wir frei – Kameraden! Ich fühle eine Armee in meiner Faust – Tod oder Freiheit! Wenigstens sollen sie keinen lebendig haben! *(Man bläst zum Angriff. Lärm und Getümmel. Sie gehen ab mit gezogenem Degen.)*

Dritter Akt

Erste Szene

Amalia *(im Garten, spielt auf der Laute)*
Schön wie Engel, voll Walhallas Wonne,
Schön vor allen Jünglingen war er,
Himmlisch mild sein Blick, wie Maiensonne,
Rückgestrahlt vom blauen Spiegelmeer.

Walhalla Halle der gefallenen Helden in der germanischen Mythologie

Sein Umarmen – wütendes Entzücken! –
Mächtig feurig klopfte Herz an Herz,
Mund und Ohr gefesselt – Nacht vor unsern Blicken –
Und der Geist gewirbelt himmelwärts.

Seine Küsse – paradiesisch Fühlen! –
Wie zwo Flammen sich ergreifen, wie
Harfentöne ineinander spielen
Zu der himmelvollen Harmonie,

Stürzten, flogen, rasten Geist und Geist zusammen,
Lippen, Wangen brannten, zitterten, –
Seele rann in Seele – Erd und Himmel schwammen
Wie zerronnen, um die Liebenden.

Er ist hin – vergebens ach! vergebens
Stöhnet ihm der bange Seufzer nach.
Er ist hin – und alle Lust des Lebens
Wimmert hin in ein verlornes Ach! –

Franz *tritt auf.*

Franz Schon wieder hier, eigensinnige Schwärmerin? Du hast dich vom frohen Mahle hinweggestohlen, und den Gästen die Freude verdorben.

Amalia Schade für diese unschuldigen Freuden! Das Totenlied muss noch in deinen Ohren murmeln, das deinem Vater zu Grabe hallte –

Franz Willst du dann ewig klagen? Lass die Toten schlafen, und mache die Lebendigen glücklich! Ich komme –

Amalia Und wann gehst du wieder?

Franz O weh! Kein so finsteres, stolzes Gesicht! du betrübst mich, Amalia! Ich komme, dir zu sagen –

Amalia Ich muss wohl hören, Franz von Moor ist ja gnädiger Herr worden.

Franz Ja recht, das war's, worüber ich dich vernehmen wollte – Maximilian ist schlafen gegangen in der Väter Gruft. Ich bin Herr. Aber ich möchte es vollends ganz sein, Amalia. – Du weißt, was du unserm Hause warst, du wardst gehalten wie Moors Tochter, selbst den Tod überlebte seine Liebe zu dir, das wirst du wohl niemals vergessen? –

Amalia Niemals, niemals. Wer das auch so leichtsinnig beim frohen Mahle hinwegzechen könnte!

Franz Die Liebe meines Vaters musst du in seinen Söhnen belohnen, und Karl ist tot – staunst du? schwindelt dir? Ja wahrhaftig, der Gedanke ist auch so schmeichelnd erhaben, dass er selbst den Stolz eines Weibes betäubt. Franz tritt die Hoffnungen der edelsten Fräuleins mit Füßen, Franz kommt und bietet einer armen, ohne ihn hülflosen Waise sein Herz, seine Hand, und mit ihr all sein Gold an und all seine Schlösser und Wälder. – Franz, der Beneidete, der Gefürchtete, erklärt sich freiwillig für Amalias Sklaven –

Fräuleins adligen Unverheirateten

Amalia Warum spaltet der Blitz die ruchlose Zunge nicht, die das Frevelwort ausspricht! Du hast meinen Geliebten ermordet, und Amalia soll dich Gemahl nennen! du –

Seladon → Seite 254

Arkadien idyllische Naturlandschaft in der Literatur

Franz Nicht so ungestüm, allergnädigste Prinzessin! – Freilich krümmt Franz sich nicht wie ein girrender Seladon vor dir – freilich hat er nicht gelernt, gleich dem schmachtenden Schäfer Arkadiens, dem Echo der Grotten und Felsen seine Liebesklagen entgegen zu jammern – Franz spricht, und wenn man nicht antwortet, so wird er – *befehlen.*

Amalia Wurm, du, befehlen? mir befehlen? – und wenn man den Befehl mit Hohnlachen zurückschickt?

einbildischen eingebildeten

Franz Das wirst du nicht. Noch weiß ich Mittel, die den Stolz eines einbildischen Starrkopfs so hübsch niederbeugen können – Klöster und Mauren!

Basilisk Fabelwesen aus Hahn und Schlange mit tödlichem Blick

Amalia Bravo! herrlich! und in Kloster und Mauren mit deinem Basiliskenanblick auf ewig verschont, und Muße genug, an Karln zu denken, zu hangen. Willkommen mit deinem Kloster! auf auf mit deinen Mauren!

Franz Haha! ist es das? – Gib Acht! Itzt hast du mich die Kunst gelehrt, wie ich dich quälen soll – diese ewige Grille von Karl soll dir mein Anblick gleich einer feuerhaarigen Furie aus dem Kopfe geißeln; das Schreckbild *Franz* soll hinter dem Bild deines Lieblings im Hinterhalt lauren, gleich dem verzauberten Hund, der auf unterirdischen Goldkästen liegt – an den Haaren will ich dich in die Kapelle schleifen, den Degen in der Hand, dir den ehlichen Schwur aus der Seele pressen, dein jungfräuliches Bette mit Sturm ersteigen, und deine stolze Scham mit noch größerem Stolze besiegen.

Maulschelle Ohrfeige

Amalia *(gibt ihm eine Maulschelle)* Nimm erst das zur Aussteuer hin.

Franz *(aufgebracht)* Ha! wie das zehnfach, und wieder zehnfach geahndet werden soll! – Nicht meine Gemahlin – die

Ehre sollst du nicht haben – meine Mätresse sollst du werden, dass die ehrlichen Bauernweiber mit Fingern auf dich deuten, wenn du es wagst und über die Gasse gehst. Knirsche nur mit den Zähnen – speie Feuer und Mord aus den Augen – mich ergötzt der Grimm eines Weibes, macht dich nur schöner, begehrenswerter. Komm – dieses Sträuben wird meinen Triumph zieren und mir die Wollust in erzwungnen Umarmungen würzen – Komm mit in meine Kammer – ich glühe vor Sehnsucht – itzt gleich sollst du mit mir gehn. *(Will sie fortreißen)*

Mätresse **Geliebte**

Amalia *(fällt ihm um den Hals)* Verzeih mir, Franz! *(Wie er sie umarmen will, reißt sie ihm den Degen von der Seite und tritt hastig zurück.)* Siehst du, Bösewicht, was ich jetzt aus dir machen kann? – Ich bin ein Weib, aber ein rasendes Weib – wag es einmal mit unzüchtigem Griff meinen Leib zu betasten – dieser Stahl soll deine geile Brust mitten durchrennen, und der *Geist* meines Oheims wird mir die Hand dazu führen. Fleuch auf der Stelle! *(Sie jagt ihn davon.)*

Fleuch **Fliehe**

Ah! wie mir wohl ist – Itzt kann ich frei atmen – ich fühlte mich stark wie das funkensprühende Ross, grimmig wie die Tigerin dem siegbrüllenden Räuber ihrer Jungen nach – In ein Kloster, sagt er – dank dir für diese glückliche Entdeckung! – Itzt hat die betrogene Liebe ihre Freistatt gefunden – das Kloster – das Kreuz des Erlösers ist die Freistatt der betrognen Liebe. *(Sie will gehen.)*

Freistatt **Schutzort**

Hermann *tritt schüchtern herein.*

Hermann Fräulein Amalia! Fräulein Amalia!

Amalia Unglücklicher! Was störest du mich?

Hermann Dieser Zentner muss von meiner Seele, eh er sie

zur Hölle drückt. *(Wirft sich vor ihr nieder)* Vergebung! Vergebung! Ich hab Euch sehr beleidigt, Fräulein Amalia.

Amalia Steh auf! Geh! Ich will nichts wissen. *(Will fort)*

Hermann *(der sie zurückhält)* Nein! Bleibt! Bei Gott! Bei dem ewigen Gott! Ihr sollt alles wissen!

Amalia Keinen Laut weiter – Ich vergebe dir – Ziehe heim in Frieden. *(Will hinwegeilen)*

Hermann So höret nur ein einziges Wort – es wird Euch all Eure Ruhe wiedergeben.

Amalia *(kommt zurück und blickt ihn verwundernd an)* Wie Freund? – wer im Himmel und auf Erden kann mir meine Ruhe wiedergeben?

Hermann Das kann von meinen Lippen ein einiges Wort – höret mich an!

Amalia *(mit Mitleiden, seine Hand ergreifend)* Guter Mensch – Kann ein Wort von deinen Lippen die Riegel der Ewigkeit aufreißen?

Hermann *(steht auf)* Karl lebt noch!

Amalia *(schreiend)* Unglücklicher!

Hermann Nicht anders – Nun noch ein Wort – Euer Oheim –

Oheim Onkel

Amalia *(gegen ihn herstürzend)* Du lügst –

Hermann Euer Oheim –

Amalia Karl lebt noch!

Hermann Und Euer Oheim –

Amalia Karl lebt noch?

Hermann Auch Euer Oheim – Verratet mich nicht. *(Eilt hinaus)*

Amalia *(steht lang wie versteinert. Dann fährt sie wild auf, eilt ihm nach.)* Karl lebt noch!

Zweite Szene

Gegend an der Donau.

Die Räuber, *gelagert auf einer Anhöhe unter Bäumen, die Pferde weiden am Hügel hinunter.*

Moor Hier muss ich liegen bleiben. *(Wirft sich auf die Erde)* Meine Glieder wie abgeschlagen. Meine Zunge trocken wie eine Scherbe. *(Schweizer verliert sich unvermerkt.)* Ich wollt euch bitten, mir eine Handvoll Wassers aus diesem Strome zu holen, aber ihr seid alle matt bis in den Tod.

Meine Glieder ... Tod **vgl. Psalm 22,15 f. und Richter 16,16**

Schwarz Auch ist der Wein all in unsern Schläuchen.

Moor Seht doch, wie schön das Getreide steht! – Die Bäume brechen fast unter ihrem Segen. – Der Weinstock voll Hoffnung.

Grimm Es gibt ein fruchtbares Jahr.

Moor Meinst du? – Und so würde doch *ein* Schweiß in der Welt bezahlt. *Einer*? – – Aber es kann ja über Nacht ein Hagel fallen und alles zugrund schlagen.

Schwarz Das ist leicht möglich. Es kann alles zugrund gehen, wenig Stunden vorm Schneiden.

Moor Das sag ich ja. Es wird alles zugrund gehn. Warum soll dem Menschen das gelingen, was er von der Ameise hat, wenn ihm das fehlschlägt, was ihn den Göttern gleich macht! – Oder ist hier die Mark seiner Bestimmung?

die Mark **der Kern**

Schwarz Ich kenne sie nicht.

Moor Du hast gut gesagt, und noch besser getan, wenn du sie nie zu kennen verlangtest! – Bruder – ich habe die Menschen gesehen, ihre Bienensorgen, und ihre Riesenprojekte – ihre Götterplane und ihre Mäusegeschäfte, das wunderseltsame Wettrennen nach Glückseligkeit; – dieser dem Schwung seines Rosses anvertraut – ein anderer der Nase seines Esels – ein Dritter seinen eigenen Beinen; dieses bunte Lotto des Lebens, worein so mancher seine Unschuld, und – seinen Himmel setzt, einen Treffer zu haschen, und – Nullen sind der Auszug – am Ende war kein Treffer darin. Es ist ein Schauspiel, Bruder, das Tränen in deine Augen lockt, wenn es dein Zwerchfell zum Gelächter kitzelt.

Auszug Lotterieergebnis

Schwarz Wie herrlich die Sonne dort untergeht!

Moor *(in den Anblick verschwemmt)* So stirbt ein Held! – Anbetenswürdig.

verschwemmt versunken

Grimm Du scheinst tief gerührt.

Moor Da ich noch ein Bube war – war's mein Lieblingsgedanke, wie *sie* zu leben, zu sterben wie *sie.* – *(mit verbissnem Schmerz)* Es war ein Bubengedanke!

Grimm Das will ich hoffen.

Moor *(drückt den Hut übers Gesicht)* Es war eine Zeit – Lasst mich allein, Kameraden!

Schwarz Moor! Moor! Was zum Henker? – wie er seine Farbe verändert!

Grimm Alle Teufel! was hat er? wird ihm übel?

Moor Es war eine Zeit, wo ich nicht schlafen konnte, wenn ich mein Nachtgebet vergessen hatte –

Grimm Bist du wahnsinnig? Willst du dich von deinen Bubenjahren hofmeistern lassen?

hofmeistern belehren

Moor *(legt sein Haupt auf Grimms Brust)* Bruder! Bruder!

Grimm Wie? sei doch kein Kind – ich bitte dich –

Moor Wär ich's – wär ich's wieder!

Grimm Pfui! Pfui!

Schwarz Heitre dich auf. Sieh diese malerische Landschaft – den lieblichen Abend.

Moor Ja, Freunde, diese Welt ist so schön.

Schwarz Nun, das war wohl gesprochen.

Moor Diese Erde so herrlich.

Grimm Recht – recht – so hör ich's gerne.

Moor *(zurückgesunken)* Und ich so hässlich auf dieser schönen Welt – und ich ein Ungeheuer auf dieser herrlichen Erde.

Grimm O weh, o weh!

Moor Meine Unschuld! Meine Unschuld! – Seht! es ist alles hinausgegangen, sich im friedlichen Strahl des Frühlings zu sonnen – warum ich allein die Hölle saugen aus den Freuden des Himmels? – dass alles so glücklich ist, durch den Geist des Friedens alles so verschwistert! – die ganze Welt *eine* Familie und ein Vater dort oben – *Mein* Vater nicht – Ich allein der Verstoßene, ich allein ausgemustert aus den Reihen der Reinen – mir nicht der süße Name Kind – nimmer mir der Geliebten schmachtender Blick – nimmer nimmer des Busenfreundes Umarmung! *(Wild zurückfahrend)* Umlagert von Mördern – von Nattern umzischt – angeschmiedet an das Laster mit eisernen Banden – hinausschwindelnd ins Grab des Verderbens auf des Lasters schwankendem Rohr – mitten in den Blumen der glücklichen Welt ein heulender Abbadona!

Abbadona **reumütiger gefallener Engel aus Klopstocks »Messias«**

Schwarz *(zu den Übrigen)* Unbegreiflich! Ich hab ihn nie so gesehen.

Moor *(mit Wehmut)* Dass ich wiederkehren dürfte in meiner Mutter Leib! dass ich ein Bettler geboren werden dürfte! – nein! ich wollte nicht mehr o Himmel – dass ich werden dürfte wie dieser Taglöhner einer! – O ich wollte mich abmüden, dass mir das Blut von den Schläfen rollte – mir die Wollust eines einzigen Mittagschlafs zu erkaufen – die Seligkeit einer einzigen Träne.

Grimm *(zu den andern)* Nur Geduld! Der Paroxysmus ist schon im Fallen.

Paroxysmus **Anfall, Höhepunkt der Krankheit**

Moor Es war eine Zeit, wo sie mir so gern flossen – o ihr Tage des Friedens! Du Schloss meines Vaters – ihr grünen, schwärmerischen Täler! O all ihr Elysiumszenen meiner Kindheit! – Werdet ihr nimmer zurückkehren – nimmer mit köstlichen Säuseln meinen brennenden Busen kühlen? – Traure mit mir, Natur – Sie werden nimmer zurückkehren, nimmer mit köstlichen Säuseln meinen brennenden Busen kühlen. – Dahin! dahin! unwiederbringlich! –

Schweizer *mit Wasser im Hut.*

Schweizer Sauf zu, Hauptmann – hier ist Wasser genug, und frisch wie Eis.

Schwarz Du blutest ja – was hast du gemacht?

Schweizer Narr, einen Spaß, der mich bald zwei Beine und einen Hals gekostet hätte. Wie ich so auf dem Sandhügel am Fluss hintrolle, glitsch, so rutscht der Plunder unter mir ab und ich zehn rheinländische Schuhe lang hinunter – da lag ich, und wie ich mir eben meine fünf Sinne wieder zurechtsetze, treff ich dir das klarste Wasser im Kies. Genug diesmal für den Tanz, dacht ich, dem Hauptmann wird's wohl schmecken.

Moor *(gibt ihm den Hut zurück und wischt ihm sein Gesicht ab)* Sonst sieht man ja die Narben nicht, die die böhmischen Reuter in deine Stirne gezeichnet haben – dein Wasser war gut, Schweizer – diese Narben stehen dir schön.

Schweizer Pah! hat noch Platz genug für ihrer dreißig.

Moor Ja, Kinder – es war ein heißer Nachmittag – und nur *einen* Mann verloren – mein Roller starb einen schönen Tod. Man würde einen Marmor auf seine Gebeine setzen, wenn er nicht mir gestorben wäre. Nehmet vorlieb mit

mir für mich

diesem. *(Er wischt sich die Augen.)* Wie viel waren's doch von den Feinden, die auf dem Platz blieben?

Schweizer Hundertundsechzig Husaren – dreiundneunzig Dragoner, gegen vierzig Jäger – dreihundert in allem.

Moor Dreihundert für einen! – Jeder von euch hat Anspruch an diesen Scheitel! *(Er entblößt das Haupt.)* Hier heb ich meinen Dolch auf! So wahr meine Seele lebt! *Ich will euch niemals verlassen.*

Schweizer Schwöre nicht! du weißt nicht, ob du nicht noch glücklich werden, und bereuen wirst.

Moor *Bei den Gebeinen meines Rollers! Ich will euch niemals verlassen.*

Kosinsky *kommt.*

Kosinsky *(vor sich)* In dieser Revier herum, sagen sie, werd ich ihn antreffen – he, holla! was sind das für Gesichter? – Sollten's –? wie, wenn's diese – sie sind's, sind's! – ich will sie anreden.

Schwarz Gebt Acht! wer kommt da?

Kosinsky Meine Herrn, verzeihen Sie! Ich weiß nicht, geh ich recht, oder unrecht?

Moor Und wer müssen wir sein, wenn Sie recht gehn?

Kosinsky Männer!

Schweizer Ob wir das auch gezeigt haben, Hauptmann?

Kosinsky Männer such ich, die dem Tod ins Gesicht sehen, und die Gefahr wie eine zahme Schlange um sich spielen lassen, die Freiheit höher schätzen als Ehre und Leben, deren bloßer Name, willkommen dem Armen und Unterdrückten, die Beherztesten feig und Tyrannen bleich macht.

Schweizer *(zum Hauptmann)* Der Bursche gefällt mir. – Höre, guter Freund! Du hast deine Leute gefunden.

Kosinsky Das denk ich und will hoffen, bald meine Brüder. – So könnt ihr mich dann zu meinem rechten Manne weisen, denn ich such euren Hauptmann, den großen Grafen von Moor.

Schweizer *(gibt ihm die Hand, mit Wärme)* Lieber Junge! wir duzen einander.

Moor *(näher kommend)* Kennen Sie auch den Hauptmann?

Kosinsky Du bist's – in dieser Miene – wer sollte dich ansehn und einen andern suchen? *(Starrt ihn lange an)* Ich habe mir immer gewünscht, den Mann mit dem vernichtenden Blicke zu sehen, wie er saß auf den Ruinen von Karthago – itzt wünsch ich es nicht mehr.

den Mann ... Karthago der römische Feldherr Gaius Marius (156–86 v. Chr.)

Schweizer Blitzbub!

Moor Und was führt Sie zu mir?

Kosinsky O Hauptmann! mein mehr als grausames Schicksal – ich habe Schiffbruch gelitten auf der ungestümen See dieser Welt, die Hoffnungen meines Lebens hab ich müssen sehen in den Grund sinken, und blieb mir nichts übrig, als die marternde Erinnerung ihres Verlustes, die mich wahnsinnig machen würde, wenn ich sie nicht durch anderwärtige Tätigkeit zu ersticken suchte.

Moor Schon wieder ein Kläger wider die Gottheit! – Nur weiter.

Kosinsky Ich wurde Soldat; Das Unglück verfolgte mich auch da – ich machte eine Fahrt nach Ostindien mit, mein Schiff scheiterte an Klippen – nichts als fehlgeschlagene Plane! Ich höre endlich weit und breit erzählen von deinen Taten, *Mordbrennereien*, wie sie sie nannten, und bin hieher gereist dreißig Meilen weit, mit dem festen Entschluss, unter dir zu dienen, wenn du meine Dienste annehmen willst – Ich bitte dich, würdiger Hauptmann, schlage mir's nicht ab!

Schweizer *(mit einem Sprung)* Heisa! Heisa! So ist ja unser

Roller zehnhundertfach vergütet! Ein ganzer Mordbruder für unsere Bande!

Moor Wie ist dein Name?

Kosinsky Kosinsky.

Moor Wie Kosinsky, weißt du auch, dass du ein leichtsinniger Knabe bist, und über den großen Schritt deines Lebens weggaukelst, wie ein unbesonnenes Mädchen – Hier wirst du nicht Bälle werfen oder Kegelkugeln schieben, wie du dir einbildest.

Kosinsky Ich weiß, was du sagen willst – ich bin vierundzwanzig Jahr alt, aber ich habe Degen blinken gesehen, und Kugeln um mich surren gehört.

Moor So, junger Herr? – und hast du dein Fechten nur darum gelernt, arme Reisende um einen Reichstaler niederzustoßen, oder Weiber hinterrücks in den Bauch zu stechen? Geh, geh! du bist deiner Amme entlaufen, weil sie dir mit der Rute gedroht hat.

Schweizer Was zum Henker, Hauptmann! was denkst du? willst du diesen Herkules fortschicken? Sieht er nicht gerade so drein, als wollt' er den Marschall von Sachsen mit einem Rührlöffel über den Ganges jagen?

Marschall von Sachsen **Moritz von Sachsen (1696–1750), berühmter Feldherr**

Moor Weil dir deine Lappereien missglücken, kommst du, und willst ein Schelm, ein Meuchelmörder werden? – Mord, Knabe, verstehst du das Wort auch? du magst ruhig schlafen gegangen sein, wenn du Mohnköpfe abgeschlagen hast, aber einen Mord auf der Seele zu tragen –

Lappereien **unbedeutenden Dinge**

Kosinsky Jeden Mord, den du mich begehen heißt, will ich verantworten.

Moor Was? Bist du so klug? Willst du dich anmaßen, einen Mann mit Schmeicheleien zu fangen? Woher weißt du, dass ich nicht böse Träume habe, oder auf dem Todbett nicht werde blass werden? Wie viel hast du schon getan, wobei du an Verantwortung gedacht hast?

Kosinsky Wahrlich! noch sehr wenig, aber doch diese Reise zu dir, edler Graf!

Moor Hat dir dein Hofmeister die Geschichte des Robins in die Hände gespielt, – man sollte dergleichen unvorsichtige Kanaillen auf die Galeere schmieden –, die deine kindische Phantasie erhitzte, und dich mit der tollen Sucht zum großen Mann ansteckte? Kützelt dich nach Namen und Ehre? willst du Unsterblichkeit mit Mordbrennereien erkaufen? Merk dir's, ehrgeiziger Jüngling! Für Mordbrenner grünet kein Lorbeer! Auf Banditensiege ist kein Triumph gesetzt – aber Fluch, Gefahr, Tod, Schande – Siehst du auch das Hochgericht dort auf dem Hügel?

Hofmeister Hauslehrer
Robins Robin Hood
Kützelt Kitzelt
Hochgericht Galgen

Spiegelberg *(unwillig auf und ab gehend)* Ei wie dumm! wie abscheulich, wie unverzeihlich dumm! das ist die Manier nicht! Ich hab's anderst gemacht.

Manier Art, Weise

Kosinsky Was soll der fürchten, der den Tod nicht fürchtet?

Moor Brav! Unvergleichlich! Du hast dich wacker in den Schulen gehalten, du hast deinen Seneca meisterlich auswendig gelernt. – Aber, lieber Freund, mit dergleichen Sentenzen wirst du die leidende Natur nicht beschwätzen, damit wirst du die Pfeile des Schmerzens nimmermehr stumpf machen. – Besinne dich recht, mein Sohn! *(Er nimmt seine Hand.)* Denk, ich rate dir als ein Vater – lern erst die Tiefe des Abgrunds kennen, eh du hineinspringst! Wenn du noch in der Welt eine einzige Freude zu erhaschen weißt – es könnten Augenblicke kommen, wo du – aufwachst – und dann – möcht' es zu spät sein. Du trittst hier gleichsam aus dem Kreise der Menschheit – entweder musst du ein höherer Mensch sein, oder du bist ein Teufel – Noch einmal, mein Sohn! Wenn dir noch ein Funken von Hoffnung irgend anderswo glimmt, so verlass diesen schröcklichen Bund,

Seneca → Seite 254
Sentenzen Sinnsprüchen

den nur Verzweiflung eingeht, wenn ihn nicht eine höhere Weisheit gestiftet hat – man kann sich täuschen – Glaube mir, man kann das für Stärke des Geistes halten, was doch am Ende Verzweiflung ist – Glaub *mir, mir*! und mach dich eilig hinweg.

Kosinsky Nein! ich fliehe itzt nicht mehr. Wenn dich meine Bitten nicht rühren, so höre die Geschichte meines Unglücks. – Du wirst mir dann selbst den Dolch in die Hände zwingen, du wirst – lagert euch hier auf dem Boden, und hört mir aufmerksam zu!

Moor Ich will sie hören.

Kosinsky Wisset also, ich bin ein böhmischer Edelmann, und wurde durch den frühen Tod meines Vaters Herr eines ansehnlichen Ritterguts. Die Gegend war paradiesisch – denn sie enthielt einen Engel – ein Mädchen, geschmückt mit allen Reizen der blühenden Jugend, und keusch wie das Licht des Himmels. Doch, wem sag ich das? Es schallt an euren Ohren vorüber – ihr habt niemals geliebt, seid niemals geliebt worden –

Schweizer Sachte, sachte! Unser Hauptmann wird feuerrot.

Moor Hör auf! ich will's ein andermal hören – morgen, nächstens, oder – wenn ich Blut gesehen habe.

Kosinsky Blut, Blut – höre nur weiter! Blut, sag ich dir, wird deine ganze Seele füllen. Sie war bürgerlicher Geburt, eine Deutsche – aber ihr Anblick schmelzte die Vorurteile des Adels hinweg. Mit der schüchternsten Bescheidenheit nahm sie den Trauring von meiner Hand, und übermorgen sollte ich meine *Amalia* vor den Altar führen.

Moor *(steht schnell auf)*

Kosinsky Mitten im Taumel der auf mich wartenden Seligkeit, unter den Zurüstungen zur Vermählung – werd ich durch einen Expressen nach Hof zitiert. Ich stellte mich. Man zeigte mir Briefe, die ich geschrieben haben sollte,

Zurüstungen Vorbereitungen

voll verräterischen Inhalts. Ich errötete über der Bosheit – man nahm mir den Degen ab, warf mich ins Gefängnis, alle meine Sinnen waren hinweg.

Schweizer Und unterdessen – nur weiter! Ich rieche den Braten schon.

Kosinsky Hier lag ich einen Monat lang und wusste nicht, wie mir geschah. Mir bangte für meine Amalia, die meines Schicksals wegen jede Minute einen Tod würde zu leiden haben. Endlich erschien der erste Minister des Hofes, wünschte mir zur Entdeckung meiner Unschuld Glück, mit zuckersüßen Worten, liest mir den Brief der Freiheit vor, gibt mir meinen Degen wieder. Itzt im Triumphe nach meinem Schloss, in die Arme meiner Amalia zu fliegen, – sie war verschwunden. In der Mitternacht sei sie weggebracht worden, wüsste niemand, wohin; und seitdem mit keinem Aug mehr gesehen. Hui! schoss mir's auf wie der Blitz, ich flieg nach der Stadt, sondiere am Hof – alle Augen wurzelten auf mir, niemand wollte Bescheid geben – endlich entdeck ich sie durch ein verborgenes Gitter im Palast – sie warf mir ein Billettchen zu.

Billettchen Zettelchen, Briefchen

Schweizer Hab ich's nicht gesagt?

Kosinsky Hölle, Tod und Teufel! da stand's! man hatte ihr die Wahl gelassen, ob sie mich lieber sterben sehen, oder die Mätresse des Fürsten werden wollte. Im Kampf zwischen Ehre und Liebe entschied sie für das Zweite, und *(lachend)* ich war gerettet.

Schweizer Was tatst du da?

Kosinsky Da stand ich, wie von tausend Donnern getroffen! – Blut! war mein erster Gedanke, Blut! mein letzter. Schaum auf dem Munde renn ich nach Haus, wähle mir einen dreispitzigen Degen, und damit in aller Jast in des Ministers Haus, denn nur er – er nur war der höllische Kuppler gewesen. Man muss mich von der Gasse be-

Jast Wallung, Zorn

merkt haben, denn wie ich hinauftrete, waren alle Zimmer verschlossen. Ich suche, ich frage: Er sei zum Fürsten gefahren, war die Antwort. Ich mache mich geradenwegs dahin, man wollte nichts von ihm wissen. Ich gehe zurück, sprenge die Türen ein, find ihn, wollte eben – aber da sprangen fünf bis sechs Bediente aus dem Hinterhalt, und entwanden mir den Degen.

Schweizer *(stampft auf den Boden)* Und er kriegte nichts, und du zogst leer ab?

Kosinsky Ich ward ergriffen, angeklagt, peinlich prozessiert, infam – merkt's euch! – aus *besonderer* Gnade infam aus den Grenzen gejagt, meine Güter fielen als Präsent dem Minister zu, meine Amalia bleibt in den Klauen des Tigers, verseufzt und vertrauert ihr Leben, während dass meine Rache fasten, und sich unter das Joch des Despotismus krümmen muss.

peinlich prozessiert dem Strafprozess unterzogen
infam in Schande, ehrlos

Despotismus Gewaltherrschaft

Schweizer *(aufstehend, seinen Degen wetzend)* Das ist Wasser auf unsere Mühle, Hauptmann! Da gibt's was anzuzünden!

Moor *(der bisher in heftigen Bewegungen hin und her gegangen, springt rasch auf, zu den Räubern)* Ich muss sie sehen. – Auf! rafft zusammen – du bleibst, Kosinsky – packt eilig zusammen!

Die Räuber Wohin? Was?

Moor Wohin? wer fragt wohin? *(Heftig zu Schweizern)* Verräter, du willst mich zurückhalten? Aber bei der Hoffnung des Himmels! –

Schweizer Verräter ich? – geh in die Hölle, ich folge dir!

Moor *(fällt ihm um den Hals)* Bruderherz! du folgst mir – sie weint, sie vertrauert ihr Leben. Auf! Hurtig! Alle! nach Franken! in acht Tagen müssen wir dort sein. *(Sie gehen ab.)*

Vierter Akt

Erste Szene

Ländliche Gegend um das Moorische Schloss.

Räuber Moor, *Kosinsky in der Ferne.*

Moor Geh voran, und melde mich. Du weißt doch noch alles, was du sprechen musst?

Kosinsky Ihr seid der Graf von Brand, kommt aus Mecklenburg, ich Euer Reutknecht – sorgt nicht, ich will meine Rolle schon spielen, lebt wohl! *(Ab)*

Moor Sei mir gegrüßt, Vaterlandserde! *(Er küsst die Erde.)* Vaterlandshimmel! Vaterlandssonne! – und Fluren und Hügel und Ströme und Wälder! seid alle, alle mir herzlich gegrüßt! – wie so köstlich wehet die Luft von meinen Heimatgebürgen! wie strömt balsamische Wonne aus euch dem armen Flüchtling entgegen! – Elysium! dichterische Welt! Halt ein Moor! dein Fuß wandelt in einem heiligen Tempel. *(Er kommt näher.)* Sieh da auch die Schwalbennester im Schlosshof – auch das Gartentürchen! – und diese Ecke am Zaun, wo du so oft den Fanger belauschtest und necktest – und dort unten das Wiesental, wo du, der Held Alexander, deine Mazedonier ins Treffen bei Arbela führtest, und nebendran der grasigte Hügel, von welchem du den persischen Satrapen niederwarfst – und deine siegende Fahne flatterte hoch! *(Er lächelt.)* Die goldne Maienjahre der Knabenzeit leben wieder auf in der Seele des Elenden – da warst du so glücklich, warst so ganz, so wolkenlos heiter – und nun – da liegen die Trümmer deiner Entwürfe! Hier solltest du wandeln dereinst, ein großer, stattlicher, gepriesener

Fanger **Lockvogel für den Vogelfang**
Arbela **→ Seite 254**
Satrapen **Statthalter**

Mann – hier dein Knabenleben in Amalias blühenden Kindern zum zweiten Mal leben – hier! hier der Abgott deines Volks – aber der böse Feind schmollte darzu! *(Er fährt auf.)* Warum bin ich hiehergekommen? dass mir's ginge wie dem Gefangenen, den der klirrende Eisenring aus Träumen der Freiheit aufjagt – nein, ich gehe in mein Elend zurück! – der Gefangene hatte das Licht vergessen, aber der Traum der Freiheit fuhr über ihm wie ein Blitz in die Nacht, der sie finsterer zurücklässt – Lebt wohl, ihr Vaterlandstäler! einst saht ihr den Knaben Karl, und der Knabe Karl war ein glücklicher Knabe – itzt saht ihr den Mann, und er war in Verzweiflung. *(Er dreht sich schnell nach dem äußersten Ende der Gegend, allwo er plötzlich stille steht und nach dem Schloss mit Wehmut herüberblickt.)* Sie nicht sehen, nicht einen Blick? – und nur eine Mauer gewesen zwischen mir und Amalia – Nein! sehen muss ich sie – muss ich ihn – es soll mich zermalmen! *(Er kehrt um.)* Vater! Vater! dein Sohn naht – weg mit dir, schwarzes, rauchendes Blut! weg, hohler, grasser, zuckender Todesblick! Nur *diese* Stunde lass mir frei – Amalia! Vater! dein Karl naht! *(Er geht schnell auf das Schloss zu.)* – Quäle mich, wenn der Tag erwacht, lass nicht ab von mir, wenn die Nacht kommt – quäle mich in schröcklichen Träumen! nur vergifte mir diese einzige Wollust nicht! *(Er steht an der Pforte.)* Wie wird mir? was ist das, Moor? Sei ein Mann! – – Todesschauer – – Schreckenahndung – – *(Er geht hinein.)*

grasser **grässlicher**

Zweite Szene

Galerie im Schloss.

Räuber Moor, Amalia *treten auf.*

Amalia Und getrauten Sie sich wohl, sein Bildnis unter diesen Gemälden zu erkennen?

Moor O ganz gewiss. Sein Bild war immer lebendig in mir. *(An den Gemälden herumgehend) Dieser* ist's nicht.

Amalia Erraten! – Er war der Stammvater des gräflichen Hauses, und erhielt den Adel von Barbarossa, dem er wider die Seeräuber diente.

Barbarossa
→ Seite 254

Moor *(immer an den Gemälden) Dieser* ist's auch nicht – auch *der* nicht – auch nicht *jener* dort – er ist nicht unter ihnen.

Amalia Wie, sehen Sie doch besser! ich dachte, Sie kennten ihn –

Moor Ich kenne meinen Vater nicht besser! Ihm fehlt der sanftmütige Zug um den Mund, der ihn aus Tausenden kenntlich machte – er ist's nicht.

Amalia Ich erstaune. Wie? Achtzehn Jahre nicht gesehn, und noch –

Moor *(schnell, mit einer fliegenden Röte) Dieser* ist's! *(Er steht wie vom Blitz gerührt.)*

Amalia Ein vortrefflicher Mann!

Moor *(in seinem Anblick versunken)* Vater, Vater! vergib mir! – Ja ein vortrefflicher Mann! – *(Er wischt sich die Augen.)* Ein göttlicher Mann!

Amalia Sie scheinen viel Anteil an ihm zu nehmen.

Moor Oh ein vortrefflicher Mann – und er sollte dahin sein?

Amalia Dahin! wie unsere besten Freuden dahingehn –

(Sanft seine Hand ergreifend) Lieber Herr Graf, es reift keine Seligkeit unter dem Monde.

Moor Sehr wahr, sehr wahr – und sollten *Sie* schon diese traurige Erfahrung gemacht haben? Sie können nicht dreiundzwanzig Jahr alt sein.

Amalia Und habe sie gemacht. Alles lebt, um traurig wieder zu sterben. Wir interessieren uns nur darum, wir gewinnen nur darum, dass wir wieder mit Schmerzen verlieren.

Moor Sie verloren schon etwas?

Amalia Nichts. Alles. Nichts – wollen wir weitergehen, Herr Graf?

Moor So eilig? Wes ist dies Bild rechter Hand dort? Mich deucht, es ist eine unglückliche Physiognomie.

Mich deucht Mir scheint
Physiognomie Gesichtsausdruck

Amalia Dies Bild linker Hand ist der Sohn des Grafen, der wirkliche Herr – kommen Sie, kommen Sie!

wirkliche derzeitige

Moor Aber dies Bild rechter Hand?

Amalia Sie wollen nicht in den Garten gehn?

Moor Aber dies Bild rechter Hand? – du weinst, Amalia?

Amalia *(schnell ab)*

Moor Sie liebt mich! sie liebt mich! – ihr ganzes Wesen fing an sich zu empören, verräterisch rollten die Tränen von ihren Wangen. Sie liebt mich! – Elender, das verdientest du um sie! Steh ich nicht hier wie ein Gerichteter vor dem tödlichen Block? Ist das der Sofa, wo ich an ihrem Halse in Wonne schwamm? Sind das die väterlichen Säle? *(Ergriffen vom Anblick seines Vaters)* Du, du – Feuerflammen aus deinem Auge – Fluch, Fluch, Verwerfung! – wo bin ich? Nacht vor meinen Augen – Schrecknisse Gottes – Ich, ich hab ihn getötet! *(Er rennt davon.)*

tödlichen Block Richtblock

Franz von Moor *in tiefen Gedanken.*

Franz Weg mit diesem Bild! weg, feige Memme! was zagst du und vor wem? ist mir's nicht die wenige Stunden, die der Graf in diesen Mauren wandelt, als schlich' immer ein Spion der Hölle meinen Fersen nach – Ich sollt' ihn kennen! Es ist so was Großes und oft Gesehenes in seinem wilden, sonnverbrannten Gesicht, das mich beben macht – auch Amalia ist nicht gleichgültig gegen ihn! Lässt sie nicht so gierig schmachtende Blicke auf dem Kerl herumkreuzen, mit denen sie doch gegen alle Welt sonst so geizig tut? Sah ich's nicht, wie sie ein paar diebische Tränen in den Wein fallen ließ, den er hinter meinem Rücken so hastig in sich schlürfte, als wenn er das Glas mit hineinziehen wollte? Ja, das sah ich, durch den Spiegel sah ich's mit diesen meinen Augen. Holla Franz! siehe dich vor! dahinter steckt irgendein verderbenschwangeres Ungeheuer! *(Er steht forschend dem Porträt Karls gegenüber.)* Sein langer Gänsehals – seine schwarzen, feuerwerfenden Augen, hm! hm! – sein finsteres, überhangendes, buschigtes Augenbraun *(plötzlich zusammenfahrend)* – schadenfrohe Hölle! jagst du mir diese Ahndung ein? Es ist *Karl*! Ja, itzt werden mir alle Züge wieder lebendig – Er ist's! trutz seiner Larve! – Er ist's! – trutz seiner Larve! – Er ist's – Tod und Verdammnis! *(Auf und ab mit heftigen Schritten)* Hab ich darum meine Nächte verprasst – darum Felsen hinweggeräumt und Abgründe eben gemacht – bin ich darum gegen alle Instinkte der Menschheit rebellisch worden, dass mir zuletzt dieser unstete Landstreicher durch meine künstlichsten Wirbel tölple – Sachte! Nur sachte! – Es ist nur noch Spielarbeit übrig – Bin ich doch ohnehin schon bis an die Ohren in Todsünden gewatet, dass es Unsinn wäre zurückzuschwimmen, wenn das Ufer schon so weit hinten liegt – Ans Umkehren ist doch nicht mehr zu

diebische **verstohlene**

künstlichsten **kunstvollsten**

tölple **stolpere**

gedenken – Die *Gnade* selbst würde an den Bettelstab gebracht, und die *unendliche Erbarmung* bankerott werden, wenn sie für meine Schulden all gutsagen wollte – Also vorwärts wie ein Mann – *(Er schellt.)* – Er versammle sich zu dem Geist seines Vaters und komme, der Toten spott ich. – Daniel, he, Daniel! – Was gilt's, den haben sie auch schon gegen mich aufgewiegelt? Er sieht so geheimnisvoll.

Er versammle … komme
Er sterbe und komme als Geist

Daniel *kommt.*

Daniel Was steht zu Befehl, mein Gebieter?

Franz Nichts. Fort, fülle diesen Becher Wein, aber hurtig! *(Daniel ab)* Wart Alter! dich will ich fangen, ins Auge will ich dich fassen, so starr, dass dein getroffenes Gewissen durch die Larve erblassen soll! – Er soll sterben! – Der ist ein Stümper, der sein Werk nur auf die Hälfte bringt, und dann weggeht, und müßig zugafft, wie es weiter damit werden wird.

Daniel *mit Wein.*

Franz Stell ihn hieher! Sieh mir fest ins Auge. Wie deine Knie schlottern. Wie du zitterst! Gesteh Alter! Was hast du getan?

Daniel Nichts, gnädiger Herr, so wahr Gott lebt, und meine arme Seele!

Franz Trink diesen Wein aus! – Was? Du zauderst? – Heraus, schnell! Was hast du in den Wein geworfen?

Daniel Hilf Gott! Was? Ich – in den Wein?

Franz Gift hast du in den Wein geworfen! Bist du nicht bleich wie Schnee? Gesteh, gesteh! Wer hat's dir gegeben? Nicht wahr, der Graf, der Graf hat dir's gegeben?

Daniel Der Graf? Jesus Maria! Der Graf hat mir nichts gegeben.

staket stecktet

Franz *(greift ihn hart an)* Ich will dich würgen, dass du blau wirst, eisgrauer Lügner du! Nichts? Und was staket ihr denn so beisammen? Er und du und Amalia? Und was flüstertet ihr immer zusammen? Heraus damit! Was für Geheimnisse, was für Geheimnisse hat er dir anvertraut?

Daniel Das weiß der allwissende Gott! Er hat mir keine Geheimnisse anvertraut.

Kabalen Intrigen

vergeben vergiften

Franz Willst du es leugnen? Was für Kabalen habt ihr angezettelt, mich aus dem Weg zu räumen? Nicht wahr? Mich im Schlaf zu erdrosseln? Mir beim Bartscheren die Gurgel abzuschneiden? Mir im Wein oder im Schokolade zu vergeben? Heraus, heraus! – oder mir in der Suppe den ewigen Schlaf zu geben. Heraus damit, ich weiß alles.

Daniel So helfe mir Gott, wenn ich in Not bin, wie ich Euch itzt nichts anders sage als die reine, lautere Wahrheit.

Franz Diesmal will ich dir verzeihen. Aber gelt, er steckte dir gewiss Geld in deinen Beutel? Er drückte dir die Hand stärker, als der Brauch ist? so ungefähr, wie man sie seinen alten Bekannten zu drücken pflegt?

Daniel Niemals, mein Gebieter.

Exempel Beispiel

Franz Er sagte dir, zum Exempel, dass er dich etwa schon kenne? – dass du ihn fast kennen solltest? Dass dir einmal die Decke von den Augen fallen würde – dass – was? davon sollt' er dir niemals gesagt haben?

Daniel Nicht das Mindeste.

zuzukönnen beizukommen

Franz Dass gewisse Umstände ihn abhielten – dass man oft Masken nehmen müsse, um seinen Feinden zuzukönnen – dass er sich rächen wolle, aufs Grimmigste rächen wolle.

Daniel Nicht einen Laut von diesem allem.

Franz Was? Gar nichts? Besinne dich recht – dass er den alten Herrn sehr genau – besonders genau gekannt – dass er ihn liebe – ungemein liebe – wie ein Sohn liebe –

Daniel Etwas dergleichen erinnere ich mich von ihm gehört zu haben.

Franz *(blass)* Hat er, hat er wirklich? Wie, so lass mich doch hören! Er sagte, er sei mein Bruder?

Daniel *(betroffen)* Was, mein Gebieter? – Nein, das sagte er nicht. Aber wie ihn das Fräulein in der Galerie herumführte, ich putzte eben den Staub von den Rahmen der Gemälde ab, stand er bei dem Porträt des seligen Herrn plötzlich still, wie vom Donner gerührt. Das gnädige Fräulein deutete drauf hin, und sagte: Ein vortrefflicher Mann! Ja, ein vortrefflicher Mann, gab er zur Antwort, indem er sich die Augen wischte.

Franz Höre Daniel! Du weißt, ich bin immer ein gütiger Herr gegen dich gewesen, ich hab dir Nahrung und Kleider gegeben, und dein schwaches Alter in allen Geschäften geschonet –

Daniel Dafür lohn' Euch der liebe Herrgott! und ich hab Euch immer redlich gedienet.

Franz Das wollt ich eben sagen. Du hast mir in deinem Leben noch keine Widerrede gegeben, denn du weißt gar zu wohl, dass du mir Gehorsam schuldig bist in allem, was ich dich heiße.

Daniel In allem von ganzem Herzen, wenn es nicht wider Gott und mein Gewissen geht.

Franz Possen, Possen! Schämst du dich nicht? Ein alter Mann, und an das Weihnachtsmärchen zu glauben! Geh Daniel! das war ein dummer Gedanke. Ich bin ja Herr. Mich werden Gott und Gewissen strafen, wenn es ja einen Gott und ein Gewissen gibt.

Daniel *(schlägt die Hände zusammen)* Barmherziger Himmel!

Franz Bei deinem Gehorsam! Verstehst du das Wort auch? Bei deinem Gehorsam befehl' ich dir, morgen darf der Graf nimmer unter den Lebendigen wandeln.

Daniel Hilf, heiliger Gott! Weswegen?

Franz Bei deinem *blinden* Gehorsam! – und an dich werd ich mich halten.

Daniel An mich? Hilf selige Mutter Gottes! An mich? Was hab ich alter Mann denn Böses getan?

Franz Hier ist nicht lang Besinnszeit, dein Schicksal steht in meiner Hand. Willst du dein Leben im tiefsten meiner Türme vollends ausschmachten, wo der Hunger dich zwingen wird, deine eigenen Knochen abzunagen, und der brennende Durst, dein eigenes Wasser wieder zu saufen? – Oder willst du lieber dein Brot essen in Frieden, und Ruhe haben in deinem Alter?

wo der Hunger … saufen vgl. Jesaja 9,20 und 2. Könige 18,27

Daniel Was, Herr? Fried und Ruhe im Alter, und ein Totschläger?

Franz Antwort auf meine Frage!

Daniel Meine grauen Haare! meine grauen Haare!

Franz Ja oder nein!

Daniel Nein! – Gott erbarme sich meiner!

Franz *(im Begriff zu gehen)* Gut, du sollst's nötig haben. *(Daniel hält ihn auf und fällt vor ihm nieder.)*

Daniel Erbarmen, Herr! Erbarmen!

Franz Ja oder nein!

Daniel Gnädiger Herr! ich bin heute einundsiebenzig Jahr alt, und hab Vater und Mutter geehret, und niemand meines Wissens um des Hellers Wert im Leben vervorteilt, und hab an meinem Glauben gehalten, treu und redlich, und hab in Eurem Hause gedienet vierundvierzig Jahr, und erwarte itzt ein ruhig seliges Ende, ach, Herr, Herr! *(umfasst seine Knie heftig)* und Ihr wollt mir den letzten Trost rauben im Sterben, dass der Wurm des

Heller Münze von geringem Wert
vervorteilt übervorteilt

Gewissens mich um mein letztes Gebet bringe, dass ich ein Greuel vor Gott und Menschen schlafen gehen soll? Nein, nein, mein liebster, bester, liebster gnädiger Herr! Das wollt Ihr nicht, das könnt Ihr nicht wollen von einem einundsiebenzigjährigen Manne.

Franz Ja oder nein! was soll das Geplapper?

Daniel Ich will Euch von nun an noch eifriger dienen, will meine dürren Sehnen in Eurem Dienst wie ein Taglöhner abarbeiten, will früher aufstehen, will später mich niederlegen – ach, und will Euch einschließen in mein Abend- und Morgengebet, und Gott wird das Gebet eines alten Mannes nicht wegwerfen.

Franz Gehorsam ist besser, denn Opfer. Hast du je gehört, dass sich der Henker zierte, wenn er ein Urteil vollstrecken sollte?

Daniel Ach ja wohl! Aber eine Unschuld erwürgen – einen –

Franz Bin ich dir etwa Rechenschaft schuldig? darf das Beil den Henker fragen, warum dahin und nicht dorthin? – aber sieh, wie langmütig ich bin – ich biete dir eine Belohnung für das, was du mir huldigtest.

Daniel Aber ich hoffte, ein Christ bleiben zu dörfen, da ich Euch huldigte.

Franz Keine Widerrede! siehe ich gebe dir einen ganzen Tag noch Bedenkzeit! Überlege es nochmals. Glück und Unglück – hörst du, verstehst du? das höchste Glück, und das äußerste Unglück! Ich will Wunder tun im Peinigen.

Daniel *(nach einigem Nachdenken)* Ich will's tun, morgen will ich's tun. *(Ab)*

Franz Die Versuchung ist stark, und der war wohl nicht zum Märtyrer seines Glaubens geboren. – Wohl bekomm's dann, Herr Graf! Allem Ansehen nach werden Sie morgen Abend Ihr Henkermahl halten! – Es kommt alles nur

ein Greuel **als ein Greuel**

Gehorsam ist … denn Opfer. **vgl. 1. Samuel 15,22**

huldigtest **aus Huld schuldetest**

Märtyrer **jemand, der sich für seinen Glauben opfert und stirbt**

Bouteille franz. »Flasche«
Kitzel hier: sexuelles Begehren
einkommen einfallen

darauf an, wie man davon denkt, und der ist ein Narr, der wider seine Vorteile denkt! Den Vater, der vielleicht eine Bouteille Wein weiter getrunken hat, kommt der Kitzel an – und draus wird ein Mensch, und der Mensch war gewiss das Letzte, woran bei der ganzen Herkulesarbeit gedacht wird. Nun kommt mich eben auch der Kitzel an – und dran krepiert ein Mensch, und gewiss ist hier mehr Verstand und Absichten, als dort bei seinem Entstehen war – Hängt nicht das Dasein der meisten Menschen mehrenteils an der Hitze eines Juliusmittags, oder am anziehenden Anblick eines Betttuchs, oder an der waagrechten Lage einer schlafenden Küchengrazie, oder an einem ausgelöschten Licht? – Ist die Geburt des Menschen das Werk einer viehischen Anwandlung, eines Ungefährs, wer sollte wegen der *Verneinung seiner Geburt* sich einkommen lassen, an ein bedeutendes Etwas zu denken? Verflucht sei die Torheit unserer Ammen und Wärterinnen, die unsere Phantasie mit schröcklichen Märchen verderben, und grässliche Bilder von Strafgerichten in unser weiches Gehirnmark drücken, dass unwillkürliche Schauder die Glieder des Mannes noch in frostige Angst rütteln, unsere kühnste Entschlossenheit sperren, unsere erwachende Vernunft an Ketten abergläubischer Finsternis legen – *Mord*! wie eine ganze Hölle von Furien um das Wort flattert – die Natur vergaß, einen Mann mehr zu machen – die Nabelschnur ist nicht unterbunden worden – der Vater hat in der Hochzeitnacht glatten Leib bekommen – und die ganze Schattenspielerei ist verschwunden. Es war etwas und wird nichts – heißt es nicht ebenso viel, als: es war nichts und wird nichts und um nichts wird kein Wort mehr gewechselt – der Mensch entsteht aus Morast, und watet eine Weile im Morast, und macht Morast, und gärt wieder zusammen in Morast, bis er zuletzt an den Schuhsohlen seines Urenkels unflätig anklebt. Das ist das Ende vom Lied – der morastige Zirkel der menschlichen Bestimmung, und somit – glückliche Reise, Herr Bruder! Der milzsüchtige, podagrische Moralist von einem Gewissen mag runzligte Weiber aus Bordellen jagen, und alte Wucherer auf dem Todesbett foltern – bei mir wird er nimmermehr Audienz bekommen! *(Er geht ab.)*

milzsüchtige, podagrische **schlecht gelaunte, an Gicht leidende**

Audienz bekommen **offiziell empfangen werden**

Dritte Szene

Andres Zimmer im Schloss.

Räuber Moor *von der einen Seite,* **Daniel** *von der andern.*

Moor *(hastig)* Wo ist das Fräulein?

Daniel Gnädiger Herr! Erlaubt einem armen Mann, Euch um etwas zu bitten.

Moor Es ist dir gewährt, was willst du?

Daniel Nicht viel, und alles, so wenig und doch so viel – lasst mich Eure Hand küssen!

Moor Das sollst du nicht, guter Alter! *(Umarmt ihn)* Den ich Vater nennen möchte.

Daniel Eure Hand, Eure Hand! ich bitt Euch.

Moor Du sollst nicht.

Daniel Ich muss! *(Er greift sie, betrachtet sie schnell und fällt vor ihm nieder.)* Lieber, bester Karl!

Moor *(erschrickt, fasst sich, fremd)* Freund, was sagst du? Ich verstehe dich nicht.

Daniel Ja, leugnet es nur, verstellt Euch! Schön, schön! Ihr seid immer mein bester, köstlicher Junker – Lieber Gott! dass ich alter Mann noch die Freude – dummer Tölpel ich, dass ich Euch nicht gleich – ei du himmlischer Vater! so seid Ihr ja wiedergekommen, und der alte Herr ist unterm Boden, und da seid Ihr ja wieder – was für ein blinder Esel ich doch war *(sich vor den Kopf schlagend)*, dass ich Euch nicht im ersten Hui – ei du mein! wer hätte sich das träumen lassen! – um was ich mit Tränen betete. – Jesus Christus! Da steht er ja leibhaftig wieder in der alten Stube!

Moor Was ist das für eine Sprache? Seid Ihr vom hitzigen Fieber aufgesprungen, oder wollt Ihr eine Komödienrolle an mir probieren?

Daniel Ei pfui doch, pfui doch! Das ist nicht fein, einen alten Knecht so zum Besten haben – Diese Narbe! He, wisst Ihr noch? – Großer Gott! Was Ihr mir da für eine Angst einjagtet – ich hab Euch immer so lieb gehabt, und was Ihr mir da für Herzeleid hättet anrichten können – Ihr saßt mir im Schoß – wisst Ihr noch? – dort in der runden Stube – gelt, Vogel! Das habt Ihr freilich vergessen – auch den Kuckuck, den Ihr so gern hörtet – denkt doch! der Kuckuck ist zerschlagen, in Grundsboden geschlagen – die alte Susel hat ihn verwettert, wie sie die Stube fegte – ja freilich, und da saßt Ihr mir im Schoß und rieft Hotto! und ich lief fort, Euch den Hottogaul zu holen – Jesus Gott! Warum musst ich alter Esel auch fortlaufen? – und wie mir's siedigheiß über den Buckel lief – wie ich das Zetergeschrei höre draußen im Öhrn, spring herein, und da lief das helle Blut, und laget am Boden und hattet – heilige Mutter Gottes! War mir's nicht, als wenn mir ein Kübel eiskalt Wasser übern Nacken spritzte – aber so geht's, wenn man nicht alle Augen auf die Kinder hat. Großer Gott, wenn's ins Aug gegangen wäre – war's darzu noch die rechte Hand. Mein Lebenstag, sagt ich, soll mir kein Kind mehr ein Messer oder eine Schere oder so was Spit-

den Kuckuck **die Kuckucksuhr**

verwettert **zerschlagen**

Öhrn **Flur**

ziges, sagt ich, in die Hände kriegen, sagt ich – war zum Glück noch Herr und Frau verreiset – ja, ja, das soll mir mein Tag des Lebens eine Warnung sein, sagt ich – Jemini, jemini! ich hätte vom Dienst kommen können, ich hätte – Gott der Herr verzeih's Euch, gottloses Kind – aber gottlob! es heilte glücklich bis auf die wüste Narbe.

Moor Ich begreife kein Wort von allem, was du sagst.

Daniel Ja gelt, gelt? das war noch eine Zeit? Wie manches Zuckerbrot, oder Biskuit oder Makrone ich Euch hab zugeschoben, hab Euch immer am gernsten gehabt, und wisst Ihr noch, was Ihr mir drunten sagtet im Stall, wie ich Euch auf des alten Herrn seinen Schweißfuchsen setzte, und Euch auf der großen Wiese ließ herumjagen? Daniel, sagtet Ihr, lass mich nur einen großen Mann werden, Daniel, so sollst du mein Verwalter sein, und mit mir in der Kutsche fahren – Ja, sagt ich und lachte, wenn Gott Leben und Gesundheit schenkt, und Ihr Euch eines alten Mannes nicht schämen werdet, sagt ich, so will ich Euch bitten, mir das Häuschen drunten im Dorf zu räumen, das schon eine gute Weil leer steht, und da wollt ich mir ein Eimer zwanzig Wein einlegen und wirtschaften in meinen alten Tagen. – Ja lacht nur, lacht nur! Gelt, junger Herr, das habt Ihr rein ausgeschwitzt? – den alten Mann will man nicht kennen, da tut man so fremd, so fürnehm – o Ihr seid doch mein goldiger Junker – freilich halt ein bisschen lucker gewesen – nimmt mir's nicht übel! – Wie's eben das junge Fleisch meistens ist – am Ende kann noch alles gut werden.

Moor *(fällt ihm um den Hals)* Ja! Daniel, ich will's nicht mehr verhehlen! Ich bin dein Karl, dein verlorner Karl! Was macht meine Amalia?

Daniel *(fängt an zu weinen)* Dass ich alter Sünder noch die Freude haben soll, – und der Herr selig weinete umsonst!

vom Dienst kommen die Stelle verlieren

wüste große

Schweißfuchsen Pferd mit braungrauem Fell

ein Eimer zwanzig zwanzig Eimer (altes Maß)

ausgeschwitzt vergessen

lucker locker

Abe Hinab
fahret … gesehen! vgl. Lukas 2,29f.

– Abe, abe, weißer Schädel! mürbe Knochen, fahret in die Grube mit Freuden! Mein Herr und Meister lebt, ihn haben meine Augen gesehen!

Moor Und will halten, was er versprochen hat, – nimm das, ehrlicher Graukopf, für den Schweißfuchsen im Stall *(dringt ihm einen schweren Beutel auf)*, nicht vergessen hab ich den alten Mann.

Daniel Wie, was treibt Ihr? Zu viel! Ihr habt Euch vergriffen.

Moor Nicht vergriffen, Daniel! *(Daniel will niederfallen.)* Steh auf, sage mir, was macht meine Amalia?

Ei Herr Jerem! O Herr Jesu!

Daniel Gottes Lohn! Gottes Lohn! Ei Herr Jerem! – Eure Amalia, oh die wird's nicht überleben, die wird sterben vor Freude!

Moor *(heftig)* Sie vergaß mich nicht?

Daniel Vergessen? Wie schwätzt Ihr wieder? Euch vergessen? – da hättet Ihr sollen dabei sein, hättet's sollen mit ansehn, wie sie sich gebärdete, als die Zeitung kam, Ihr wärt gestorben, die der gnädige Herr ausstreuen ließ –

Moor Was sagst du? Mein Bruder –

ihm abkappte ihm das Wort abschnitt

Daniel Ja, Euer Bruder, der gnädige Herr, Euer Bruder – ich will Euch ein andermal mehr davon erzählen, wenn's Zeit dazu ist – und wie sauber sie ihm abkappte, wenn er ihr alle Tage, die Gott schickt, seinen Antrag machte, und sie zur gnädigen Frau machen wollte. O ich muss hin, muss hin, ihr sagen, ihr die Botschaft bringen. *(Will fort)*

Moor Halt, halt! Sie darf's nicht wissen, darf's niemand wissen, auch mein Bruder nicht –

hielt Euch tot hielt Euch für tot

Daniel Euer Bruder? Nein beileibe nicht, er darf's nicht wissen! Er gar nicht! – Wenn er nicht schon mehr weiß, als er wissen darf – Oh ich sage Euch, es gibt garstige Menschen, garstige Brüder, garstige Herren – aber ich möcht um alles Gold meines Herrn willen kein garstiger Knecht sein – Der gnädige Herr hielt Euch tot.

Moor Hum! Was brummst du da?

Daniel *(leiser)* Und wenn man freilich so ungebeten aufersteht – Euer Bruder war des Herrn selig einziger Erbe –

Moor Alter! – Was murmelst du da zwischen den Zähnen, als wenn irgendein Ungeheuer von Geheimnis auf deiner Zunge schwebte, das nicht heraus wollte, und doch heraus sollte, rede deutlicher!

Daniel Aber ich will lieber meine alten Knochen abnagen vor Hunger, lieber vor Durst mein eigenes Wasser saufen, als Wohlleben die Fülle verdienen mit einem Totschlag. *(Schnell ab)*

Moor *(auffahrend aus schröcklichen Pausen)* Betrogen, betrogen! da fährt es über meine Seele wie der Blitz! – *Spitzbübische Künste*! Himmel und Hölle! nicht du, Vater! *Spitzbübische Künste*! *Mörder, Räuber* durch spitzbübische Künste! Angeschwärzt von ihm! verfälscht, unterdrückt meine Briefe – voll Liebe sein Herz – oh ich Ungeheuer von einem Toren – voll Liebe sein Vaterherz – oh Schelmerei, Schelmerei! Es hätte mich einen Fußfall gekostet, es hätte mich eine Träne gekostet – oh ich blöder, blöder, blöder Tor! *(Wider die Wand rennend)* Ich hätte glücklich sein können – oh Büberei, Büberei! das Glück meines Lebens bübisch, bübisch hinwegbetrogen. *(Er läuft wütend auf und nieder.)* Mörder, Räuber durch spitzbübische Künste! – Er grollte nicht einmal! Nicht ein Gedanke von Fluch in seinem Herzen – Oh Bösewicht! unbegreiflicher, schleichender, abscheulicher Bösewicht!

Schelmerei Schurkerei

Kosinsky *kommt.*

Kosinsky Nun, Hauptmann, wo stickst du? Was ist's? Du willst noch länger hier bleiben, merk ich.

Moor Auf! Sattle die Pferde! Wir müssen vor Sonnenuntergang noch über den Grenzen sein!

Kosinsky Du spaßest.

Moor *(befehlend)* Hurtig, hurtig! Zaudre nicht lang, lass alles da! und dass kein Aug dich gewahr wird.
(Kosinsky ab)
Ich fliehe aus diesen Mauren. Der geringste Verzug könnte mich wütig machen, und er ist meines Vaters Sohn – Bruder, Bruder! Du hast mich zum Elendesten auf Erden gemacht, ich habe dich niemals beleidigt, es war nicht brüderlich gehandelt – Ernte die Früchte deiner Untat in Ruhe, meine Gegenwart soll dir den Genuss nicht länger vergällen – aber gewiss, es war nicht brüderlich gehandelt. Finsternis verlösche sie auf ewig, und der Tod rühre sie nicht auf!

Kosinsky.

Kosinsky Die Pferde stehn gesattelt, Ihr könnt aufsitzen, wenn Ihr wollt.

Presser Drängler

Moor Presser! Presser! Warum so eilig? Soll ich sie nicht mehr sehn?

Kosinsky Ich zäume gleich wieder ab, wenn Ihr's haben wollt, Ihr hießt mich ja über Hals und Kopf eilen.

Moor Noch einmal! ein Lebewohl noch! ich muss den Gifttrank dieser Seligkeit vollends ausschlürfen, und dann – halt Kosinsky! zehn Minuten noch – hinten am Schlosshof – und wir sprengen davon!

Vierte Szene

Im Garten.

Amalia *Du weinst Amalia?* – und das sprach er mit einer Stimme! mit einer Stimme – mir war's, als ob die Natur sich verjüngete – die genossenen Lenze der Liebe dämmerten auf mit der Stimme! Die Nachtigall schlug wie damals – die Blumen hauchten wie damals – und ich lag wonneberauscht an seinem Hals – Ha falsches treuloses Herz! Wie du deinen Meineid beschönigen willst! Nein, nein, weg aus meiner Seele, du Frevelbild – ich hab meinen Eid nicht gebrochen, du Einziger! Weg aus meiner Seele, ihr verräterischen, gottlosen Wünsche! im Herzen, wo Karl herrscht, darf kein Erdensohn nisten. – Aber warum meine Seele, so immer, so wider Willen nach diesem Fremdling? Hängt er sich nicht so hart an das Bild meines Einzigen? Ist er nicht der ewige Begleiter meines Einzigen? *Du weinst, Amalia?* – Ha ich will ihn fliehen! – fliehen! – Nimmer sehen soll mein Aug diesen Fremdling!

Lenz **Frühling**

hauchten **dufteten**

Räuber Moor *öffnet die Gartentüre.*

Amalia *(fährt zusammen)* Horch! horch! Rauschte die Türe nicht? *(Sie wird Karln gewahr und springt auf.)* Er? – wohin? – was? – da hat mich's angewurzelt, dass ich nicht fliehen kann – verlass mich nicht, Gott im Himmel! – Nein, du sollst mir meinen Karl nicht entreißen! Meine Seele hat nicht Raum für zwei Gottheiten, und ich bin ein sterbliches Mädchen! *(Sie nimmt Karls Bild heraus.)* Du, mein Karl, sei mein Genius wider diesen Fremdling, den Liebestörer! dich, dich ansehen, unverwandt, – und weg

Genius **schützender Geist**

alle gottlosen Blicke nach diesem. *(Sie sitzt stumm, das Auge starr auf das Bild geheftet.)*

Moor Sie da, gnädiges Fräulein? – und traurig? – und eine Träne auf diesem Gemälde? *(Amalia gibt ihm keine Antwort.)* – Und wer ist der Glückliche, um den sich das Aug eines Engels versilbert? darf auch ich diesen Verherrlichten – *(Er will das Gemälde betrachten.)*

versilbert mit Tränen füllt

Amalia Nein, ja, nein!

Moor *(zurückfahrend)* Ha! – und verdient er diese Vergötterung? Verdient er? –

Amalia Wenn Sie ihn gekannt hätten!

Moor Ich würd ihn beneidet haben.

Amalia Angebetet, wollen Sie sagen.

Moor Ha!

Amalia Oh Sie hätten ihn so lieb gehabt – es war so viel, so viel in seinem Angesicht – in seinen Augen – im Ton seiner Stimme, das Ihnen so gleich kommt – das ich so liebe –

Moor *(sieht zur Erde)*

Amalia Hier, wo Sie stehen, stand er tausendmal – und neben ihm die, die neben ihm Himmel und Erde vergaß – hier durchirrte sein Aug die um ihn prangende Gegend – sie schien den großen belohnenden Blick zu empfinden, und sich unter dem Wohlgefallen ihres Meisterbilds zu verschönern – hier hielt er mit himmlischer Musik die Hörer der Lüfte gefangen – hier an diesem Busch pflückte er Rosen, und pflückte die Rosen für mich – hier, hier lag er an meinem Halse, brannte sein Mund auf dem meinen, und die Blumen starben gern unter der Liebenden Fußtritt –

Moor Er ist nicht mehr?

Amalia Er segelt auf ungestümen Meeren – Amalias Liebe segelt mit ihm – er wandelt durch ungebahnte, sandigte

Wüsten – Amalias Liebe macht den brennenden Sand unter ihm grünen, und die wilden Gesträuche blühen – der Mittag sengt sein entblößtes Haupt, nordischer Schnee schrumpft seine Sohlen zusammen, stürmischer Hagel regnet um seine Schläfe, und Amalias Liebe wiegt ihn in Stürmen ein – Meere und Berge und Horizonte zwischen den Liebenden – aber die Seelen versetzen sich aus dem staubigten Kerker und treffen sich im Paradiese der Liebe – Sie scheinen traurig, Herr Graf?

Moor Die Worte der Liebe machen auch meine Liebe lebendig.

Amalia *(blass)* Was? Sie lieben eine andre? – Weh mir, was hab ich gesagt?

Moor Sie glaubte mich tot, und blieb treu dem Totgeglaubten – sie hörte wieder, ich lebe, und opferte mir die Krone einer Heiligen auf. Sie weiß mich in Wüsten irren, und im Elend herumschwärmen, und ihre Liebe fliegt durch Wüsten und Elend mir nach. Auch heißt sie Amalia wie Sie, gnädiges Fräulein.

Amalia Wie beneid ich Ihre Amalia.

Moor Oh sie ist ein unglückliches Mädchen! ihre Liebe ist für einen, der verloren ist, und wird – ewig niemals belohnt.

Amalia Nein, sie wird im Himmel belohnt. Sagt man nicht, es gebe eine bessere Welt, wo die Traurigen sich freuen, und die Liebenden sich wiedererkennen?

Moor Ja, eine Welt, wo die Schleier hinwegfallen und die Liebe sich schröcklich wiederfindet – *Ewigkeit* heißt ihr Name – Meine Amalia ist ein unglückliches Mädchen.

Amalia Unglücklich, und Sie lieben?

Moor Unglücklich, weil sie mich liebt! wie, wenn ich ein Totschläger wäre? Wie, mein Fräulein? wenn Ihr Geliebter Ihnen für jeden Kuss einen Mord aufzählen könnte? Wehe meiner Amalia! Sie ist ein unglückliches Mädchen.

Amalia *(froh aufhüpfend)* Ha, wie bin ich ein glückliches Mädchen! Mein Einziger ist Nachstrahl der Gottheit, und die Gottheit ist Huld und Erbarmen! Nicht eine Fliege konnt er leiden sehen – Seine Seele ist so fern von einem blutigen Gedanken, als fern der Mittag von der Mitternacht ist.

Nachstrahl Abglanz

Moor *(kehrt sich schnell ab in ein Gebüsch, blickt starr in die Gegend)*

Amalia *(singt und spielt auf der Laute)*

Willst dich, Hektor, ewig mir entreißen,
Wo des Äaciden mordend Eisen
Dem Patroklus schröcklich Opfer bringt?
Wer wird künftig deinen Kleinen lehren
Speere werfen und die Götter ehren,
Wenn hinunter dich der Xanthus schlingt?

Moor *(nimmt die Laute stillschweigend und spielt)*

Teures Weib, geh, hol die Todeslanze! –
Lass – mich fort – zum wilden Kriegestanze –

(Er wirft die Laute weg und flieht davon.)

Fünfte Szene

Nah gelegener Wald. Nacht. Ein altes verfallenes Schloss in der Mitte.

Die Räuberbande *gelagert auf der Erde.*

Die Räuber *(singen)*

Stehlen, morden, huren, balgen
Heißt bei uns nur die Zeit zerstreun.
Morgen hangen wir am Galgen,
Drum lasst uns heute lustig sein.

Ein freies Leben führen wir,
Ein Leben voller Wonne.
Der Wald ist unser Nachtquartier,
Bei Sturm und Wind hantieren wir,
Der Mond ist unsre Sonne,
Mercurius ist unser Mann,
Der 's Praktizieren trefflich kann.

Heut laden wir bei Pfaffen uns ein,
Bei masten Pächtern morgen,
Was drüber ist, da lassen wir fein
Den lieben Herrgott sorgen.

Und haben wir im Traubensaft
Die Gurgel ausgebadet,
So machen wir uns Mut und Kraft
Und mit dem Schwarzen Brüderschaft,
Der in der Hölle bratet.

Mercurius **römischer Gott der Kaufleute und Diebe**
Praktizieren **Stehlen**
masten **feisten**

Das Wehgeheul geschlagner Väter,
Der bangen Mütter Klaggezeter,
Das Winseln der verlassnen Braut
Ist Schmaus für unsre Trommelhaut!

Ha! wenn sie euch unter dem Beile so zucken,
Ausbrüllen wie Kälber, umfallen wie Mucken,
Das kitzelt unsern Augenstern,
Das schmeichelt unsern Ohren gern.

Mucken **Fliegen**

Und wenn mein Stündlein kommen nun,
Der Henker soll es holen,
So haben wir halt unsern Lohn,
Und schmieren unsre Sohlen.
Ein Schlückchen auf den Weg vom heißen Traubensohn,
Und hurra rax dax! geht's, als flögen wir davon.

Traubensohn **Branntwein**

Schweizer Es wird Nacht, und der Hauptmann noch nicht da!

Razmann Und versprach doch, Schlag acht Uhr wieder bei uns einzutreffen.

Schweizer Wenn ihm Leides geschehen wäre – Kameraden! wir zünden an und morden den Säugling.

Spiegelberg *(nimmt Razmann beiseite)* Auf ein Wort Razmann.

Schwarz *(zu Grimm)* Wollen wir nicht Spionen ausstellen?

Grimm Lass du ihn! Er wird einen Fang tun, dass wir uns schämen müssen.

Schweizer Da brennst du dich, beim Henker! Er ging nicht von uns wie einer, der einen Schelmenstreich im Schild führt. Hast du vergessen was er gesagt hat, als er uns über die Heide führte? – »Wer nur eine Rube vom Acker

Da brennst du dich **Da irrst du dich**

stiehlt, dass ich's erfahre, lässt seinen Kopf hier, so wahr ich *Moor* heiße.« – Wir dörfen nicht rauben.

Razmann *(leise zu Spiegelberg)* Wo will das hinaus – rede deutscher!

Spiegelberg Pst! Pst! – Ich weiß nicht, was du oder ich für Begriffe von Freiheit haben, dass wir an einem Karrn ziehen wie Stiere, und dabei wunderviel von Independenz deklamieren – Es gefällt mir nicht.

Schweizer *(zu Grimm)* Was wohl dieser Windkopf hier an der Kunkel hat?

Razmann *(leise zu Spiegelberg)* Du sprichst vom Hauptmann? –

Spiegelberg Pst doch! Pst! – Er hat so seine Ohren unter uns herumlaufen – *Hauptmann* sagst du? Wer hat ihn zum Hauptmann über uns gesetzt, oder hat er nicht diesen Titel usurpiert, der von Rechts wegen mein ist? – Wie? legen wir darum unser Leben auf Würfel – baden darum alle Milzsuchten des Schicksals aus, dass wir am End noch von Glück sagen, die Leibeigenen eines Sklaven zu sein? – Leibeigenen da wir Fürsten sein könnten? – Bei Gott, Razmann – das hat mir niemals gefallen.

Schweizer *(zu den andern)* Ja – du bist mir der rechte Held, Frösche mit Steinen breit zu schmeißen – Schon der Klang seiner Nase, wenn er sich schneuzte, könnte dich durch ein Nadelöhr jagen –

Spiegelberg *(zu Razmann)* Ja – und Jahre schon dicht ich darauf: Es soll anders werden. Razmann – wenn du bist, wofür ich dich immer hielt – Razmann. – Man vermisst ihn – gibt ihn halb verloren – Razmann – mich deucht, seine schwarze Stunde schlägt – wie? Nicht einmal röter wirst du, da dir die Glocke zur Freiheit läutet? Hast nicht einmal so viel Mut, einen kühnen Wink zu verstehen?

von Independenz deklamieren **feierlich über Unabhängigkeit reden**
an der Kunkel hat **ausheckt**

usurpiert **sich widerrechtlich angeeignet**
legen unser Leben auf Würfel **spielen mit unserem Leben**
Milzsuchten **schlechten Launen**

Razmann Ha, Satan! worin verstrickst du meine Seele?

Hat's gefangen? Hast du's kapiert?

Spiegelberg Hat's gefangen? – Gut! so folge. Ich hab mir's gemerkt, wo er hinschlich – Komm! Zwei Pistolen fehlen selten, und dann – so sind wir die Erste, die den Säugling erdrosseln. *(Er will ihn fortreißen.)*

schnadern zittern

Schweizer *(zieht wütend sein Messer)* Ha, Bestie! Eben recht erinnerst du mich an die böhmischen Wälder! Warst du nicht die Memme, die anhub zu schnadern, als sie riefen: *Der Feind kommt*? Ich hab damals bei meiner Seele geflucht – fahr hin Meuchelmörder! *(Er sticht ihn tot.)*

Räuber *(in Bewegung)* Mordjo! Mordjo! – Schweizer – Spiegelberg – Reißt sie auseinander –

Bettel Kartenspiel

Racker Schurken

Schweizer *(wirft das Messer über ihn)* Da! – und so krepier du – Ruhig, Kameraden – Lasst euch den Bettel nicht unterbrechen – Die Bestie ist dem Hauptmann immer giftig gewesen, und hat keine Narbe auf ihrer ganzen Haut. – Noch einmal, gebt euch zufrieden – ha! über den Racker – von hintenher will er Männer zuschanden schmeißen? Männer von hintenher! – Ist uns darum der helle Schweiß über die Backen gelaufen, dass wir aus der Welt schleichen wie Hundsfötter? Bestie du! Haben wir uns darum unter Feuer und Rauch gebettet, dass wir zuletzt wie Ratten verrecken?

Grimm Aber zum Teufel – Kamerad – was hattet ihr miteinander? – Der Hauptmann wird rasend werden.

Schweizer Dafür lass mich sorgen. – Und du Heilloser *(zu Razmann)* du warst sein Helfershelfer, du! – Pack dich aus meinen Augen – der Schufterle hat's auch so gemacht, aber dafür hängt er itzt auch in der Schweiz, wie's ihm mein Hauptmann prophezeit hat –
(Man schießt.)

Schwarz *(aufspringend)* Horch! ein Pistolenschuss! *(Man schießt wieder.)* Noch einer! Holla! der Hauptmann!

Grimm Nur Geduld! Er muss zum dritten Mal schießen! *(Man hört noch einen Schuss.)*

Schwarz Er ist's! – ist's – Salvier dich, Schweizer – lasst uns ihm antworten! *(Sie schießen.)*

Salvier dich **Bewaffne dich**

Moor, **Kosinsky** *treten auf.*

Schweizer *(ihnen entgegen)* Sei willkommen, mein Hauptmann – Ich bin ein bisschen vorlaut gewesen seit du weg bist. *(Er führt ihn an die Leiche.)* Sei du Richter zwischen mir und diesem – *von hinten* hat er dich ermorden wollen.

Räuber *(mit Bestürzung)* Was? den Hauptmann?

Moor *(in den Anblick versunken, bricht heftig aus)* O unbegreiflicher Finger der rachekundigen Nemesis! – War's nicht dieser, der mir das Sirenenlied trillerte? – Weihe dies Messer der dunklen Vergelterin! Das hast *du* nicht getan, Schweizer.

Nemesis **griechische Göttin der Rache**
Sirenen **→ Seite 254**

Schweizer Bei Gott! ich hab's wahrlich getan, und es ist beim Teufel nicht das Schlechtste, was ich in meinem Leben getan habe. *(Geht unwillig ab)*

Moor *(nachdenkend)* Ich verstehe – Lenker im Himmel – ich verstehe – die Blätter fallen von den Bäumen – und mein Herbst ist kommen – Schafft mir diesen aus den Augen. *(Spiegelbergs Leiche wird hinweggetragen.)*

Grimm Gib uns Ordre, Hauptmann – was sollen wir weiter tun?

Ordre **Anweisung**

Moor Bald – bald ist alles erfüllet. – Gebt mir meine Laute – Ich habe mich selbst verloren, seit ich dort war – meine Laute sag ich – ich muss mich zurücklullen in meine Kraft – verlasst mich.

Räuber Es ist Mitternacht, Hauptmann.

Moor Doch waren's nur die Tränen im Schauspielhaus –

den Römergesang muss ich hören, dass mein schlafender Genius wieder aufwacht – Meine Laute her – Mitternacht sagt ihr?

Schwarz Wohl bald vorüber. Wie Blei liegt der Schlaf in uns. Seit drei Tagen kein Auge zu.

Moor Sinkt denn der balsamische Schlaf auch auf die Augen der Schelmen? Warum fliehet er mich? Ich bin nie ein Feiger gewesen oder ein schlechter Kerl – Legt euch schlafen – Morgen am Tag gehen wir weiter.

Räuber Gute Nacht, Hauptmann. *(Sie lagern sich auf der Erde und schlafen ein.)*

(Tiefe Stille)

Moor *(nimmt die Laute und spielt)*

Brutus, Cäsar → Seite 254

Brutus

Sei willkommen, friedliches Gefilde!
Nimm den letzten aller Römer auf!
Von Philippi, wo die Mordschlacht brüllte,
Schleicht mein gramgebeugter Lauf.
Cassius, wo bist du? – Rom verloren!
Hingewürgt mein brüderliches Heer,
Meine Zuflucht zu des Todes Toren!
Keine Welt für Brutus mehr!

Philippi → Seite 254

Cäsar

Wer, mit Schritten eines Niebesiegten,
Wandert dort vom Felsenhang? –
Ha! wenn meine Augen mir nicht lügten?
Das ist eines Römers Gang. –
Tibersohn – von wannen deine Reise?
Dauert noch die Siebenhügelstadt?
Oft geweinet hab ich um die Waise,
Dass sie nimmer einen Cäsar hat.

Siebenhügelstadt Rom

Brutus

Ha! du mit der dreiundzwanzigfachen Wunde!
Wer rief Toter dich ans Licht?
Schaudre rückwärts, zu des Orkus Schlunde,
Stolzer Weiner! – Triumphiere nicht!
Auf Philippis eisernem Altare
Raucht der Freiheit letztes Opferblut;
Rom verröchelt über Brutus' Bahre,
Brutus geht zu Minos – Kreuch in deine Flut!

Orkus **Totenreich**

Altar **Schlachtfeld**

Minos **einer der Richter über die Toten**

Cäsar

O ein Todesstoß von Brutus' Schwerte!
Auch du – Brutus – du?
Sohn – es war dein Vater – Sohn – die Erde
Wär gefallen dir als Erbe zu.
Geh – du bist der größte Römer worden,
Da in Vaters Brust dein Eisen drang;
Geh – und heul es bis zu jenen Pforten:
Brutus ist der größte Römer worden,
Da in Vaters Brust sein Eisen drang.
Geh – du weißt's nun, was an Lethes Strande
Mich noch bannte –
Schwarzer Schiffer, stoß vom Lande!

Schwarzer Schiffer **Charon, der die Toten über den Todesfluss rudert**

Brutus

Vater halt! – Im ganzen Sonnenreiche
Hab ich *einen* nur gekannt,
Der dem großen Cäsar gleiche.
Diesen einen hast du Sohn genannt.
Nur ein Cäsar mochte Rom verderben
Nur nicht Brutus mochte Cäsar stehn.
Wo ein Brutus lebt, muss Cäsar sterben,
Geh du linkswärts, lass mich rechtswärts gehn.

stehn **widerstehn**

(Er legt die Laute hin, geht tiefdenkend auf und nieder.) Wer mir Bürge wäre? – – es ist alles so finster – verworrene Labyrinthe – kein Ausgang – kein leitendes Gestirn – Wenn's *aus* wäre mit diesem letzten Odemzug – *Aus* wie ein schales Marionettenspiel – Aber wofür der heiße *Hunger* nach *Glückseligkeit*? Wofür das Ideal einer *unerreichten* Vollkommenheit? Das *Hinausschieben* unvollendeter Plane? – wenn der armselige Druck dieses armseligen Dings *(die Pistole vors Gesicht haltend)* den Weisen dem Toren – den Feigen dem Tapfern – den Edlen dem Schelmen gleich macht? – Es ist doch eine so göttliche Harmonie in der seelenlosen Natur, warum sollte dieser Missklang in der vernünftigen sein? – Nein! Nein! es ist etwas mehr, denn ich bin noch nicht glücklich gewesen.

Odemzug **Atemzug**

Glaubt ihr, ich werde zittern? Geister meiner Erwürgten! ich werde nicht zittern. *(Heftig zitternd)* – Euer banges Sterbegewinsel – euer schwarzgewürgtes Gesicht – eure fürchterlich klaffenden Wunden sind ja nur Glieder einer unzerbrechlichen Kette des Schicksals und hängen zuletzt an meinen Feierabenden, an den Launen meiner Ammen und Hofmeister, am Temperament meines Vaters, am Blut meiner Mutter – *(Von Schauer geschüttelt)* Warum hat mein Perillus einen Ochsen aus mir gemacht, dass die Menschheit in meinem glühenden Bauche bratet? *(Er setzt die Pistole an.)* *Zeit* und *Ewigkeit* – gekettet aneinander durch ein einzig Moment! – Grauser Schlüssel, der das Gefängnis des Lebens hinter mir schließt, und vor mir aufriegelt die Behausung der ewigen Nacht – sage mir – o sage mir – *wohin* – *wohin* wirst du mich führen? – Fremdes, nie umsegeltes Land! – Siehe, die Menschheit erschlappt unter *diesem* Bilde, die Spannkraft des Endlichen lässt nach, und die Phantasei, der mutwillige Affe

Warum hat mein Perillus … bratet? → Seite 254

erschlappt **erschlafft**

der Sinne, gaukelt unserer Leichtgläubigkeit seltsame Schatten vor – Nein! Nein! Ein Mann muss nicht straucheln – Sei, wie du willst, *namenloses Jenseits* – bleibt mir nur dieses mein *Selbst* getreu – Sei wie du willt, wenn ich nur *mich selbst* mit hinübernehme. – Außendinge sind nur der Anstrich des Manns – *Ich* bin mein Himmel und meine Hölle.

willt **willst**

Wenn du mir irgendeinen eingeäscherten Weltkreis *allein* ließest, den du aus deinen Augen verbannt hast, wo die einsame Nacht, und die ewige Wüste meine Aussichten sind? – Ich würde dann die schweigende Öde mit meinen Phantasieen bevölkern, und hätte die Ewigkeit zur Muße, das verworrene Bild des allgemeinen Elends zu zergliedern. – Oder willst du mich durch immer neue Geburten und immer neue Schauplätze des Elends von Stufe zu Stufe – zur Vernichtung – führen? Kann ich nicht die Lebensfäden, die mir jenseits gewoben sind, so leicht zerreißen wie diesen? – Du kannst mich zu nichts machen – Diese Freiheit kannst du mir nicht nehmen. *(Er lädt die Pistole. Plötzlich hält er inn'.)* Und soll ich für Furcht eines qualvollen Lebens sterben? – Soll ich dem Elend den Sieg über mich einräumen? – Nein! ich will's dulden! *(Er wirft die Pistole weg.)* Die Qual erlahme an meinem Stolz! Ich will's vollenden. *(Es wird immer finstrer.)*

für **aus**

Hermann, *der durch den Wald kommt.*

Hermann Horch! horch! grausig heulet der Kauz – zwölf schlägt's drüben im Dorf – wohl, wohl – das Bubenstück schläft – in dieser Wilde kein Lauscher. *(Tritt an das Schloss und pocht)* Komm herauf, Jammermann, Turmbewohner! – Deine Mahlzeit ist bereitet.

das Bubenstück schläft **um das Verbrechen ist es still**
Wilde **Wildnis**

Moor *(sachte zurücktretend)* Was soll das bedeuten?

Eine Stimme *(aus dem Schloss)* Wer pocht da? He? Bist du's, Hermann mein Rabe?

Hermann mein Rabe → Seite 255

Hermann Bin's Hermann dein Rabe. Steig herauf ans Gitter und iss. *(Eulen schreien.)* Fürchterlich trillern deine Schlafkameraden, Alter – dir schmeckt?

Die Stimme Hungerte mich sehr. Habe Dank, Rabensender, fürs Brot in der Wüste! – Und wie geht's meinem lieben Kind, Hermann?

Hermann Stille – Horch – Geräusch wie von Schnarchenden! Hörst du nicht was?

Stimme Wie? Hörst *du* etwas?

Hermann Den seufzenden Windlaut durch die Ritzen des Turms – eine Nachtmusik, davon einem die Zähn klappern, und die Nägel blau werden – Horch, noch einmal – Immer ist mir, als hört' ich ein Schnarchen. – Du hast Gesellschaft, Alter – Hu hu hu!

Stimme Siehst du etwas?

Hermann Leb wohl – leb wohl – Grausig ist diese Stätte – Steig ab ins Loch – droben dein Helfer, dein Rächer. – Verfluchter Sohn! *(Will fliehen)*

Moor *(mit Entsetzen hervortretend)* Steh!

Hermann *(schreiend)* Oh mir!

Moor Steh, sag ich!

Hermann Weh! weh! weh! Nun ist alles verraten!

Moor Steh! Rede! Wer bist du? Was hast du hier zu tun? Rede!

Hermann Erbarmen o Erbarmen, gestrenger Herr – Nur ein Wort höret an, eh Ihr mich umbringt.

Moor *(indem er den Degen zieht)* Was werd ich hören?

Hermann Wohl habt Ihr mir's beim Leben verboten – ich konnt nicht anders – durft nicht anders – im Himmel ein Gott – Euer leiblicher Vater dort – mich jammerte sein – Stecht mich nieder!

Moor Hier steckt ein Geheimnis – heraus! Sprich! Ich will alles wissen.

Die Stimme *(aus dem Schloss)* Weh! Weh! Bist du's, Hermann, der da redet? Mit wem redst du, Hermann?

Moor Drunten noch jemand – Was geht hier vor? *(Läuft dem Turme zu)* Ist's ein Gefangener, den die Menschen abschüttelten – Ich will seine Ketten lösen. – Stimme! noch einmal! wo ist die Türe?

Hermann O, habt Barmherzigkeit, Herr – dringt nicht weiter, Herr – geht aus Erbarmen vorüber. *(Verrennt ihm den Weg)*

Moor Vierfach geschlossen! – Weg da – Es muss heraus – Itzt *zum ersten Mal* komm mir zu Hülfe, *Dieberei*! *(Er nimmt Brechinstrumente und öffnet das Gittertor. Aus dem Grunde steigt ein Alter, ausgemergelt wie ein Gerippe.)*

Der Alte Erbarmen einem Elenden! Erbarmen!

Moor *(springt erschrocken zurück)* Das ist *meines Vaters* Stimme!

Der alte Moor Habe Dank, o Gott! Erschienen ist die Stunde der Erlösung.

Moor Geist des alten Moors! Was hat dich beunruhigt in deinem Grab? Hast du eine Sünde in jene Welt geschleppt, die dir den Eingang in die Pforten des Paradieses verrammelt? Ich will Messen lesen lassen, den irrenden Geist in seine Heimat zu senden. Hast du das Gold der Witwen und Waisen unter die Erde vergraben, das dich zu dieser mitternächtlichen Stunde heulend herumtreibt, ich will den unterirdischen Schatz aus den Klauen des Zauberdrachen reißen, und wenn er tausend rote Flammen auf mich speit, und seine spitzen Zähne gegen meinen Degen bleckt, oder kommst du, auf meine Fragen die Rätsel der Ewigkeit zu entfalten? Rede, rede! ich bin der Mann der bleichen Furcht nicht.

Der alte Moor Ich bin kein Geist. Taste mich an, ich lebe, oh ein elendes erbärmliches Leben!

Moor Was? Du bist nicht begraben worden?

Der alte Moor Ich bin begraben worden – das heißt: ein toter Hund liegt in meiner Väter Gruft; und ich – drei volle Monde schmacht ich schon in diesem finstern unterirdischen Gewölbe, von keinem Strahle beschienen, von keinem warmen Lüftchen angeweht, von keinem Freunde besucht, wo wilde Raben krächzen, und mitternächtliche Uhus heulen –

Moor Himmel und Erde! Wer hat das getan?

Der alte Moor Verfluch ihn nicht! – Das hat mein Sohn Franz getan.

Moor Franz? Franz? Oh ewiges Chaos!

Der alte Moor Wenn du ein Mensch bist, und ein menschliches Herz hast, Erlöser, den ich nicht kenne, o so höre den Jammer eines Vaters, den ihm seine Söhne bereitet haben – drei Monden schon hab ich's tauben Felsenwänden zugewinselt, aber ein hohler Widerhall äffte meine Klagen nur nach. Darum, wenn du ein Mensch bist, und ein menschliches Herz hast –

Moor Diese Aufforderung könnte die wilden Bestien aus ihren Löchern hervorrufen!

Der alte Moor Ich lag eben auf dem Siechbett, hatte kaum angefangen, aus einer schweren Krankheit etwas Kräfte zu sammeln, so führte man einen Mann zu mir, der vorgab, mein Erstgeborener sei gestorben in der Schlacht, und mit sich brachte ein Schwert, gefärbt mit seinem Blut, und sein letztes Lebewohl, und dass ihn mein Fluch gejagt hätte in Kampf und Tod und Verzweiflung.

Moor *(heftig von ihm abgewandt)* Es ist offenbar!

unmächtig ohnmächtig

Der alte Moor Höre weiter! ich ward unmächtig bei der Botschaft. Man muss mich für tot gehalten haben, denn als ich wieder zu mir selber kam, lag ich schon in der Bahre, und ins Leichentuch gewickelt wie ein Toter. Ich kratzte an dem Deckel der Bahre. Er ward aufgetan. Es war finstere Nacht, mein Sohn Franz stand vor mir – Was? rief er mit entsetzlicher Stimme, willst du dann ewig leben? – und gleich flog der Sargdeckel wieder zu. Der Donner dieser Worte hatte mich meiner Sinne beraubt; als ich wieder erwachte, fühlt ich den Sarg erhoben und fortgeführt in einem Wagen eine halbe Stunde lang. Endlich ward er geöffnet – ich stand am Eingang dieses Gewölbes, mein Sohn vor mir, und der Mann, der mir das blutige Schwert von Karln gebracht hatte – zehnmal umfasst ich seine Knie, und bat und flehte, und umfasste sie und beschwur – das Flehen seines Vaters reichte nicht an sein Herz – Hinab mit dem Balg! donnerte es von seinem Munde, er hat genug gelebt, und hinab ward ich gestoßen ohn Erbarmen, und mein Sohn Franz schloss hinter mir zu.

Bahre hier: Sarg

Moor Es ist nicht möglich, nicht möglich! Ihr müsst Euch geirrt haben.

Der alte Moor Ich kann nicht geirrt haben. Höre weiter, aber zürne doch nicht! So lag ich zwanzig Stunden, und kein Mensch gedachte meiner Not. Auch hat keines Menschen Fußtritt je diese Einöde betreten, denn die allgemeine Sage geht, dass die Gespenster meiner Väter in diesen Ruinen rasselnde Ketten schleifen, und in mitternächtlicher Stunde ihr Totenlied raunen. Endlich hört ich die Tür wieder aufgehen, dieser Mann brachte mir Brot und Wasser, und entdeckte mir, wie ich zum Tod des Hungers verurteilt gewesen, und wie er sein Leben in Gefahr setze, wenn es herauskäm, dass er mich speise. So ward ich kümmerlich erhalten diese lange Zeit, aber der unaufhörliche Frost – die faule Luft meines Unrats, – der grenzenlose Kummer – meine Kräfte wichen, mein Leib schwand; tausendmal bat ich Gott mit Tränen um den Tod, aber das Maß meiner Strafe muss noch nicht gefüllet sein – oder muss noch irgendeine Freude meiner warten, dass ich so wunderbarlich erhalten bin. Aber ich leide gerecht – Mein Karl! Mein Karl! – und er hatte noch keine grauen Haare.

Moor Es ist genug! Auf! ihr Klötze, ihr Eisklumpen! Ihr trägen, fühllosen Schläfer! Auf! will keiner erwachen? *(Er tut eine Pistolschuss über die schlafenden Räuber.)*

Die Räuber *(aufgejagt)* He, holla! holla! was gibt's da?

Moor Hat euch die Geschichte nicht aus dem Schlummer gerüttelt? Der ewige Schlaf würde wach worden sein! Schaut her! schaut her! Die Gesetze der Welt sind Würfelspiel worden, das Band der Natur ist entzwei, die alte Zwietracht ist los, der Sohn hat seinen Vater erschlagen.

Die Räuber Was sagt der Hauptmann?

Moor Nein, nicht erschlagen! das Wort ist Beschönigung! – der Sohn hat den Vater tausendmal gerädert, gespießt, gefoltert, geschunden! die Worte sind mir zu menschlich – worüber die Sünde rot wird, worüber der Kannibale schaudert, worauf seit Äonen kein Teufel gekommen ist. – Der Sohn hat seinen eigenen Vater – oh seht her, seht her! er ist in Unmacht gesunken, – in dieses Gewölbe hat der Sohn seinen Vater – Frost, – Blöße, – Hunger, – Durst – oh seht doch, seht doch! – es ist mein eigner Vater, ich will's nur gestehn.

seit Äonen seit Weltzeitaltern, seit Ewigkeiten

Unmacht Ohnmacht

Die Räuber *(springen herbei und umringen den Alten)* Dein Vater? dein Vater?

Schweizer *(tritt ehrerbietig näher, fällt vor ihm nieder)* Vater meines Hauptmanns! Ich küsse dir die Füße! du hast über meinen Dolch zu befehlen.

Moor Rache, Rache, Rache dir! grimmig beleidigter, entheiligter Greis! So zerreiß ich von nun an auf ewig das brüderliche Band! *(Er zerreißt sein Kleid von oben bis unten.)* So verfluch ich jeden Tropfen brüderlichen Bluts im Antlitz des offenen Himmels! Höre mich Mond und Gestirne! Höre mich mitternächtlicher Himmel! der du auf die Schandtat herunterblicktest! Höre mich dreimal schröcklicher Gott, der da oben über dem Monde waltet, und rächt und verdammt über den Sternen, und feuerflammt über der Nacht! Hier knie ich – hier streck ich empor die drei Finger in die Schauer der Nacht – hier schwör ich, und so speie die Natur mich aus ihren Grenzen wie eine bösartige Bestie aus, wenn ich diesen Schwur verletze, schwör ich, das Licht des Tages nicht mehr zu grüßen, bis des Vatermörders Blut, vor diesem Steine verschüttet, gegen die Sonne dampft. *(Er steht auf.)*

Die Räuber Es ist ein Belialsstreich! Sag einer, wir seien Schelmen! Nein bei allen Drachen! So bunt haben wir's nie gemacht!

Belial **hebräisch »Teufel«**

Moor Ja! und bei allen schröcklichen Seufzern derer, die jemals durch eure Dolche sturben, derer, die meine Flamme fraß und mein fallender Turm zermalmte, – eh soll kein Gedanke von Mord oder Raub Platz finden in eurer Brust, bis euer aller Kleider von des Verruchten Blute scharlachrot gezeichnet sind – das hat euch wohl niemals geträumet, dass ihr der Arm höherer Majestäten seid? der verworrene Knäul unsers Schicksals ist aufgelöst! Heute, heute hat eine unsichtbare Macht unser Handwerk geadelt! Betet an vor dem, der euch dies erhabene Los gesprochen, der euch hieher geführt, der euch gewürdiget hat, die schröckliche Engel seines finstern Gerichtes zu sein! Entblößet eure Häupter! Kniet hin in den Staub, und stehet geheiliget auf! *(Sie knien.)*

sturben **starben**

Gebeut Gebiete

Schweizer Gebeut, Hauptmann! was sollen wir tun?

Moor Steh auf, Schweizer! und rühre diese heilige Locken an! *(Er führt ihn zu seinem Vater und gibt ihm eine Locke in die Hand.)* Du weißt noch, wie du einsmals jenem böhmischen Reuter den Kopf spaltetest, da er eben den Säbel über mich zuckte, und ich atemlos und erschöpft von der Arbeit in die Knie gesunken war? Dazumal verhieß ich dir eine Belohnung, die königlich wäre, ich konnte diese Schuld bisher niemals bezahlen –

Schweizer Das schwurst du mir, es ist wahr, aber lass mich dich ewig meinen Schuldner nennen!

Moor Nein, itzt will ich bezahlen. Schweizer, so ist noch kein Sterblicher geehrt worden wie du! – Räche meinen Vater!

(Schweizer steht auf.)

Schweizer Großer Hauptmann! Heut hast du mich zum ersten Mal stolz gemacht! – Gebeut, wo, wie, wann soll ich ihn schlagen?

schlagen töten

Moor Die Minuten sind geweiht, du musst eilends gehn – lies dir die Würdigsten aus der Bande, und führe sie gerade nach des Edelmanns Schloss! zerr ihn aus dem Bette, wenn er schläft, oder in den Armen der Wollust liegt, schlepp ihn vom Mahle weg, wenn er besoffen ist, reiß ihn vom Kruzifix, wenn er betend vor ihm auf den Knien liegt! Aber ich sage dir, ich schärf es dir hart ein, liefr' ihn mir nicht tot! dessen Fleisch will ich in Stücken reißen, und hungrigen Geiern zur Speise geben, der ihm nur die Haut ritzt oder ein Haar kränkt! Ganz muss ich ihn haben, und wenn du ihn ganz und lebendig bringst, so sollst du eine Million zur Belohnung haben, ich will sie einem Könige mit Gefahr meines Lebens stehlen, und du sollst frei ausgehn, wie die weite Luft – Hast du mich verstanden, so eile davon!

Schweizer Genug, Hauptmann – Hier hast du meine Hand darauf: Entweder, du siehst zwei zurückkommen, oder gar keinen. Schweizers Würgengel, kommt! *(Ab mit einem Geschwader)*

Würgengel Todesengel

Moor Ihr Übrigen zerstreut euch im Wald – Ich bleibe.

Fünfter Akt

Erste Szene

Aussicht von
vielen Zimmern
Zimmerflucht

Aussicht von vielen Zimmern. Finstre Nacht.

Daniel *kommt mit einer Laterne und einem Reisebündel.*

der Herr seliger
der verstorbene Herr

Port
Hafen, Zuflucht

Elieser
der treue Diener Abrahams

Daniel Lebe wohl, teures Mutterhaus – Hab so manch Guts und Liebs in dir genossen, da der Herr seliger noch lebete – Tränen auf deine Gebeine, du lange Verfaulter! Das verlangt er von einem alten Knecht – es war das Obdach der Waisen, und der Port der Verlassenen, und dieser Sohn hat's gemacht zur Mördergrube – Lebe wohl du guter Boden! wie oft hat der alte Daniel dich abgefegt – Lebe wohl, du lieber Ofen, der alte Daniel nimmt schweren Abschied von dir – es war dir alles so vertraut worden – wird dir weh tun, alter Elieser – Aber Gott bewahre mich in Gnaden vor dem Trug und List des Argen – Leer kam ich hieher – leer zieh ich wieder hin – aber meine Seele ist gerettet.

Wie er gehen will, kömmt **Franz** *im Schlafrock hereingestürzt.*

Daniel Gott steh mir bei! Mein Herr! *(Löscht die Laterne aus)*

Franz Verraten! Verraten! Geister ausgespien aus Gräbern – Losgerüttelt das Totenreich aus dem ewigen Schlaf brüllt wider mich Mörder! Mörder! – wer regt sich da?

Daniel *(ängstlich)* Hilf, heilige Mutter Gottes! Seid Ihr's, gestrenger Herre, der so grässlich durch die Gewölbe schreit, dass alle Schläfer auffahren?

Franz Schläfer? Wer heißt euch schlafen? Fort, zünde Licht an!

Daniel *ab, es kommt ein andrer* **Bedienter**.

Franz Es soll niemand schlafen in dieser Stunde. Hörst du? Alles soll auf sein – in Waffen – alle Gewehre geladen – Sahst du sie dort den Bogengang hinschweben?

Bedienter Wen, gnädiger Herr?

Franz Wen, Dummkopf, wen? So kalt, so leer fragst du, wen? hat mich's doch angepackt wie der Schwindel! Wen, Eselskopf! wen? Geister und Teufel! wie weit ist's in der Nacht?

Bedienter Eben itzt ruft der Nachtwächter Zwei an.

Franz Was? will diese Nacht währen bis an den Jüngsten Tag? hörtest du keinen Tumult in der Nähe? Kein Siegsgeschrei? Kein Geräusch galoppierender Pferde? Wo ist Kar – der Graf, will ich sagen?

Bedienter Ich weiß nicht, mein Gebieter.

Franz Du weißt's nicht? Du bist auch unter der Rotte? Ich will dir das Herz aus den Rippen stampfen! mit deinem verfluchten: Ich weiß nicht! Fort, hole den Pastor!

unter der Rotte **von der Bande**

Bedienter Gnädiger Herr!

Franz Murrst du? zögerst du?
(Erster Bedienter eilend ab)
Was? auch Bettler wider mich verschworen? Himmel, Hölle! alles wider mich verschworen?

Daniel *kommt mit dem Licht.*

Daniel Mein Gebieter –

Franz Nein! ich zittere nicht! Es war ledig ein Traum. Die Toten stehen noch nicht auf – wer sagt, dass ich zittere und bleich bin? Es ist mir ja so leicht, so wohl.

Daniel Ihr seid totenbleich, Eure Stimme ist bang und lallet.

Franz Ich habe das Fieber. Sage du nur, wenn der Pastor

kommt, ich habe das Fieber. Ich will morgen zur Ader lassen, sage dem Pastor.

Lebensbalsam Stärkungstropfen

Daniel Befehlt Ihr, dass ich Euch Lebensbalsam auf Zucker tröpfle?

Franz Tröpfle mir auf Zucker! der Pastor wird nicht sogleich da sein. Meine Stimme ist bang und lallet, gib Lebensbalsam auf Zucker!

Daniel Gebt mir erst die Schlüssel, ich will drunten holen im Schrank –

Franz Nein, nein, nein! Bleib! oder ich will mit dir gehn. Du siehst, ich kann nicht allein sein! Wie leicht könnt ich, du siehst ja – unmächtig – wenn ich allein bin. Lass nur, lass nur! Es wird vorübergehen, du bleibst.

Daniel Oh Ihr seid *ernstlich* krank.

Franz Ja freilich, freilich! das ist alles. – Und Krankheit verstöret das Gehirn, und brütet tolle und wunderliche Träume aus – Träume bedeuten nichts – nicht wahr, Daniel? Träume kommen ja aus dem Bauch, und Träume bedeuten nichts – ich hatte soeben einen lustigen Traum. *(Er sinkt unmächtig nieder.)*

Urkund Lebenszeichen

Daniel Jesus Christus! was ist das? Georg! Konrad! Bastian! Martin! so gebt doch nur eine Urkund von Euch! *(Rüttelt ihn)* Maria, Magdalena und Joseph! so nimmt doch nur Vernunft an! So wird's heißen, ich hab' ihn tot gemacht! Gott erbarme sich meiner!

Franz *(verwirrt)* Weg – weg! was rüttelst du mich so, scheußliches Totengeripp? – die Toten stehen noch nicht auf –

Daniel O du ewige Güte! Er hat den Verstand verloren.

Anstoß Anfall

Franz *(richtet sich matt auf)* Wo bin ich? – du Daniel? was hab ich gesagt? merke nicht drauf! ich hab eine Lüge gesagt, es sei was es wolle – komm! hilf mir auf! – es ist nur ein Anstoß von Schwindel – weil ich – weil ich – nicht ausgeschlafen habe.

Daniel Wär nur der Johann da! Ich will Hülfe rufen, ich will nach Ärzten rufen.

Franz Bleib! setz dich neben mich auf diesen Sofa – so – du bist ein gescheuter Mann, ein guter Mann. Lass dir erzählen!

Daniel Itzt nicht, ein ander Mal! Ich will Euch zu Bette bringen, Ruhe ist Euch besser.

Franz Nein, ich bitte dich, lass dir erzählen, und lache mich derb aus! – Siehe mir dauchte, ich hätte ein königlich Mahl gehalten, und mein Herz wär guter Dinge, und ich läge berauscht im Rasen des Schlossgartens, und plötzlich – es war zur Stunde des Mittags – plötzlich, aber ich sage dir, lache mich derb aus! –

dauchte **dünkte, träumte**

Daniel Plötzlich?

Franz Plötzlich traf ein ungeheurer Donner mein schlummerndes Ohr, ich taumelte bebend auf, und siehe, da war mir's, als säh ich aufflammen den ganzen Horizont in feuriger Lohe, und Berge und Städte und Wälder, wie Wachs im Ofen zerschmolzen, und eine heulende Windsbraut fegte von hinnen Meer, Himmel und Erde – da erscholl's wie aus ehernen Posaunen: Erde, gib deine Toten; gib deine Toten, Meer! und das nackte Gefild begonn zu kreißen, und aufzuwerfen Schädel und Rippen und Kinnbacken und Beine, die sich zusammenzogen in menschliche Leiber, und daherströmten unübersehlich, ein lebendiger Sturm: Damals sah ich aufwärts, und siehe, ich stand am Fuß des donnernden Sina, und über mir Gewimmel und unter mir, und oben auf der Höhe des Bergs auf drei rauchenden Stühlen drei Männer, vor deren Blick flohe die Kreatur –

Plötzlich traf … **→ Seite 254**

kreißen **gebären**

Damals **Da**

Sina **der Berg Sinai, auf dem Mose die Zehn Gebote empfing**

Daniel Das ist ja das leibhaft Konterfei vom Jüngsten Tage.

Franz Nicht wahr? das ist tolles Gezeuge? – Da trat hervor Einer, anzusehen wie die Sternennacht, der hatte in seiner

Gezeuge **Zeug**

Hand einen eisernen Siegelring, den hielt er zwischen Aufgang und Niedergang und sprach: Ewig, heilig, gerecht, unverfälschbar! Es ist nur *eine* Wahrheit, es ist nur *eine* Tugend! Wehe, wehe, wehe dem zweifelnden Wurme! – da trat hervor ein Zweiter, der hatte in seiner Hand einen blitzenden Spiegel, den hielt er zwischen Aufgang und Niedergang und sprach: Dieser Spiegel ist Wahrheit; Heuchelei und Larven bestehen nicht – da erschrak ich und alles Volk, denn wir sahen Schlangen- und Tiger- und Leopardengesichter zurückgeworfen aus dem entsetzlichen Spiegel. – Da trat hervor ein Dritter, der hatte in seiner Hand eine eherne Waage, die hielt er zwischen Aufgang und Niedergang und sprach: tretet herzu, ihr Kinder von Adam – ich wäge die Gedanken in der Schale meines Zornes! und die Werke mit dem Gewicht meines Grimms! –

Daniel Gott erbarme sich meiner!

Franz Schneebleich stunden alle, ängstlich klopfte die Erwartung in jeglicher Brust. Da war mir's, als hört' ich meinen Namen zuerst genannt aus den Wettern des Berges, und mein innerstes Mark gefror in mir, und meine Zähne klapperten laut. Schnell begonn die Waage zu klingen, zu donnern der Fels, und die Stunden zogen vorüber, eine nach der andern an der links hangenden Schale, und eine nach der andern warf eine *Todsünde* hinein –

Daniel O Gott vergeb' Euch!

Franz Das tat er nicht! – die Schale wuchs zu einem Gebirge, aber die andere, voll vom Blut der Versöhnung hielt sie noch immer hoch in den Lüften – zuletzt kam ein alter Mann, schwer gebeuget von Gram, angebissen den Arm von wütendem Hunger, aller Augen wandten sich scheu vor dem Mann, ich kannte den Mann, er schnitt eine Locke von seinem silbernen Haupthaar, warf sie hinein

Blut der Versöhnung
→ Seite 254

in die Schale der Sünden, und siehe, sie sank, sank plötzlich zum Abgrund, und die Schale der Versöhnung flatterte hoch auf! – Da hört ich eine Stimme schallen aus dem Rauche des Felsen: Gnade, Gnade jedem Sünder der Erde und des Abgrunds! du allein bist verworfen! – *(Tiefe Pause)* Nun, warum lachst du nicht?

Daniel Kann ich lachen, wenn mir die Haut schaudert? Träume kommen von Gott.

Franz Pfui doch, pfui doch! sage das nicht! Heiß mich einen Narren, einen aberwitzigen, abgeschmackten Narren! Tu das, lieber Daniel, ich bitte dich drum, spotte mich tüchtig aus!

aberwitzigen, abgeschmackten **verrückten, unoriginellen**

Daniel Träume kommen von Gott. Ich will für Euch beten.

Franz Du lügst, sag ich – geh den Augenblick, lauf, spring, sieh, wo der Pastor bleibt, heiß ihn eilen, eilen, aber ich sage dir, du lügst.

Daniel *(im Abgehn)* Gott sei Euch gnädig!

Franz Pöbelweisheit, Pöbelfurcht! – Es ist ja noch nicht ausgemacht, ob das Vergangene nicht vergangen ist, oder ein Auge findet über den Sternen – hum, hum! wer raunte mir das ein? Rächet denn droben über den Sternen einer? – Nein, nein! – Ja, ja! Fürchterlich zischelt's um mich: Richtet droben einer über den Sternen! Entgegengehen dem Rächer über den Sternen diese Nacht noch! Nein! sag ich – Elender Schlupfwinkel, hinter den sich deine Feigheit verstecken will – öd, einsam, taub ist's droben über den Sternen – wenn's aber doch etwas mehr wäre? Nein, nein, es ist nicht! Ich befehle, es ist nicht! Wenn's aber doch wäre? Weh dir, wenn's nachgezählt worden wäre! wenn's dir vorgezählt würde diese Nacht noch! – Warum schaudert mir's so durch die Knochen? *Sterben!* warum packt mich das Wort so? Rechenschaft geben dem Rächer droben über den Sternen – und wenn er gerecht

taub **leer**

ist, Waisen und Witwen, Unterdrückte, Geplagte heulen zu ihm auf, und wenn er gerecht ist? – warum haben sie gelitten, warum hast du über sie triumphieret? –

Pastor Moser *tritt auf.*

Moser Ihr ließt mich holen, gnädiger Herr. Ich erstaune. Das erste Mal in meinem Leben! Habt Ihr im Sinn, über die Religion zu spotten, oder fangt Ihr an, vor ihr zu zittern?

Franz Spotten oder zittern, je nachdem du mir antwortest. – Höre, Moser, ich will dir zeigen, dass du ein Narr bist, oder die Welt fürn Narren halten willst, und du sollst mir antworten. Hörst du? Auf dein Leben sollst du mir antworten.

Moser Ihr fordert einen Höheren vor Euren Richterstuhl. Der Höhere wird Euch dermaleins antworten.

Franz Itzt will ich's wissen, itzt, diesen Augenblick, damit ich nicht die schändliche Torheit begehe, und im Drange der Not den Götzen des Pöbels anrufe, ich hab's dir oft mit Hohnlachen beim Burgunder zugesoffen: Es ist kein Gott! – Itzt red ich im Ernste mir dir, ich sage dir: es ist keiner! Du sollst mich mit allen Waffen widerlegen, die du in deiner Gewalt hast, aber ich blase sie weg mit dem Hauch meines Mundes.

Götzen falschen Gott

Moser Wenn du auch ebenso leicht den Donner wegblasen könntest, der mit zehntausendfachem Zentnergewicht auf deine stolze Seele fallen wird! dieser allwissende Gott, den du Tor und Bösewicht mitten aus seiner Schöpfung zernichtest, braucht sich nicht durch den Mund des Staubes zu rechtfertigen. Er ist ebenso groß in deinen Tyranneien, als irgend in einem Lächeln der siegenden Tugend.

Franz Ungemein gut, Pfaffe! So gefällst du mir.

Moser Ich stehe hier in den Angelegenheiten eines größeren Herrn, und rede mit einem, der Wurm ist wie ich, dem ich nicht gefallen will. Freilich müsst ich Wunder tun können, wenn ich deiner halsstarrigen Bosheit das Geständnis abzwingen könnte, – aber wenn deine Überzeugung so fest ist? warum ließest du mich rufen, sage mir doch, warum ließest du mich in der Mitternacht rufen?

Franz Weil ich Langeweile hab, und eben am Schachbrett keinen Geschmack finde. Ich will mir einen Spaß machen, mich mit Pfaffen herumzubeißen. Mit dem leeren Schrecken wirst du meinen Mut nicht entmannen. Ich weiß wohl, dass derjenige auf Ewigkeit hofft, der hier zu kurz gekommen ist: aber er wird garstig betrogen. Ich hab's immer gelesen, dass unser Wesen nichts ist als Sprung des Geblüts, und mit dem letzten Blutstropfen zerrinnt auch Geist und Gedanke. Er macht alle Schwachheiten des Körpers mit, wird er nicht auch aufhören bei seiner Zerstörung? nicht bei seiner Fäulung verdampfen? Lass einen Wassertropfen in deinem Gehirne verirren, und dein Leben macht eine plötzliche Pause, die zunächst an das Nichtsein grenzt, und ihre Fortdauer ist der Tod. Empfindung ist Schwingung einiger Saiten, und das zerschlagene Klavier tönet nicht mehr. Wenn ich meine sieben Schlösser schleifen lasse, wenn ich diese Venus zerschlage, so ist's Symmetrie und Schönheit *gewesen*. Siehe da! das ist eure unsterbliche Seele!

Moser Das ist die Philosophie Eurer Verzweiflung. Aber Euer eigenes Herz, das bei diesen Beweisen ängstlich bebend wider Eure Rippen schlägt, straft Euch Lügen. Diese Spinnweben von Systemen zerreißt das einzige Wort: Du musst sterben! – ich fordere Euch auf, das soll die Probe sein, wenn Ihr im Tode annoch feste steht,

Sprung des Geblüts **Pulsschlag**

zunächst **nahe**

schleifen **abreißen**

Venus **Statue der römischen Göttin Venus**

Symmetrie **Ebenmaß**

annoch **immer noch**

wenn Euch Eure Grundsätze auch da nicht im Stiche lassen, so sollt Ihr gewonnen haben; wenn Euch im Tode nur der mindeste Schauer anwandelt, weh Euch dann! Ihr habt Euch betrogen.

Franz *(verwirrt)* Wenn mich im Tode ein Schauer anwandelt?

Moser Ich habe wohl mehr solche Elende gesehn, die bis hieher der Wahrheit Riesentrotz boten; aber im Tode selbst flattert die Täuschung dahin. Ich will an Eurem Bette stehn, wenn Ihr sterbet – ich möchte so gar gern einen Tyrannen sehen dahinfahren – ich will dabeistehn und Euch starr ins Auge fassen, wenn der Arzt Eure kalte, nasse Hand ergreift und den verloren schleichenden Puls kaum mehr finden kann, und aufschaut, und mit jenem schröcklichen Achselzucken zu Euch spricht: menschliche Hilfe ist umsonst! Hütet Euch dann, o hütet Euch ja, dass Ihr da nicht ausseht wie Richard und Nero!

Richard und Nero → Seite 255

Franz Nein, nein!

Moser Auch dieses Nein wird dann zu einem heulenden Ja – ein innerer Tribunal, den Ihr nimmermehr durch skeptische Grübeleien bestechen könnt, wird itzo erwachen, und Gericht über Euch halten. Aber es wird ein Erwachen sein, wie des lebendig Begrabenen im Bauche des Kirchhofs, es wird ein Unwille sein wie des Selbstmörders, wenn er den tödlichen Streich schon getan hat und bereut, es wird ein Blitz sein, der die Mitternacht Eures Lebens zumal überflammt, es wird *ein* Blick sein, und wenn Ihr da noch feste steht, so sollt Ihr gewonnen haben!

Tribunal Gerichtshof

Franz *(unruhig im Zimmer auf und ab gehend)* Pfaffengewäsche, Pfaffengewäsche!

Moser Itzt zum ersten Mal werden die Schwerter einer Ewigkeit durch Eure Seele schneiden, und itzt zum ersten Mal zu spät. – Der Gedanke *Gott* weckt einen fürchterlichen Nachbar auf, sein Name heißt *Richter*. Sehet, Moor, Ihr habt das Leben von Tausenden an der Spitze Eures Fingers, und von diesen Tausenden habt Ihr neunhundertneunundneunzig elend gemacht. Euch fehlt zu einem Nero nur das Römische Reich und nur Peru zu einem Pizarro. Nun, glaubt Ihr wohl, Gott werde es zugeben, dass ein einziger Mensch in seiner Welt wie ein Wütrich hause, und das Oberste zuunterst kehre? Glaubt Ihr wohl, diese neunhundertundneunundneunzig seien nur zum Verderben, nur zu Puppen Eures satanischen Spieles da? Oh glaubt das nicht! Er wird jede Minute, die Ihr ihnen getötet, jede Freude, die Ihr ihnen vergiftet, jede Vollkommenheit, die Ihr ihnen versperret habt, von Euch fodern dereinst, und wenn Ihr darauf antwortet, Moor, so sollt Ihr gewonnen haben.

Peru zu einem Pizzaro **vgl. Anm. zu Seite 93**

fodern **fordern**

Franz Nichts mehr, kein Wort mehr! Willst du, dass ich deinen schwarzlebrigen Grillen zu Gebote steh?

schwarzlebrigen **schwermütigen**

Moser Sehet zu, das Schicksal der Menschen stehet unter sich in fürchterlich schönem Gleichgewicht. Die Waagschale dieses Lebens sinkend wird hochsteigen in jenem, steigend in diesem wird in jenem zu Boden fallen. Aber was hier zeitliches Leiden war, wird dort ewiger Triumph, was hier endlicher Triumph war, wird dort ewige unendliche Verzweiflung.

Franz *(wild auf ihn losgehend)* Dass dich der Donner stumm mache, Lügengeist du! Ich will dir die verfluchte Zunge aus dem Munde reißen!

Moser Fühlt Ihr die Last der Wahrheit so früh? Ich habe ja noch nichts von Beweisen gesagt. Lasst mich nur erst zu den Beweisen –

Franz Schweig, geh in die Hölle mit deinen Beweisen! zernichtet wird die Seele, sag ich dir, und sollst mir nicht darauf antworten!

Moser Darum winseln auch die Geister des Abgrunds, aber der im Himmel schüttelt das Haupt. Meint Ihr, dem Arm des Vergelters im öden Reich des Nichts zu entlaufen? und führet Ihr gen Himmel, so ist er da! und bettetet Ihr Euch in die Hölle, so ist er wieder da! und sprächet Ihr zu der Nacht: verhülle mich! und zu der Finsternis: birg mich!, so muss die Finsternis leuchten um Euch, und um den Verdammten die Mitternacht tagen – aber Euer unsterblicher Geist sträubt sich unter dem Wort, und siegt über den blinden Gedanken.

und führet Ihr … tagen vgl. Psalm 139,8

Franz Ich will aber nicht unsterblich sein – sei es, wer da will, ich will's nicht hindern. Ich will ihn zwingen, dass er mich zernichte, ich will ihn zur Wut reizen, dass er mich in der Wut zernichte. Sag mir, was ist die größte Sünde, und die ihn am grimmigsten aufbringt?

Moser Ich kenne nur zwo. Aber sie werden nicht von *Menschen* begangen, auch ahnden sie *Menschen* nicht.

ahnden richten, bestrafen

Franz Diese zwo! –

Moser *(sehr bedeutend) Vatermord* heißt die eine, *Brudermord* die andere – Was macht Euch auf einmal so bleich?

Franz Was, Alter? Stehst du mit dem Himmel oder mit der Hölle im Bündnis? Wer hat dir das gesagt?

Moser Wehe dem, der sie beide auf dem Herzen hat! Ihm wäre besser, dass er nie geboren wäre! Aber seid ruhig! Ihr habt weder Vater noch Bruder mehr!

Franz *Ha!* – was, du kennst keine drüber? Besinne dich nochmals – Tod, Himmel, Ewigkeit, Verdammnis schwebt auf dem Laut deines Mundes – keine einzige drüber?

Moser Keine einzige drüber.

Franz *(fällt in einen Stuhl)* Zernichtung! Zernichtung!

Moser Freut Euch, freut Euch doch! preist Euch doch glücklich! – Bei allen Euren Greueln seid Ihr noch ein Heiliger gegen den Vatermörder. Der Fluch, der Euch trifft, ist gegen den, der auf diesen lauert, ein Gesang der Liebe – die Vergeltung –

Franz *(aufgesprungen)* Geh in tausend Grüfte, du Eule! wer hieß dich hieher kommen? Geh, sag ich, oder ich stoß dich durch und durch!

Moser Kann das Pfaffengewäsch so einen Philosophen in Harnisch jagen? Blast es doch weg mit dem Hauch Eures Mundes! *(Geht ab)*

Franz *(wirft sich in seinem Sessel herum in schröcklichen Bewegungen. Tiefe Pause)*

Ein Bedienter *eilig.*

Bedienter Amalia ist entsprungen, der Graf ist plötzlich verschwunden.

Daniel *kommt ängstlich.*

Daniel Gnädiger Herr, jagt ein Trupp feuriger Reuter die Staig herab, schreien Mordjo, Mordjo! – das ganze Dorf in Alarm.

Staig **Bergstraße**

Franz Geh, lass alle Glocken zusammen läuten, alles soll in die Kirche – auf die Knie fallen alles – beten für mich – alle Gefangne sollen los sein und ledig, ich will den Armen alles doppelt und dreifach wiedergeben, ich will – so geh doch – so ruf doch den Beichtvater, dass er mir meine Sünden hinwegsegne – bist du noch nicht fort? *(Das Getümmel wird hörbarer.)*

ledig **frei, ohne Schuld**

Daniel Gott verzeih mir meine schwere Sünde! Wie soll ich das wieder reimen? Ihr habt ja immer das liebe Gebet über alle Häuser hinausgeworfen, habt mir so manche Postill und Bibelbuch an den Kopf gejagt, wenn Ihr mich ob dem Beten ertapptet –

reimen **zusammenreimen, verstehen**
Postill **Predigtbuch**

Franz Nichts mehr davon – *Sterben!* siehst du? *Sterben!* – Es wird zu spät. *(Man hört Schweizern toben.)* Bete doch! bete!

Daniel Ich sagt's Euch immer – Ihr verachtet das liebe Gebet so – aber gebt Acht, gebt Acht! wenn die Not an Mann geht, wenn Euch das Wasser an die Seele geht, Ihr werdet alle Schätze der Welt um ein christliches Seufzerlein geben – Seht Ihr's? Ihr verschimpftet mich! Da habt Ihr's nun! Seht Ihr's?

Franz *(umarmt ihn ungestüm)* Verzeih, lieber, goldner Perlendaniel, verzeih – ich will dich kleiden von Fuß auf – so bet doch – ich will dich zum Hochzeiter machen – ich will – so bet doch – ich beschwöre dich – auf den Knien beschwör ich dich – Ins T–ls Namen! so bet doch!

(Tumult auf den Straßen, Geschrei, Gepolter)

Schweizer *(auf der Gasse)* Stürmt! Schlagt tot! Brecht ein! Ich sehe Licht! dort muss er sein.

Franz *(auf den Knien)* Höre mich beten, Gott im Himmel! – Es ist das erste Mal – soll auch gewiss nimmer geschehen – erhöre mich, Gott im Himmel!

Daniel Mein doch! Was treibt Ihr? Das ist ja gottlos gebetet.

Volksauflauf.

Volk Diebe! Mörder! wer lärmt so grässlich in dieser Mitternachtsstunde?

Schweizer *(immer auf der Gasse)* Schlag sie zurück, Kamerad – der Teufel ist's und will euren Herrn holen – wo ist der Schwarz mit seinen Haufen? – Postier dich ums Schloss, Grimm – Lauf Sturm wider die Ringmauer!

Postier dich **Stelle Posten auf**

Grimm Holt ihr Feuerbrände – wir hinauf oder er herunter – Ich will Feuer in seine Säle schmeißen.

Franz *(betet)* Ich bin kein gemeiner Mörder gewesen, mein Herrgott – hab mich nie mit Kleinigkeiten abgegeben, mein Herrgott –

Daniel Gott sei uns gnädig! Auch seine Gebete werden zu Sünden.

(Es fliegen Steine und Feuerbrände. Die Scheiben fallen. Das Schloss brennt.)

Franz Ich kann nicht beten – hier, hier! *(auf Brust und Stirn schlagend)* alles so öd – so verdorret. *(Steht auf)* Nein ich will auch nicht beten – diesen Sieg soll der Himmel nicht haben, diesen Spott mir nicht antun die Hölle –

Daniel Jesus Maria! Helft – rettet – das ganze Schloss steht in Flammen!

Franz Hier nimm diesen Degen. Hurtig! Jag mir ihn hinterrücks in den Bauch, dass nicht diese Buben kommen und treiben ihren Spott aus mir.

Hier nimm … Spott aus mir **vgl. 1. Samuel 31,4**

(Das Feuer nimmt überhand.)

Daniel Bewahre! Bewahre! Ich mag niemand zu früh in den Himmel fördern, viel weniger zu früh – *(Er entrinnt.)*

Franz *(ihm grass nachstierend, nach einer Pause)* In die Hölle, wolltest du sagen? – Wirklich! ich wittere so etwas – *(Wahnsinnig)* Sind das ihre hellen Triller? Hör ich euch zischen, ihr Nattern des Abgrunds? – Sie dringen herauf – belagern die Türe – warum zag ich so vor dieser bohrenden Spitze? – Die Türe kracht – stürzt – unentrinnbar! – Ha! so erbarm du dich meiner! *(Er reißt seine goldene Hutschnur ab und erdrosselt sich.)*

Schweizer *mit seinen Leuten.*

Schweizer Mordkanaille, wo bist du? – Saht ihr, wie sie flohen? – hat er so wenig Freunde? – Wohin hat sich die Bestie verkrochen?

Zündet Leuchtet

hat das Prävenire gespielt ist uns zuvorgekommen

Grimm *(stößt an die Leiche)* Halt, was liegt hier im Weg? Zündet hieher –

Schwarz Er hat das Prävenire gespielt. Steckt eure Schwerter ein, hier liegt er wie eine Katze verreckt.

Schweizer Tot! was? tot? ohne mich tot – Erlogen, sag ich – Gebt Acht, wie hurtig er auf die Beine springt! – *(Rüttelt ihn)* Heh du! Es gibt einen Vater zu ermorden.

Grimm Gib dir keine Müh. Er ist maustot.

Schweizer *(tritt von ihm weg)* Ja! Er freut sich nicht – Er ist maustot – Gehet zurück und saget meinem Hauptmann: Er ist maustot – mich sieht er nicht wieder. *(Schießt sich vor die Stirn)*

Zweite Szene

Der Schauplatz wie in der letzten Szene des vorigen Akts.

Der alte Moor *auf einem Stein sitzend.* **Räuber Moor** *gegenüber.* **Räuber** *hin und her im Wald.*

Räuber Moor Er kommt noch nicht? *(Schlägt mit dem Dolch auf einen Stein, dass es Funken gibt.)*

Der alte Moor Verzeihung sei seine Strafe – meine Rache verdoppelte Liebe.

Räuber Moor Nein, bei meiner grimmigen Seele. Das soll nicht sein. Ich will's nicht haben. Die große Schandtat soll er mit sich in die Ewigkeit hinüber schleppen! – Wofür hab ich ihn dann umgebracht?

Der alte Moor *(in Tränen ausbrechend)* O mein Kind!

Räuber Moor Was? – Du weinst um ihn? – an diesem Turme?

Der alte Moor Erbarmung! o Erbarmung! *(Heftig die Hände ringend)* Itzt – itzt wird mein Kind gerichtet!

Räuber Moor *(erschrocken)* Welches?

Der alte Moor Ha! was ist das für eine Frage?

Räuber Moor Nichts! Nichts!

Der alte Moor Bist du kommen, Hohngelächter anzustimmen über meinen Jammer?

Räuber Moor Verrätrisches Gewissen! – Merket nicht auf meine Rede.

Der alte Moor Ja, ich hab einen Sohn gequält, und ein Sohn musste mich wieder quälen, das ist Gottes Finger – o mein Karl! mein Karl! wenn du um mich schwebst im Gewand des Friedens. Vergib mir. Oh vergib mir!

Räuber Moor *(schnell)* Er vergibt Euch. *(Betroffen)* Wenn er's wert ist, Euer Sohn zu heißen – Er muss Euch vergeben.

Der alte Moor Ha! Er war zu herrlich für mich – Aber ich will ihm entgegen mit meinen Tränen, meinen schlaflosen Nächten, meinen quälenden Träumen, seine Knie will ich umfassen – rufen – laut rufen: Ich hab gesündigt im Himmel und vor dir. Ich bin nicht wert, dass du mich Vater nennst.

Ich hab gesündigt … nennst.
→ Seite 255

Räuber Moor *(sehr gerührt)* Er war Euch lieb Euer andrer Sohn?

Der alte Moor Du weißt es, o Himmel. Warum ließ ich mich doch durch die Ränke eines bösen Sohnes betören? Ein gepriesener Vater ging ich einher unter den Vätern der Menschen. Schön um mich blühten meine Kinder voll Hoffnung. Aber – o der unglückseligen Stunde! – der böse Geist fuhr in das Herz meines zweiten, ich traute der Schlange – verloren meine Kinder beide. *(Verhüllt sich das Gesicht)*

Räuber Moor *(geht weit von ihm weg)* Ewig verloren!

Der alte Moor Oh ich fühl es tief, was mir Amalia sagte, der Geist der Rache sprach aus ihrem Munde: Vergebens ausstrecken deine sterbenden Hände wirst du nach einem

Sohn, vergebens wähnen zu umfassen die warme Hand deines Karls, der nimmermehr an deinem Bette steht –

Räuber Moor *(reicht ihm die Hand mit abgewandtem Gesicht)*

Der alte Moor Wärst du meines Karls Hand! – Aber er liegt fern im engen Hause, schläft schon den eisernen Schlaf, höret nimmer die Stimme meines Jammers – weh mir! Sterben in den Armen eines Fremdlings – Kein Sohn mehr – kein Sohn mehr, der mir die Augen zudrücken könnte –

im engen Hause im Grab

Räuber Moor *(in der heftigsten Bewegung)* Itzt muss es sein – itzt – verlasst mich *(zu den Räubern)*! Und doch – Kann ich ihm denn seinen Sohn wieder schenken? – Ich kann ihm seinen Sohn doch nicht mehr schenken – Nein! Ich will's nicht tun.

Der alte Moor Wie Freund? Was hast du da gemurmelt?

Räuber Moor Dein Sohn – Ja alter Mann – *(stammelnd)* Dein Sohn – ist – ewig verloren.

Der alte Moor Ewig?

Räuber Moor *(in der fürchterlichsten Beklemmung gen Himmel sehend)* O nur diesmal! – Lass meine Seele nicht matt werden – nur diesmal halte mich aufrecht.

Der alte Moor Ewig, sagst du?

Räuber Moor Frage nichts weiter. Ewig, sagt ich.

Der alte Moor Fremdling! Fremdling! Warum zogst du mich aus dem Turme?

Räuber Moor Und wie? – Wenn ich jetzt seinen Segen weghaschte – haschte wie ein Dieb, und mich davon schlich' mit der göttlichen Beute? – Vatersegen, sagt man, geht niemals verloren.

Der alte Moor Auch mein Franz verloren? –

Räuber Moor *(stürzt vor ihm nieder)* Ich zerbrach die Riegel deines Turms – Gib mir deinen Segen!

Der alte Moor *(mit Schmerz)* Dass du den Sohn vertilgen musstest, Retter des Vaters! – Siehe die Gottheit ermüdet nicht im Erbarmen, und wir armseligen Würmer gehen schlafen mit unserm Groll. *(Legt seine Hand auf des Räubers Haupt)* Sei so glücklich, als du dich erbarmest!

Räuber Moor *(weichmütig, aufstehend)* O – wo ist meine Mannheit? Meine Sehnen werden schlapp, der Dolch sinkt aus meinen Händen.

Der alte Moor Wie köstlich ist's, wenn Brüder einträchtig beisammen wohnen, wie der Tau, der vom Hermon fällt auf die Berge Zion – Lern diese Wollust verdienen, junger Mann, und die Engel des Himmels werden sich sonnen in deiner Glorie. Deine Weisheit sei die Weisheit der grauen Haare, aber dein Herz – dein Herz sei das Herz der unschuldigen Kindheit.

Wie köstlich … Berge Zion **vgl. Psalm 133,1 und 3**

Räuber Moor O einen Vorgeschmack dieser Wollust. Küsse mich, göttlicher Greis!

Der alte Moor *(küsst ihn)* Denk, es sei Vaterskuss, so will ich denken, ich küsse meinen Sohn – Du kannst auch weinen?

Räuber Moor Ich dacht, es sei Vaterskuss! – Weh mir, wenn sie ihn jetzt brächten!

Schweizers Gefährten *treten auf im stummen Trauerzug mit gesenkten Häuptern und verhüllten Gesichtern.*

Räuber Moor Himmel! *(Tritt scheu zurück und sucht sich zu verbergen. Sie ziehen an ihm vorüber. Er sieht weg von ihnen. Tiefe Pause. Sie halten.)*

Grimm *(mit gesenktem Ton)* Mein Hauptmann.

(Räuber Moor antwortet nicht und tritt weiter zurück.)

Schwarz Teurer Hauptmann.

(Räuber Moor weicht weiter zurück.)

Grimm Wir sind unschuldig, mein Hauptmann.

Räuber Moor *(ohne nach ihnen hinzuschaun)* Wer seid ihr?

Grimm Du blickst uns nicht an. Deine Getreuen.

Räuber Moor Weh euch, wenn ihr mir getreu wart!

Grimm Das letzte Lebewohl von deinem Knecht Schweizer – er kehrt nie wieder dein Knecht Schweizer.

Räuber Moor *(aufspringend)* So habt ihr ihn nicht gefunden?

Schwarz Tot gefunden.

Räuber Moor *(froh emporhüpfend)* Habe Dank, Lenker der Dinge – Umarmet mich, meine Kinder – Erbarmung sei von nun an die Losung – Nun wär auch das überstanden – Alles überstanden.

Neue Räuber. Amalia.

superber vorzüglicher

Räuber Heisa, heisa! Ein Fang, ein superber Fang!

Amalia *(mit fliegenden Haaren)* Die Toten, schreien sie, seien erstanden auf seine Stimme – mein Oheim lebendig – in diesem Wald – wo ist er? Karl! Oheim! – Ha! *(Stürzt auf den Alten zu)*

Der alte Moor Amalia! Meine Tochter! Amalia! *(Hält sie in seinen Armen gepresst.)*

Räuber Moor *(zurückspringend)* Wer bringt dies Bild vor meine Augen?

Amalia *(entspringt dem Alten und springt auf den Räuber zu und umschlingt ihn entzückt)* Ich hab ihn, o ihr Sterne! Ich hab ihn! –

Erzfeind Teufel

Räuber Moor *(sich losreißend, zu den Räubern)* Brecht auf, ihr! Der Erzfeind hat mich verraten!

Amalia Bräutigam, Bräutigam, du rasest! Ha! Vor Entzückung! Warum bin ich auch so fühllos, mitten im Wonnewirbel so kalt?

Der alte Moor *(sich aufraffend)* Bräutigam? Tochter! Tochter! Ein Bräutigam?

Amalia Ewig sein! Ewig, ewig, ewig mein! – Oh ihr Mächte des Himmels! Entlastet mich dieser tödlichen Wollust, dass ich nicht unter der Bürde vergehe!

Räuber Moor Reißt sie von meinem Halse! Tötet sie! Tötet ihn! mich! euch! alles! Die ganze Welt geh' zugrunde! *(Er will davon.)*

Amalia Wohin? Was? Liebe Ewigkeit! Wonn Unendlichkeit, und du fliehst?

Räuber Moor Weg, weg! – Unglückseligste der Bräute! – Schau selbst, frage selbst, höre! – Unglückseligster der Väter! Lass mich immer ewig davonrennen!

Amalia Haltet mich! Um Gottes willen, haltet mich! – Es wird mir so Nacht vor den Augen – Er flieht!

Räuber Moor Zu spät! Vergebens! Dein Fluch, Vater – frage mich nichts mehr! – ich bin, ich habe – dein Fluch – dein vermeinter Fluch! – Wer hat mich hergelockt? *(Mit gezogenem Degen auf die Räuber losgehend)* Wer von euch hat mich hiehergelockt, ihr Kreaturen des Abgrunds? – So vergeh dann, Amalia! – Stirb Vater! Stirb durch mich zum dritten Mal! – Diese deine Retter sind Räuber und Mörder! Dein Karl ist ihr Hauptmann. *(Der alte Moor gibt seinen Geist auf. Amalia steht stumm und starr wie eine Bildsäule. Die ganze Bande in fürchterlicher Pause)*

Räuber Moor *(wider eine Eiche rennend)* Die Seelen derer, die ich erdrosselte im Taumel der Liebe – derer, die ich zerschmetterte im heiligen Schlaf, derer – hahaha! hört ihr den Pulverturm knallen über der Kreißenden Stühlen? Seht ihr die Flammen schlagen an den Wiegen der Säuglinge? das ist Brautfackel, das ist Hochzeitmusik – oh, er vergisst nicht, er weiß zu knüpfen – darum von mir

vermeinter **vermeintlicher**

die Wonne der Liebe! darum mir zur Folter die Liebe! Das ist Vergeltung!

Amalia Es ist wahr! Herrscher im Himmel! Es ist wahr. – Was hab ich getan, ich unschuldiges Lamm? Ich hab diesen geliebt!

Räuber Moor Das ist mehr, als ein Mann erduldet. Hab ich doch den Tod aus mehr denn tausend Röhren auf mich zupfeifen gehört, und bin ihm keinen Fuß breit gewichen, woll ich itzt erst lernen beben wie ein Weib? beben vor einem Weib? – Nein, ein Weib erschüttert meine Mannheit nicht – Blut, Blut! Es ist nur ein Anstoß vom Weibe – Blut muss ich saufen, es wird vorübergehen. *(Er will davonfliehn.)*

Amalia *(fällt ihm in die Arme)* Mörder! Teufel! Ich kann dich Engel nicht lassen.

Räuber Moor *(schleudert sie von sich)* Fort, falsche Schlange, du willst einen Rasenden höhnen, aber ich poche dem Tyrannen Verhängnis – was, du weinest? Oh ihr losen boshaften Gestirne! Sie tut, als ob sie weine, als ob um mich eine Seele weine! *(Amalia fällt ihm um den Hals.)* Ha was ist das? Sie speit mich nicht an, stößt mich nicht von sich – Amalia! Hast du vergessen? weißt du auch, wen du umarmest, Amalia?

ich poche dem Tyrannen Verhängnis **ich fordere das Verhängnis, diesen Tyrannen, heraus**

Amalia Einziger, Unzertrennlicher!

Räuber Moor *(aufblühend, in ekstatischer Wonne)* Sie vergibt mir, sie liebt mich! Rein bin ich wie der Äther des Himmels, sie liebt mich. – Weinenden Dank dir, Erbarmer im Himmel! *(Er fällt auf die Knie und weinet heftig.)* Der Friede meiner Seele ist wiedergekommen, die Qual hat ausgetobt, die Hölle ist nicht mehr – Sieh, o sieh, die Kinder des Lichts weinen am Hals der weinenden Teufel – *(Aufstehend zu den Räubern)* So weinet doch auch! weinet, weinet, ihr seid ja so glücklich – O Amalia!

Amalia! Amalia! *(Er hängt an ihrem Mund, sie bleiben in stummer Umarmung.)*

Ein Räuber *(grimmig hervortretend)* Halt ein, Verräter! – Gleich lass diesen Arm fahren – oder ich will dir ein Wort sagen, dass dir die Ohren gellen, und deine Zähne vor Entsetzen klappern! *(Streckt das Schwert zwischen beide)*

Ein alter Räuber Denk an die böhmischen Wälder! Hörst du? zagst du? – an die böhmischen Wälder sollst du denken! Treuloser, wo sind deine Schwüre? Vergisst man Wunden so bald? da wir Glück, Ehre und Leben in die Schanze schlugen für dich? Da wir standen wie Mauren, auffingen wie Schilder die Hiebe, die deinem Leben galten, – hubst du da nicht deine Hand zum eisernen Eid auf, schwurest, *uns nie zu verlassen*, wie wir dich nicht verlassen haben? – Ehrloser! Treuvergessener! Und du willst abfallen, wenn eine Metze greint?

in die Schanze schlugen **riskierten**

Ein dritter Räuber Pfui, über den Meineid! Der Geist des geopferten *Rollers*, den du zum Zeugen aus dem Totenreich zwangest, wird erröten über deine Feigheit, und gewaffnet aus seinem Grabe steigen, dich zu züchtigen.

Die Räuber *(durcheinander, reißen ihre Kleider auf)* Schau her, schau! Kennst du diese Narben? du bist unser! Mit unserem Herzblut haben wir dich zum Leibeigenen angekauft, unser bist du, und wenn der Erzengel Michael mit dem Moloch ins Handgemeng kommen sollte! – Marsch mit uns, *Opfer um Opfer! Amalia für die Bande!*

Räuber Moor *(lässt ihre Hand fahren)* Es ist aus! – Ich wollte umkehren und zu meinem Vater gehn, aber der im Himmel sprach, es soll nicht sein. *(Kalt)* Blöder Tor ich, warum wollt ich es auch? Kann denn ein großer Sünder noch umkehren? Ein großer Sünder kann nimmermehr umkehren, das hätt ich längst wissen können – Sei ruhig, ich bitte dich, sei ruhig! So ist's ja auch recht – Ich habe nicht gewollt, da er mich suchte, itzt, da ich ihn suche, will *er* nicht, was ist billiger? – Rolle doch deine Augen nicht so – er bedarf ja meiner nicht. Hat er nicht Geschöpfe die Fülle? Einen kann er so leicht missen, und dieser eine bin nun ich. – Kommt, Kameraden!

billiger angemessener, gerechter

Amalia *(reißt ihn zurück)* Halt, halt! Einen Stoß! Einen Todesstoß! Neu verlassen! Zeuch dein Schwert, und erbarme dich!

Zeuch Zücke

Räuber Moor Das Erbarmen ist zu den Bären geflohen – ich töte dich nicht!

Amalia *(seine Knie umfassend)* Oh um Gottes willen, um aller Erbarmungen willen! Ich will ja nicht Liebe mehr, weiß ja wohl, dass droben unsere Sterne feindlich voneinander fliehen, – Tod ist meine Bitte nur. – Verlassen, verlassen! Nimm es ganz in seiner entsetzlichen Fülle, verlassen! Ich kann's nicht überdulden. Du siehst ja, das kann kein Weib überdulden. Tod ist meine Bitte nur! Sieh, meine Hand zittert! Ich habe das Herz nicht zu stoßen. Mir bangt vor der blitzenden Schneide – dir ist's ja so leicht, so leicht, bist ja Meister im Morden, zeuch dein Schwert, und ich bin glücklich!

überdulden ertragen

Räuber Moor Willst du allein glücklich sein? Fort, ich töte kein Weib!

Amalia Ha Würger! du kannst nur die Glücklichen töten, die Lebenssatten gehst du vorüber. *(Kriecht zu den Räubern)* So erbarmet euch meiner, ihr Schüler des Henkers! – Es ist ein so blutdürstiges Mitleid in euren Blicken, das dem Elenden Trost ist – euer Meister ist ein eitler feigherziger Prahler.

Räuber Moor Weib, was sagst du?
(Die Räuber wenden sich ab.)

Amalia Kein Freund? auch unter diesen nicht ein Freund?

(Sie steht auf.) Nun denn, so lehre mich Dido sterben! *(Sie will gehen, ein Räuber zielt.)*

Räuber Moor Halt! Wag es – Moors Geliebte soll nur durch Moor sterben! *(Er ermordet sie.)*

Die Räuber Hauptmann! Hauptmann! Was machst du? bist du wahnsinnig worden?

Räuber Moor *(auf den Leichnam mit starrem Blick)* Sie ist getroffen! Dies Zucken noch, und dann wird's vorbei sein – Nun, seht doch! Habt ihr noch was zu fordern? Ihr opfertet mir ein Leben auf, ein Leben, das schon nicht mehr euer war, ein Leben voll Abscheulichkeit und Schande – Ich hab euch einen Engel geschlachtet. Wie, seht doch recht her! Seid ihr nunmehr zufrieden?

Grimm Du hast deine Schuld mit Wucher bezahlt. Du hast getan, was kein Mann würde für seine Ehre tun. Komm jetzt weiter!

Räuber Moor Sagst du das? Nicht wahr, das Leben einer Heiligen um das Leben der Schelmen, es ist ungleicher Tausch? – O ich sage euch, wenn jeder unter euch aufs Blutgerüste ging', und sich ein Stück Fleisch nach dem andern mit glühender Zange abzwicken ließ', dass die Marter eilf Sommertäge dauerte, es wiege diese Tränen nicht auf. *(Mit bitterem Gelächter)* Die Narben, die böhmischen Wälder! Ja, ja! dies musste freilich bezahlt werden.

Schwarz Sei ruhig, Hauptmann! Komm mit uns, der Anblick ist nicht für dich. Führe uns weiter.

Räuber Moor Halt – noch ein Wort, eh wir weitergehn – Merket auf, ihr schadenfrohe Schergen meines barbarischen Winks – Ich höre von diesem *Nun* an auf, euer Hauptmann zu sein. Mit Scham und Grauen leg ich hier diesen blutigen Stab nieder, worunter zu freveln ihr euch berechtiget wähntet, und mit Werken der Finsternis dies

so lehre mich Dido sterben → Seite 255

Schergen Vollstrecker

Gehet hin zur Rechten und Linken vgl. 1. Mose 13,9

gemeine gemeinsame

Vorsicht Vorsehung, Schicksal

Dein … ist die Rache vgl. 5. Mose 32,35

Äquivalent Ausgleich

himmlische Licht zu besudeln – Gehet hin zur Rechten und Linken – Wir wollen ewig niemals gemeine Sache machen.

Räuber Ha Mutloser! Wo sind deine hochfliegende Plane? Sind's Seifenblasen gewesen, die beim Hauch eines Weibes zerplatzen?

Räuber Moor O über mich Narren, der ich wähnete die Welt durch Greuel zu verschönern, und die Gesetze durch Gesetzlosigkeit aufrecht zu halten. Ich nannte es Rache und Recht – Ich maßte mich an, o Vorsicht, die Scharten deines Schwerts auszuwetzen und deine Parteilichkeit gutzumachen – aber – O eitle Kinderei – da steh ich am Rand eines entsetzlichen Lebens, und erfahre nun mit Zähnklappern und Heulen, dass *zwei Menschen wie ich den ganzen Bau der sittlichen Welt zugrund richten würden*. Gnade – Gnade dem Knaben, der *Dir* vorgreifen wollte – *Dein* eigen allein ist die Rache. *Du* bedarfst nicht des Menschen Hand. Freilich steht's nun in meiner Macht nicht mehr, die Vergangenheit einzuholen – schon bleibt verdorben, was verdorben ist – was ich gestürzt habe, steht ewig niemals mehr auf – Aber noch blieb mir etwas übrig, womit ich die beleidigte Gesetze versöhnen, und die misshandelte Ordnung wiederum heilen kann. Sie bedarf eines Opfers – eines Opfers, das ihre unverletzbare Majestät vor der ganzen Menschheit entfaltet – dieses Opfer bin ich selbst. Ich selbst muss für sie des Todes sterben.

Räuber Nehmt ihm den Degen weg – Er will sich umbringen.

Räuber Moor Toren ihr! Zu ewiger Blindheit verdammt! Meinet ihr wohl gar: eine Todsünde werde das Äquivalent gegen Todsünden sein, meinet ihr, die Harmonie der Welt werde durch diesen gottlosen Misslaut gewinnen? *(Wirft ihnen seine Waffen verächtlich vor die Füße)* Er soll mich lebendig haben. Ich geh, mich selbst in die Hände der Justiz zu überliefern.

Räuber Legt ihn an Ketten! Er ist rasend worden.

Räuber Moor Nicht, als ob ich zweifelte, sie werde mich zeitig genug finden, wenn die obere Mächte es so wollen. Aber sie möchte mich im Schlaf überrumpeln, oder auf der Flucht ereilen, oder mit Zwang und Schwert umarmen; und dann wäre mir auch das einige Verdienst entwischt, dass ich mit Willen für sie gestorben bin. Was soll ich gleich einem Diebe ein Leben länger verheimlichen, das mir schon lang im Rat der himmlischen Wächter genommen ist?

Räuber Lasst ihn hinfahren! Es ist die Großmannsucht. Er will sein Leben an eitle Bewunderung setzen.

Räuber Moor Man könnte mich darum bewundern. *(Nach einigem Nachsinnen)* Ich erinnere mich, einen armen Schelm gesprochen zu haben, als ich herüberkam, der im Taglohn arbeitet und eilf lebendige Kinder hat – Man hat tausend Louisdore geboten, wer den großen Räuber lebendig liefert – dem Mann kann geholfen werden.
(Er geht ab.)

Schelm **hier: Kerl**

Materialien

M

Biografie

Lebenschronik

Schiller. Ölgemälde von Jakob Friedrich Weckherlin (um 1780)

1759 Johann Christoph Friedrich Schiller wird am 10. November in Marbach am Neckar als Sohn von Johann Kaspar Schiller (1723–1796) und Elisabeth Dorothea geb. Kodweiß (1732–1802) geboren. Zwischen 1757 und 1777 werden seine fünf Schwestern geboren.

1762–1766 Zahlreiche Ortswechsel der Familie wegen des Militärberufs (u. a. Leutnant, Hauptmann und Werbeoffizier) des Vaters.

1765 Elementarunterricht in der Dorfschule in Lorch, Schiller lernt dort u. a. die Grundlagen der lateinischen und griechischen Sprache.

1767 Eintritt in die Ludwigsburger Lateinschule.

1772 Schiller verfasst seine ersten, nicht mehr erhaltenen Trauerspielversuche: »Die Christen« und »Absalon«. Schulabschluss in Ludwigsburg.

Schillers Geburtshaus. Kreidezeichnung von Schillers Enkel Ludwig von Gleichen-Rußwurm (1859)

M

1773 Am 16. Januar tritt Schiller auf Befehl von Herzog Karl Eugen, seinem persönlichem Erzieher, in die Karlsschule ein, dort wird er für die militärische Laufbahn vorbereitet. Ursprünglich wollte er Theologie studieren. Schiller leidet massiv unter dem Kasernenleben der Herzoglichen Militärakademie.

1774 Schiller beginnt ein Jura-Studium, bricht es aber 1775 ab.

1775 Die Lektüre von Goethes »Die Leiden des jungen Werther« veranlassen Schiller zu dem nicht erhaltenen Dramenplan »Der Student von Nassau«.

1776 Beginn des Medizinstudiums auf der Karlsschule. Sein erstes gedrucktes Gedicht – »Der Abend« – erscheint im »Schwäbischen Magazin«.

1776 oder 1777 Beginn der Arbeit an dem Drama »Die Räuber«. Schiller unterbricht seine Arbeit für etwa zwei Jahre, weil er sich auf sein medizinisches Examen vorbereitet.

Innenhof der Herzoglichen Militärakademie in Stuttgart. Kupferstich nach einer Zeichnung von Karl Philipp Conz

1779 Schillers medizinische Dissertation »Philosophie der Physiologie« wird von den Gutachtern abgelehnt. Er beschäftigt sich intensiv mit der Niederschrift seines Dramas »Die Räuber« (1779/80: Hauptentstehungszeit).

1780 Schiller wird mit der Arbeit »Über den großen Zusammenhang der tierischen Natur des Menschen mit seiner geistigen« promoviert. Nach dem Examen wird er aus der Militärakademie entlassen und als Militärarzt zum Grenadierregiment Augé in Stuttgart beordert.

1781 »Die Räuber. Ein Schauspiel« erscheint im Selbstverlag.

1782 13. Januar: Uraufführung der »Räuber« in Mannheim; sie ist außerordentlich erfolgreich. Juni/Juli: Verhaftung wegen der unerlaubten Reise ins kurpfälzische Ausland. Arbeit an »Die Verschwörung des Fiesko zu Genua« und Konzeption der »Luise Millerin«. Schiller fasst den Entschluss, den »Don Karlos« zu schreiben. 22. September: Schiller flieht nach Mannheim. Aus Furcht vor Verhaftung wechselt er seine Aufenthaltsorte. 7. Dezember: Schiller ist für mehrere Monate Gast in Bauerbach (bei Meiningen) auf dem Gut der Freifrau Henriette von Wolzogen.

1783 März/April: »Bauerbacher Entwurf« des »Don Karlos«. 20. Juli: Uraufführung des »Fiesko« in Bonn. 24. Juli: Aufbruch nach Mannheim.

1783–1784 Von September bis August arbeitet Schiller als Theaterdichter in Mannheim. 13. April: Uraufführung von »Kabale und Liebe« in Frankfurt. 6. Juni: Erste Begegnung mit seiner späteren Frau Charlotte von Lengefeld. 26. Juni: Schiller hält als Mitglied der Kurfürstlichen Deutschen Gesellschaft in Mannheim seine

Antrittsrede »Die Schaubühne als eine moralische Anstalt betrachtet«. Wiederaufnahme der Arbeit am »Don Karlos«: Umschreibung in Blankverse.
27. Dezember: Ernennung zum Weimarischen Rat.

1785 Das erste Heft von Schillers Theaterzeitschrift »Rheinische Thalia« erscheint.

1786 Die Erzählung »Verbrecher aus Infamie« (später »Der Verbrecher aus verlorener Ehre«) erscheint im zweiten Heft der »Thalia«.

1787 29. August: Uraufführung des »Don Karlos« in Hamburg. Entschluss, das Werk von Immanuel Kant zu studieren. Mitarbeiter der Jenaer »Allgemeinen Literatur-Zeitung«.

1788 März: Schillers berühmtes Gedicht »Die Götter Griechenlands« erscheint. 7. September: Erste Begegnung mit Goethe. 15. Dezember: Schiller wird auf Vorschlag des Weimarer Hofs nach Jena auf den Lehrstuhl für Geschichte berufen, die Professur ist unbesoldet.

1789 April: Verleihung der Doktorwürde der philosophischen Fakultät zu Jena. 11. Mai: Übersiedlung von Weimar nach Jena. 26. Mai: Antrittsvorlesung: »Was heißt und zu welchem Ende studiert man Universalgeschichte?« August: Verlobung mit Charlotte von Lengefeld. November: Der Roman »Der Geisterseher« erscheint. Dezember: Beginn der Freundschaft mit Wilhelm von Humboldt.

1790 Schiller erhält den Hofratstitel. 22. Februar: Er heiratet Charlotte von Lengefeld. Der erste Teil der »Geschichte des Dreißigjährigen Kriegs« erscheint.

1791 Januar: Schiller erkrankt schwer. Februar: Beginn des Kant-Studiums. Er erhält eine dreijährige Pension über 1000 Taler jährlich, daher kann er sich seinen ästhetisch-philosophischen Studien widmen.

Schillers Braut Charlotte von Lengefeld.
Kupferstich nach einer Silberstiftzeichnung
von Charlotte Albertine Ernestine von Stein

1792 Die französische Nationalversammlung verleiht Schiller das französische Bürgerrecht. Abschluss der »Geschichte des Dreißigjährigen Kriegs«.

1793 Arbeit u. a. an den ästhetisch-philosophischen Abhandlungen »Über Anmut und Würde« und »Vom Erhabenen«. 14. September: Geburt des ersten Sohnes Karl Friedrich Ludwig.

1794 Vertrag mit dem Verleger Cotta über die Herausgabe der Zeitschrift »Horen«. Zur Mitarbeit werden u. a. Goethe, Humboldt, Herder, Fichte, Hölderlin und Friedrich und August Wilhelm Schlegel eingeladen. 20. Juli: Anbahnung der Freundschaft zwischen Schiller und Goethe nach einer Sitzung der Naturforschenden Gesellschaft in Jena. 23. August: Beginn des Briefwechsels zwischen beiden Dichtern.

1795 Januar: Die »Horen« erscheinen (monatlich ein Heft). Schiller schreibt nach sieben Jahren Unterbrechung wieder Gedichte, z. B. »Poesie des Lebens«, »Das Ideal und das Leben«, »Würde der Frauen« und die »Elegie«. Gemeinsame Arbeit mit Goethe an den »Xenien« als Reaktion auf zahlreiche Angriffe gegen die »Horen«.

1796 März: Entschluss, wieder als Dramatiker zu arbeiten. 23. März: Tod seiner Schwester Nanette. 11. Juli: Geburt des zweiten Sohnes Ernst Friedrich Wilhelm. 7. September: Tod des Vaters.

1797 Das »Balladenjahr«: Im Wettstreit mit Goethe entstehen: »Der Taucher«, »Der Handschuh«, »Der Ring des Polykrates«, »Die Kraniche des Ibykus«, »Ritter Toggenburg« und »Der Gang nach dem Eisenhammer«.

1798 12. Oktober: Uraufführung von »Wallensteins Lager« in Weimar.

1799 30. Januar: Uraufführung der »Piccolomini« und von »Wallensteins Tod« (1. und 2. Akt) in Weimar. 11. Oktober: Geburt der Tochter Karoline Henriette Luise. 3. Dezember: Umzug nach Weimar.

1800 14. Mai: Weimarer Erstaufführung des »Macbeth« in Schillers Bearbeitung. 14 Juni: Uraufführung der »Maria Stuart« in Weimar.

1801 11. September: Uraufführung der »Jungfrau von Orleans« in Leipzig. 28. November: Weimarer Erstaufführung von Lessings »Nathan der Weise« in Schillers Bearbeitung.

1802 29. April: Tod der Mutter. Schiller bezieht mit seiner Familie das neu erworbene Haus in Weimar an der Esplanade. Erhebung in den erblichen Adelsstand.

1803 19. März: Uraufführung der »Braut von Messina« in Weimar.

1804 17. März: Weimarer Uraufführung des »Wilhelm Tell«. Juli: Schwere Krankheitsanfälle. 25. Juli: Geburt der Tochter Emilie Henriette Luise. Plan, den »Demetrius«-Stoff zu bearbeiten, und erste Entwürfe.

1805 Februar: mehrere heftige Fieberanfälle. 1. Mai: letzter Theaterbesuch und letzte Begegnung mit Goethe. 9. Mai: Schiller stirbt. 11./12. Mai: Beisetzung auf dem alten Friedhof der St. Jakobskirche.

1827 Bestattung in der Fürstengruft zu Weimar.

Schillers Haus in Weimar, in dem er von 1802 bis 1805 lebte

Arbeitsanregungen

1. Informieren Sie sich über die historisch-politischen Ereignisse und die gesellschaftliche Entwicklung von der Mitte des 18. Jahrhunderts bis zum Jahr 1782. Welchen Einfluss hatten diese Ereignisse auf Schillers Arbeit an den »Räubern«?

2. Erarbeiten Sie in Partnerarbeit eine Power-Point-Präsentation zu Schillers Biografie. Stellen Sie die Bezüge zu »Die Räuber« deutlich heraus.

3. 1782: Schreiben Sie einen Text Ihrer Wahl zu diesem für Schiller ereignisreichen Jahr, z. B. einen Tagebucheintrag, eine Kriminalkurzgeschichte oder eine Zeitungsmeldung.

4. Stellen Sie eine kurze Goethe-Biografie zusammen und präsentieren Sie anschaulich, wie sich die Wege Schillers und Goethes literarisch und persönlich kreuzten.

5. Stellen Sie das Verhältnis zwischen Goethe und Schiller in einem Kurzvortrag dar.

6. In seinem Vortrag »Die Schaubühne als eine moralische Anstalt betrachtet« stellte Schiller die Frage nach der Wirkungsmacht des Theaters. Diskutieren Sie im Plenum diese Frage in Bezug auf die Gegenwart.

7. Diskutieren Sie im Plenum, ob bei der Interpretation der »Räuber« Schillers Biografie zwingend einbezogen werden muss.

Entstehung

Friedrich Schiller

Ankündigung der »Rheinischen Thalia« 1784

Ich schreibe als Weltbürger, der keinem Fürsten dient. Frühe verlor ich mein Vaterland, um es gegen die große Welt auszutauschen, die ich nur eben durch die Fernröhre kannte. Ein seltsamer Missverstand der Natur hat mich in meinem Geburtsort zum Dichter verurteilt. Neigung für Poesie beleidigte die Gesetze des Instituts, worin ich erzogen ward, und widersprach dem Plan seines Stifters. Acht Jahre rang mein Enthusiasmus mit der militärischen Regel; aber Leidenschaft für die Dichtkunst ist feurig und stark, wie die *erste* Liebe. Was sie ersticken sollte, fachte sie an. Verhältnissen zu entfliehen, die mir zur Folter waren, schweifte mein Herz in eine *Idealenwelt* aus – aber unbekannt mit der *wirklichen*, von welcher mich eiserne Stäbe schieden – unbekannt mit den *Menschen* – denn die vierhunderte, die mich umgaben, waren ein *einziges* Geschöpf, der getreue Abguss eines und eben dieses Modells, von welchem die plastische Natur sich feierlich lossagte – unbekannt mit den Neigungen freier, sich selbst überlassener Wesen, denn *hier* kam nur *eine* zur Reife, eine, die ich jetzo nicht nennen will; jede übrige Kraft des Willens erschlaffte, indem eine einzige sich konvulsivisch spannte; jede Eigenheit, jede Ausgelassenheit der tausendfach spielenden Natur ging in dem regelmäßigen Tempo der herrschenden Ordnung verloren – unbekannt mit dem schönen Geschlecht, die Tore dieses Instituts öffnen sich, wie man wissen wird, Frauenzimmern nur, ehe sie anfangen interes-

konvulsivisch **krampfhaft**

sant zu werden, und wenn sie aufgehört haben es zu sein – unbekannt mit Menschen und Menschenschicksal musste mein Pinsel notwendig die mittlere Linie zwischen Engel und Teufel verfehlen, musste er ein Ungeheuer hervorbringen, das zum Glück in der Welt nicht vorhanden war, dem ich nur darum Unsterblichkeit wünschen möchte, um das Beispiel einer Geburt zu verewigen, die der naturwidrige Beischlaf der *Subordination* und des *Genius* in die Welt setzte. – Ich meine die »Räuber«.

Dies Stück ist erschienen. Die ganze sittliche Welt hat den Verfasser als einen Beleidiger der Majestät vorgefodert. – Seine ganze Verantwortung sei das *Klima*, unter dem es geboren ward. Wenn von allen den unzähligen Klagschriften gegen die Räuber eine einzige *mich* trifft, so ist es diese, dass ich zwei Jahre vorher mich anmaßte, Menschen zu schildern, ehe mir noch einer begegnete.

vorgefodert **vor Gericht gefordert**

Die Räuber kosteten mir Familie und Vaterland – – In einer Epoche, wo noch der Ausspruch der Menge unser schwankendes Selbstgefühl lenken muss, wo das warme Blut eines Jünglings durch den freundlichen Sonnenblick des Beifalls munterer fließt, tausend einschmeichelnde Ahndungen künftiger Größe seine schwindelnde Seele umgeben und der göttliche Nachruhm in schöner Dämmerung vor ihm liegt – mitten im Genuss des ersten verführerischen Lobes, das ungehofft und unverdient aus entlegenen Provinzen mir entgegen kam, untersagte man mir in meinem Geburtsort bei Strafe der Festung – zu *schreiben*. Mein Entschluss ist bekannt – ich verschweige das Übrige, weil ich es in keinem Falle für anständig halte, gegen denjenigen mich zu stellen, der bis dahin mein Vater war […].

Schiller liest seinen Kameraden im Bopserwald bei Stuttgart aus den »Räubern« vor. Rötelzeichnung von Viktor Wilhelm Heideloff (1778)

Norbert Oellers

Die Anregung für »Die Räuber« 2005

Gewiss ist, dass die Wurzeln des Stücks ins Jahr 1775 zurückreichen. In diesem Jahr hatte Christian Friedrich Daniel Schubart seine Erzählung »Zur Geschichte des menschlichen Herzens« veröffentlicht, in der es heißt:

»Ein B....... Edelmann [...] hatte zween Söhne von sehr ungleichem Charakter.

Wilhelm, war fromm, wenigstens betete er, so oft man es haben wollte, war streng gegen sich selber, und gegen andere, wann sie nicht gut handelten, war der gehorsamste Sohn seines Vaters, der ämsigste Schüler seines Hofmeisters [...].

Carl hingegen war völlig das Gegentheil seines Bruders. Er war offen, ohne Verstellung, voll Feuer, luftig, zuweilen unfleißig, machte seinen Eltern und seinem Lehrer durch manchen jugendlichen Streich Verdruß [...].

Carl führt zunächst ein höchst lasterhaftes Leben, beschließt aber bald, auf den Pfad der Tugend zurückzukehren, und bittet in einem »zärtlichsten Brief« den Vater um Vergebung. Der Brief wird von Wilhelm abgefangen; dieser will, da er den Vater allein beerben will, die Aussöhnung verhindern; er schmiedet auch, um möglichst schnell in den Besitz des Erbes zu gelangen, ein Mordkomplott, dem der Vater nur dank dem beherzten Eingreifen Carls (der sich »anderthalb Stunden von dem Rittersize seines Vater« als Knecht verdungen hat) entgeht. Wilhelm muss dem Vater »aus den Augen«, aber Carl »wohnet noch bei seinem Vater, und ist die Freude seines Lebens, und die Wollust seiner künftigen Unterthanen.«

Diese Geschichte, die den »Räuber«-Plan angeregt hat, war Schiller entschieden zu harmlos. Er sah sich in Kriminalakten um, stieß in Cervantes' »Don Quixote« auf den edlen

Räuber Roque Guinart, ließ sich von seinem Lehrer Abel berichten, was sich mit dem sogenannten Sonnenwirt Friedrich Schwan aus dem württembergischen Ebersbach zugetragen hatte (aus gekränkter Ehre hatte er ein Räuberleben geführt und war 1760 hingerichtet worden), und trug, als er sein Stück ausarbeitete, Einzelheiten aus der von ihm gelesenen Dramenliteratur zusammen (aus Gerstenbergs »Ugolino«, Goethes »Götz«, Klingers »Die Zwillinge« und »Otto«, Leisewitz' »Julius von Tarent«, Shakespeares »Richard III.« und »Othello« u. a.). Wie sehr er vertraut war mit der Bibel und den Werken Klopstocks, wird an verschiedenen Stellen der »Räuber« deutlich. Und weiter: In dem Drama weht erkennbar der Geist Jean Jacques Rousseaus, dessen Gleichheits- und Freiheitsparolen, dessen leidenschaftliche Anklagen gegen Feudalismus und Sittenverfall der Herrschenden den Carlsschüler – vermutlich seit 1776 – ebenso begeisterten wie Plutarchs »Vitae parallelae«, die vergleichenden Lebensgeschichten berühmter Griechen und Römer, die dem jungen Dichter, der das Werk 1779 zum ersten Mal las, vor Augen führten, wie groß und erhaben Menschen einmal gewesen waren und vielleicht wieder werden könnten – wenigstens in der Dichtung.

Friedrich Schiller

Monument Moors des Räubers ____________ 1782

Vollendet!
Heil dir! Vollendet!
Majestätischer Sünder!
Deine furchtbare Rolle vollbracht.

Hoher Gefallener!
Deines Geschlechts Beginner und Ender!
Seltner Sohn ihrer schröklichsten Laune,
Erhabner *Verstoß* der Mutter Natur!

Durch wolkigte Nacht ein prächtiger Bliz!
Hui! hinter ihm schlagen die Pforten zusammen!
Geizig schlingt ihn der Rachen der Nacht!
Zuken die Völker
Unter seiner verderbenden Pracht!
Aber Heil dir! vollendet!
Majestätischer Sünder!
Deine furchtbare Rolle vollbracht!

Modre – verstieb
In der Wiege des offnen Himmels!
Fürchterlich jedem Sünder zur Schau,
Wo dem *Thron gegenüber*
Heißer Ruhmsucht *furchtbare Schranke* steigt!
Siehe! der Ewigkeit übergibt dich die Schande!
Zu den Sternen des Ruhms
Klimmst du auf den Schultern der Schande!
Einst wird unter dir auch die Schande zerstieben,
Und dich reicht – die Bewunderung.

Nassen Auges an deinem schauernden Grabe
Männer vorüber –
Freue dich der Thräne der Männer,
Des Gerichteten Geist!
Nassen Auges an deinem schauernden Grabe
Jüngst ein Mädchen vorüber,
Hörte die furchtbare Kunde
Deiner Thaten vom steinernen Herold,

Und das Mädchen – freue dich! freue dich!
Wischte die Thräne nicht ab.
Ferne stand ich – sah die Perle fallen,
Und ich rief ihr: Amalia!

Jünglinge! Jünglinge!
Mit des *Genies* gefährlichem Aetherstral
Lernt behutsamer spielen.
Störrig knirscht in den Zügel das Sonnenroß,
Wie's am Seile des Meisters
Erd und Himmel in sanfterem Schwunge wiegt,
Flammts am kindischen Zaume
Erd und Himmel in lodernden Brand!
Unterging in den Trümmern
Der muthwillige Phaethon.

Kind des himmlischen Genius,
Glüendes thatenlechzendes Herz!
Reizet dich das Mal meines Räubers?
War wie du glüenden thatenlechzenden Herzens,
War wie du des himmlischen Genius Kind.
Aber du lächelst und gehst –
Dein Blik durchfliegt den Raum der Weltgeschichte,
Moorn den Räuber findest du nicht –
Steh und lächle nicht Jüngling!
Seine Sünde lebt – lebt seine Schande,
Räuber Moor nur – ihr Name nicht.

Vom Verfasser der Räuber.

Sonntags den 13. Jänner 1782

wird

auf der hiesigen National-Bühne

aufgeführet

Die Räuber.

Ein Trauerspiel in sieben Handlungen; für die Mannheimer Nationalbühne vom Verfasser Herrn Schiller neu bearbeitet.

Personen.

Maximilian, regierender Graf von Moor	Herr Kirchhöfer.
Karl, } seine Söhne	Herr Boeck.
Franz, } seine Söhne	Herr Jfland.
Amalia, seine Nichte	Mad. Toscani.
Spiegelberg, } Libertiner, nachher Banditen.	Herr Pöschel.
Schweizer,	Herr Beil.
Grimm,	Herr Rennschüb.
Schufterle,	Herr Frank.
Roller,	Herr Toscani.
Razmann,	Herr Herter.
Kosinsky,	Herr Beck.
Herrmann, Bastard eines Edelmanns	Herr Meyer.
Eine Magistratsperson	Herr Gern.
Daniel, ein alter Diener	Herr Bakhaus.
Ein Bedienter	Herr Epp.
Räuber.	
Volk.	

Das Stück spielt in Deutschland im Jahre, als Kaiser Maximilian den ewigen Landfrieden für Deutschland stiftete.

Die bestimmten Eingangsgelder sind folgende:

In die vier ersten Bänke des Parterres zur linken Seite	45 kr.
In die übrige Bänke	24 kr.
In die Reserve-Loge im ersten Stock	1 fl.
In eben eine solche Loge des zweiten Stocks	40 kr.
In die verschlossene Gallerie des dritten Stocks	15 kr.
In die Seiten-Bänke allda	8 kr.

Wegen Länge des Stücks wird heute präcise 5 Uhr angefangen.

Theaterzettel der Uraufführung in Mannheim am 13. Januar 1782

Arbeitsanregungen

1. Führen Sie ein fiktives Interview mit Schiller zur Entstehung des Dramas »Die Räuber« für eine Zeitung (1800 Anschläge). Beziehen Sie sich dabei auf das hier abgedruckte Textmaterial (S. 189–195) und zitieren Sie daraus.

2. Analysieren Sie den Auszug aus der Ankündigung der »Rheinischen Thalia« (S. 189 f.) Berücksichtigen Sie dabei besonders den Begriff der »Idealenwelt«. Erstellen Sie im Anschluss im Plenum ein Cluster zu diesem Begriff: Wie könnte die »Idealwelt« heute aussehen?

3. Nehmen Sie in einem kurzen Statement Stellung (pro oder kontra) zu Schillers Vergleich zwischen der Leidenschaft für die Dichtkunst und der ersten Liebe.

4. Erstellen Sie eine Mindmap zu der Frage, warum Schiller von der Geschichte der beiden Brüder Wilhelm und Carl fasziniert war.

5. Das Gedicht »Monument Moors des Räubers« (S. 193–195) ist im Jahr der Uraufführung der »Räuber« entstanden. Fassen Sie den Inhalt mit eigenen Worten zusammen.

6. Versetzen Sie sich in die Rolle eines Literaturkritikers, dem dieses Gedicht vorgelegt wird. Verfassen Sie einen sachlichen Kommentar.

7. Vergleichen Sie Schillers »Monument Moors des Räubers« mit Goethes »Prometheus« (S. 204 f.) inhaltlich und formal. Stellen Sie Gemeinsamkeiten und Unterschiede in einer Tabelle dar.

M

Verstehen und Deuten

Sturm und Drang

Erika und Ernst von Borries

Sturm und Drang (1770–1785) – Die literarische Revolution ______ 1991

Reformen setzen die Einsicht in die Ursachen von Konflikten voraus, und Revolutionen bedürfen des Drucks der Straße, der Gewalt der Massen. Die territoriale Zersplitterung Deutschlands mit seinen so unterschiedlich regierten Einzelstaaten ließ zu keinem Zeitpunkt eine echte revolutionäre Situation entstehen. Jene Solidarität der Unterdrückten, wie sie im zentralistisch regierten Frankreich [...] entstand, konnte es in diesem Sammelsurium politischer Realitäten, die von relativer Liberalität bis zu schlimmem Despotismus reichten, nicht geben. So bildete sich in den Siebzigerjahren eine im Protest geeinte kleine Gruppe Intellektueller, die sich als »Stürmer und Dränger« wider die politische, moralische und poetische Determiniertheit fühlten, dann aber, unfähig zu politischer Handlung, ihre revolutionäre Kraft fast ausschließlich literarisch ausagierten. [...] Auch ließ ihre verstreute geistige Anhängerschaft keine politische Front entstehen. [...]

Ihre angestauten Energien setzten die jungen Rebellierenden im Kampf um privat-ideelle Freiheiten ein. Radikal lehnten sie (immer noch utopisch genug) alle Fremdbestimmung durch Moral, Konvention, elterliche Willkür oder gesellschaftliche Hierarchie ab und forderten die absolut freie Entfaltung all ihrer seelischen und körperlichen Kräfte.

Nicht Gegenbewegung zu Aufklärung und Empfindsamkeit ist der Sturm und Drang, sondern die radikale Konsequenz der Erkenntnisse und Erfahrungen jener Strömungen. Das unvergleichliche Individuum, durch kritischen Verstand und durch empfindsame Gefühlsfähigkeit ausgezeichnet, forderte nun in einem letzten Schritt Befreiung von jeglicher Fessel; Tugend und vernünftige Anpassung, Ruhe und Zufriedenheit empfanden die Stürmer und Dränger eher als Hindernis denn als Weg zur Glückseligkeit; ihr ganzes Ich, nur sich selbst gehorchend, wollten sie leben. [...]

Besonders intensiv glaubten sich die Stürmer und Dränger in ihren Leidenschaften zu erfahren, die Rousseau als Natur verkündet hatte; die bis zum Rausch gesteigerte Gefühlsintensität – mochte sie auch zerstörerisch wirken – erhoben sie zur Kraft und Waffe gegen die Macht reglementierender Traditionen. Ihr normsprengendes Lebensgefühl äußerten sie in ihrer Dichtung; vor allem in Lyrik und Drama konnte es sich beweisen, indem es Form, Sprache und Thematik revolutionierte. [...]

Jochen Schmidt

Shakespeare: Das englische Natur-Genie ____ 1985

Der Begriff Genie erhält im Sturm und Drang einen bedeutenden Stellenwert. Die Sturm-und-Drang-Autoren forderten in der Literatur die uneingeschränkte individuelle Freiheit ein. Diese wird vor allem von einem Genie beansprucht. Das Genie ignoriert die althergebrachten Regelpoetiken, denn es schafft aus der eigenen schöpferischen Kraft heraus neue Kunstwerke. Das Genie wird zum »Original«, weil es ursprünglich nur aus sich selbst heraus eine neue Welt erdichtet.

Sein Schaffen stellt so die unmittelbar sinnlich-individuellen Empfindungen dar. Als Vorbild für das dichterische Wirken eines Genies sahen die Sturm-und-Drang-Autoren vor allem den englischen Dichter William Shakespeare (1564–1616) und sein Werk an.

Die Geschichte der deutschen Beschäftigung mit Shakespeare im 18. Jahrhundert bildet einen Bestandteil der Geschichte des Genie-Denkens. Shakespeare ist das dramatische Paradigma genialen Dichtens […]. Die Paradigmatisierung bedingt eine Fixierung auf wenige, unermüdlich wiederholte Hauptgesichtspunkte. Denn nicht um Shakespeare und um differenzierte Shakespeare-Aneignung ging es so sehr als darum, die eigenen Tendenzen der Geniezeit durch ein großes Beispiel zu legitimieren. Der erste und beherrschende Gemeinplatz: Shakespeare ist Genie. […] Der zweite Hauptgesichtspunkt: Shakespeare ist große, schöpferische »Natur«. Ebenso kanonisch war von Anfang an die Entgegensetzung zu den Franzosen und ihrem Regelsystem: Zeichen des Paradigmenwechsels. Und im selben Maße, wie sich Geniebegriff und Naturbegriff bis zum Sturm und Drang irrationalistisch aufluden, wandelte sich das Bild Shakespeares. […]

Paradigma Muster

Gerstenberg (1766), Goethe (1771) und Herder (1773) stimmen, indem sie von Shakespeares »Genie« sprechen, in Deutschland den hymnischen Ton an, für den Young in seinen »Conjectures on Original Composition« ein Beispiel gegeben hatte. […] In seinen 1766 begonnenen »Briefen über Merkwürdigkeiten der Litteratur« übernimmt Gerstenberg den Hauptaspekt des Youngschen Genie-Verständnisses: den des »Originals«. »… wo Genie ist, da ist Erfindung, da ist Neuheit, da ist Original.«

Johann Wolfgang von Goethe

Zum Schäkespears Tag — 1771

Goethe schrieb »Zum Shäkespears Tag« anlässlich einer Shakespeare-Feier. Die Ausführungen in Form einer Rede stellen einen programmatischen und richtungsweisenden Text für die Sturm-und-Drang-Autoren dar.

[...] Wir ehren heute das Andencken des grössten Wandrers, und thun uns dadurch selbst eine Ehre an. Von Verdiensten die wir zu schätzen wissen, haben wir den Keim in uns.

Erwarten Sie nicht, das ich viel und ordentlich schreibe, Ruhe der Seele ist kein Festtagskleid; und noch zur Zeit habe ich wenig über Schäckespearen gedacht; geahndet, empfunden wenns hoch kam, ist das höchste wohin ich's habe bringen können. Die erste Seite die ich in ihm las, machte mich auf Zeitlebens ihm eigen, und wie ich mit dem ersten Stücke fertig war, stund ich wie ein blindgebohrner, dem eine Wunderhand das Gesicht in einem Augenblicke schenckt. Ich erkannte, ich fühlte auf's lebhaffteste meine Existenz um eine Unendlichkeit erweitert, alles war mir neu, unbekannt, und das ungewohnte Licht machte mir Augenschmerzen. Nach und nach lernt ich sehen, und, danck sey meinem erkenntlichen Genius, ich fühle noch immer lebhafft was ich gewonnen habe.

das Gesicht **das Vermögen zu sehen**

erkenntlichen **erkennenden**

Ich zweifelte keinen Augenblick dem regelmäsigen Theater zu entsagen. Es schien mir die Einheit des Orts so kerkermäsig ängstlich, die Einheiten der Handlung und der Zeit lästige Fesseln unsrer Einbildungskrafft. Ich sprang in die freye Lufft, und fühlte erst dass ich Hände und Füsse hatte. Und ietzo da ich sahe wieviel Unrecht mir die Herrn der Regeln in ihrem Loch angethan haben, wie viel freye Seelen noch drinne sich krümmen, so wäre mir mein Herz geborsten

M

Türne Türme
Raritäten Kasten → Seite 255

wenn ich ihnen nicht Fehde angekündigt hätte, und nicht täglich suchte ihre Türne zusammen zu schlagen. […]

Schäckespears Theater ist ein schöner Raritäten Kasten, in dem die Geschichte der Welt vor unsern Augen an dem unsichtbaaren Faden der Zeit vorbeywallt. Seine Plane, sind nach dem gemeinen Styl zu reden, keine Plane, aber seine Stücke drehen sich alle um den geheimen Punckt, den noch kein Philosoph gesehen und bestimmt hat: in dem das Eigenthümliche unsres Ich's, die prätendirte Freyheit unsres Wollens, mit dem nothwendigen Gang des Ganzen zusammenstösst. Unser verdorbner Geschmack aber, umnebelt dergestalt unsere Augen, dass wir fast eine neue Schöpfung nötig haben, uns aus dieser Finsternis zu entwickeln. […]

prätendirte beanspruchte

Und ich rufe Natur! Natur! nichts so Natur als Schäkespears Menschen.

Da hab ich sie alle überm Hals.

überm Hals gegen mich

Lasst mir Lufft dass ich reden kann!

Er wetteiferte mit dem Prometheus, bildete ihm Zug vor Zug seine Menschen nach, nur in *Colossalischer Grösse*; darinn liegts dass wir unsre Brüder verkennen; und dann belebte er sie alle mit dem Hauch *seines* Geistes, *er* redet aus allen, und man erkennt ihre Verwandtschafft.

Und was will sich unser Jahrhundert unter stehen von Natur zu urteilen. Wo sollten wir sie her kennen, die wir von Jugend auf, alles geschnürt und geziert an uns fühlen, und an andern sehen. Ich schäme mich offt vor Schäkespearen, denn es kommt manchmal vor, dass ich beym ersten Blick dencke, das hätt ich anders gemacht! Hinten drein erkenn ich dass ich ein armer Sünder binn, dass aus Schäkespearen die Natur weissagt, und dass meine Menschen Seifenblasen sind von Romanengrillen aufgetrieben.

Romanengrillen durch Romanlektüre verursachte absurde Ideen

Und nun zum Schluss, ob ich gleich noch nicht angefangen habe.

Das was edle Philosophen von der Welt gesagt haben, gilt auch von Schäkespearen, das was wir bös nennen, ist nur die andre Seite vom Guten, die so nothwendig zu seiner Existenz, und in das Ganze gehört, als Zona torrida brennen, und Lapland einfrieren muss, dass es einen gemäsigten Himmelsstrich gebe.

Zona torrida **heiße Zone**

Er führt uns durch die ganze Welt, aber wir verzärtelte unerfahrne Menschen schreien bey ieder fremden Heuschrecke die uns begegnet: Herr, er will uns fressen.

Auf, meine Herren! trompeten Sie mir alle edle Seelen, aus dem Elysium, des sogenanndten guten Geschmacks, wo sie schlaftruncken, in langweiliger Dämmerung halb sind, halb nicht sind, Leidenschafften im Herzen und kein Marck in den Knochen haben; und weil sie nicht müde genug zu ruhen, und doch zu faul sind um tähtig zu seyn, ihr Schatten Leben zwischen Myrten und Lorbeergebüschen verschlendern und vergähnen.

Shakespeare. Porträt von Martin Droeshout (1601–1650)

Johann Wolfgang von Goethe

Prometheus

1774

Bedecke deinen Himmel, Zeus,
Mit Wolkendunst!
Und übe, Knaben gleich,
Der Diesteln köpft,
An Eichen dich und Bergeshöhn!
Musst mir meine Erde
Doch lassen stehn,
Und meine Hütte,
Die du nicht gebaut,
Und meinen Herd,
Um dessen Glut
Du mich beneidest.

Ich kenne nichts Ärmer's
Unter der Sonn' als euch Götter.
Ihr nähret kümmerlich
Von Opfersteuern
Und Gebetshauch
Eure Majestät
Und darbtet, wären
Nicht Kinder und Bettler
Hoffnungsvolle Toren.

Da ich ein Kind war,
Nicht wusst', wo aus, wo ein,
Kehrte mein verirrtes Aug'
Zur Sonne, als wenn drüber wär'
Ein Ohr, zu hören meine Klage,
Ein Herz wie meins,
Sich des Bedrängten zu erbarmen.

Wer half mir wider
Der Titanen Übermut?
Wer rettete vom Tode mich,
Von Sklaverei?
Hast du's nicht alles selbst vollendet,
Heilig glühend Herz?
Und glühtest, jung und gut,
Betrogen, Rettungsdank
Dem Schlafenden dadroben?

Ich dich ehren? Wofür?
Hast du die Schmerzen gelindert
Je des Beladenen?
Hast du die Tränen gestillet
Je des Geängsteten?
Hat nicht mich zum Manne geschmiedet
Die allmächtige Zeit
Und das ewige Schicksal,
Meine Herrn und deine?

Wähntest du etwa,
Ich sollte das Leben hassen,
In Wüsten fliehn,
Weil nicht alle Knabenmorgen –
Blütenträume reiften?

Hier sitz' ich, forme Menschen
Nach meinem Bilde,
Ein Geschlecht, das mir gleich sei,
Zu leiden, weinen,
Genießen und zu freuen sich,
Und dein nicht zu achten,
Wie ich.

Goethe. Zeichnung von Melchior Kraus (1776)

Arbeitsanregungen

1. Stellen Sie die Merkmale des Sturm und Drang übersichtlich dar. Belegen Sie anhand von Textbeispielen, inwieweit es sich bei »Die Räuber« um ein Drama dieser Epoche handelt.

2. Nehmen Sie kritisch Stellung zu folgender Aussage von Borries': »Nicht Gegenbewegung zu Aufklärung und Empfindsamkeit ist der Sturm und Drang, sondern die radikale Konsequenz der Erkenntnisse und Erfahrungen jener Strömungen.« (S. 199)

3. Arbeiten Sie heraus, inwiefern sich Thesen aus Goethes Rede »Zum Schäkespears Tag« in den »Räubern« wiederfinden.

4. Tragen Sie Goethes Rede »Zum Schäkespears Tag« Ihren Mitschülerinnen und Mitschülern vor und lassen Sie Ihre Rede kritisch bewerten.

5. Erläutern Sie die Bedeutung des Genie-Gedankens in einem Kurzvortrag anhand verschiedener Textbeispiele aus dem Kontext des Sturm und Drang, z.B. Goethes Roman »Die Leiden des jungen Werthers«, seinen Hymnen »Wanderers Sturmlied«, »Mahomets Gesang« und »Ganymed« oder Johann Gottfried Herders Aufsatz »Shakespear«.

6. Vergleichen Sie Goethes Hymne »Prometheus« mit Franz Moors Monolog (S. 26, Z. 11 – S. 29, Z. 8) unter der Fragestellung, ob Franz auch Züge des Prometheus besitzt.

Räuberbanden im 18. Jahrhundert

Hans Sarkowicz

Die Gesellschaft der Außenseiter – Räuberbanden in Deutschland 1993

»Vor einer tiefen Waldschlucht machte man endlich Halt. Die Räuber saßen ab, und ihr Anführer hob den Goldarbeiter vom Pferd, indem er sich über den harten und eiligen Ritt entschuldigte und fragte, ob doch die ›gnädige Frau‹ nicht gar zu sehr angegriffen sei.

Felix antwortete ihm so zierlich als möglich, dass er sich nach Ruhe sehne, und der Hauptmann bot ihm den Arm, ihn in die Schlucht zu führen. [...]«

Dass die entführte Gräfin, die der Räuberhauptmann so zuvorkommend in die Schlucht begleitete, nur ein verkleideter Goldschmied war, sollte die um ihr Lösegeld geprellte Bande erst später merken. Wilhelm Hauff schildert diese Szene in seinem Märchen »Das Wirtshaus im Spessart«. Sie offenbart das ganze romantische Missverständnis des wirklichen Räuberlebens. Der Hauptmann ist ein kultivierter Herr aus wahrscheinlich besserem Haus, nur jetzt durch wen oder was auch immer ins Unglück geraten, während seine Bande auf einer archaischen Entwicklungsstufe stehengeblieben zu sein scheint. [...]

In der neueren Forschung wird allerdings davon gesprochen, dass die Räuber eine »Gegengesellschaft« bildeten. Dieser Begriff setzt aber ein politisches Bewusstsein bei den Räubern voraus; zumindest hätten die einzelnen Banden mit ihren Beutezügen einen sozialen Protest verbinden müssen. Dafür gibt es aber in der zeitgenössischen Literatur nur ganz wenige Belege. Die Beraubung eines wohlsituierten Bürgers allein war noch kein revolutionärer Akt, denn selbstverständlich war bei Reichen mehr zu holen als bei Armen. Selbst Räuber, die bis heute im Ruf stehen, als Anwälte der Entrechteten aufgetreten zu sein (z. B. Schinderhannes), erweisen sich bei genauerem Hinsehen als ebenso materialistisch wie ihre »Kollegen.« […]

Wenn man davon ausgeht, dass sich die großen Räuberbanden überwiegend aus den entrechteten oder in ihren Rechten eingeschränkten Bevölkerungsgruppen zusammensetzten, fällt es schon aus diesem Grund schwer, an einen deutschen Robin Hood zu glauben. Warum hätte ein Räuberchef Bauern oder Handwerker verschonen sollen, die ihn sozial missachteten und sich für bessere Menschen hielten? Wer konnte von dem Sohn eines Abdeckers (»Schinderhannes«), der gesellschaftlich ausgegrenzt leben musste, erwarten, dass er gerade seinen Unterdrückern half? Der edle Räuber ist eine Erfindung der Aufklärung; nur in der Literatur hat er existiert. […]

Die große Zeit der deutschen Räuberbanden (wenn man in diesem Zusammenhang überhaupt von einer »großen« Zeit sprechen darf) liegt eindeutig zwischen 1790 und 1815. Die Fixpunkte sind die Französische Revolution und der Wiener Kongress. […]

Die politischen Rahmenbedingungen begünstigten die Entstehung von grenzüberschreitenden Einheiten, die sich selbst keine feste Hierarchie gaben und dadurch äußerst flexibel handeln konnten. Fast ununterbrochen verwüsteten die Koalitionskriege gegen das revolutionäre und später napoleonische Frankreich ganze Landstriche. Einquartierungen und Abgaben wurden ohne Rücksicht auf die materiellen Verhältnisse der Bevölkerung verhängt. Gar mancher Bauer oder Handwerker kam so an den Bettelstab. Die Kluft zwischen Arm und Reich vertiefte sich. Trotz wiedergewonnener Freiheit nach dem Sieg über Napoleon sollte Deutschland für Jahrzehnte arm bleiben.

Moritatentafel zu dem deutschen Räuberhauptmann Johannes Bückler, genannt Schinderhannes (etwa 1783–1803)

Rüdiger Safranski

Die Welt der Räuber als ausgedachte Wirklichkeit

2004

Zweifellos ist eine solche [literarische] Räuberwelt eine romantisierte, eine andere also, als sie von der sozialen Wirklichkeit am Ende des 18. Jahrhunderts hervorgebracht wurde. Räuberbanden waren damals, insbesondere in Süddeutschland und Schwaben, eine wahre Landplage. Die amtlichen Gauner- und Vagantenlisten wiesen in den Achtzigerjahren allein für Süddeutschland eine Anzahl von etwa vierzigtausend solcher Individuen nach. Mehrere große, weitverzweigte und gefürchtete Banden trieben ihr Unwesen, wir nennen es heute: organisierte Kriminalität. Ganze Dörfer wurden in verwegenen Handstreichen überwältigt, Schutzgelderpressungen, Einbrüche, Überfälle, auch Auftragsmorde wurden begangen, Schmuggel im großen Stil betrieben. Zwischen den harten Kern der Räuber und die Welt der Normalität schob sich eine beträchtliche Zwischenwelt aus Mitwissern, sporadischen Komplizen, kleinen Gaunern, Landstreichern und anderen fahrenden Leuten, die sogenannten »Jauner«. Diese Räuber- und »Jauner«-Welt rekrutierte sich aus landlosen Bauern, arbeitslosen Knechten, stellungslosen Magistern, verwahrlosten Studenten, wandernden Handwerksgesellen und ehemaligen Soldaten. Es gab berühmte und berüchtigte Bandenführer, Hannikel im Schwarzwald, Stülpner im Erzgebirge, Schinderhannes in der Pfalz und den Sonnenwirt in Schwaben. Über den erfuhr Schiller genaue Einzelheiten von seinem Lehrer Abel, dessen Vater als Amtmann den Sonnenwirt verhaftet, verhört und die Akten geführt hatte bis zur Hinrichtung des Verbrechers. Über diesen berüchtigten Mann wird Schiller später die Erzählung »Der Verbrecher aus verlorener Ehre« schreiben, und einige der Untaten, von de-

Vaganten Nichtsesshafte

sporadischen gelegentlichen

rekrutierte sich bildete sich

nen in Schillers Erzählung die Rede ist, gehen auf wirkliche Vorkommnisse zurück oder wenigstens auf Gerüchte, die man sich an der Karlsschule mit wohligem Schaudern erzählte.

Schiller wusste zu unterscheiden zwischen dem romantisierten Bild der Räuber und ihrer sozialen Wirklichkeit. Karl Moor warnt Kosinsky, der in die Bande aufgenommen werden möchte: »Hat dir dein Hofmeister die Geschichte des Robins in die Hände gespielt [...], die deine kindische Fantasie erhitzte, und dich mit der tollen Sucht zum großen Mann ansteckte?« [...] Aber Schiller war doch auch fasziniert vom Phänomen des Räubertums. In der Selbstrezension des Stückes reflektiert er darüber: »Ich weiß nicht, wie ich es erklären soll, dass wir umso wärmer sympathisieren, je weniger wir Gehilfen darin haben; dass wir dem, den die Welt ausstößt, unsere Tränen in die Wüste nachtragen; dass wir lieber mit Crusoe auf der menschenverlassenen Insel uns einnisten, als im drängenden Gewühle der Welt mitschwimmen. Dies wenigstens ist es, was uns in vorliegendem Stück an die so äußerst unmoralische Jaunerhorden festbindet.« [...] Schiller weiß also, dass er die »Räuber« gewählt hat auch aus einem Gefühl der Platzangst in der geschlossenen Gesellschaft der braven Leute.

Christian Rochlitz

Die Klassifizierung der Räuber — 1846

Zur Mordbrennerei sind die verworfensten Subjekte der vorerwähnten Gaunerklassen so fähig als bereit. Dörfer [...], Mühlen [...], Gasthöfe und Schenken [...] sind gewöhnlich die Orte, wo solche Verbrechen begangen werden. Serfer schreiten jedoch nur dann erst zur Tat, wenn ihnen durch ausgeschickte Baldower die Nachricht zugegangen ist, dass nur durch Brandlegung Gewinn durch Diebstahl zu erzielen steht, und zwar vorzüglich zur Nachtzeit, wo alles im tiefsten Schlaf liegt, und wo alsdann die durch den entstehenden Feuerlärm [...] hervorgerufene Bestürzung und Besinnungslosigkeit unter den aufgeschreckten Bewohnern um desto größer zu sein pflegt. Zu dem Ende führen sie daher die erforderlichen Materialien, als Pech, Schwefel, Werg, Stein und Schwamm, oder ein chemisches Feuerzeug und die sogenannte Diebeslunte (Funkschnur), eine oben gespaltene Stange, in welcher brennender Schwefel eingeklemmt wird und mit welcher man den Brennstoff [...] unter die Strohdächer stecken und halten, auch das durch die Öffnungen der Gebäude zu erreichende Stroh etc. anzünden kann, bei sich. Steht das Gebäude in Flammen, dann zerstreuen sich die Unholde in die verschiedenen Teile desselben oder in die angrenzenden Häuser, erregen bei den bestürzten Bewohnern durch ihre scheinbare Bereitwilligkeit zum Retten Teilnahme, und benutzen die entstandene Verwirrung, auf die es bei der Anlegung des ganzen Plans ankam, zur unbemerkten Fortbringung des Gestohlenen.

Serfer Mordbrenner

Werg Flachs, Hanf

Wählen die Serfer Dörfer zum Schauplatz ihrer verruchten Taten, so werden sie zuvor bemüht gewesen sein, die Türschlösser der Spritzenhäuser so zu verderben, dass sie nicht sogleich geöffnet werden können.

M

Blutgericht über den Hölzerlips und seine Gesellen auf dem Heidelberger Marktplatz, 1812. Radierung von Friedrich Rottmann (1768–1816)

Arbeitsanregungen

1. Schiller hat ein Phänomen seiner Zeit, die Räuberbanden, literarisch aufgegriffen. Diskutieren Sie, was die Räuber für ihn so interessant machte.

2. Lesen Sie Wilhelm Hauffs Märchen »Das Wirtshaus im Spessart« und vergleichen Sie die dort auftretenden Räuber mit denen in Schillers Drama.

3. Recherchieren Sie in Gruppen Texte und Filme, in denen Räuber im Mittelpunkt stehen, und ordnen sie Ihre Ergebnisse auf einer Zeitleiste an. Stellen Sie die gefundenen Werke mit kurzen Inhaltsangaben im Plenum vor.

4. Wie wirkt die Beschreibung der Mordbrennerei in dem Text von Christian Rochlitz (S. 213) auf Sie? Belegen Sie zudem daraus mit Zitaten Analogien zu Schillers »Räubern«.

5. Nehmen Sie kritisch Stellung zum romantisierten Bild der Räuberwelt, wie es Sarkowicz und Safranski ansprechen.

6. Schreiben Sie einen Dialog zwischen drei Räuberfiguren aus dem 18. Jahrhundert: Die drei Männer sollen darüber reden, wieso sie Räuber geworden sind. Stellen Sie diesen Dialog auch szenisch dar.

7. Vergleichen Sie Schillers »Räuber« entweder mit Heinrich von Kleists Novelle »Michael Kohlhaas« oder mit Schillers Erzählung »Verbrecher aus Infamie«. Schreiben Sie jeweils zu einem Vergleich eine Facharbeit oder halten Sie darüber ein Referat.

M

Literaturwissenschaftliche Deutungsangebote

Helmut Koopmann

Friedrich Schiller: Die Räuber — 1966

Als »Menschenmaler« fühlte er sich, der eine »Kopie der wirklichen Welt« liefern wollte. Dichtung als Gemälde, Konterfei, Kopie, der Dichter als Maler – das sind der Zeit freilich durchaus geläufige Vorstellungen, die in jeglicher Dramaturgie auftauchen und die auch Schiller noch 1784 in seinen Schriften über die Schaubühne verwendet. Hier zeigen sie aber nicht nur, wie sehr schon der Dichter der »Räuber« mit den poetischen Lehren der Zeit vertraut ist – sie scheinen zugleich auch auf eine verborgene Schwäche des Stücks, nämlich auf die Mängel der dramatischen Handlung aufmerksam zu machen. Schiller konstruiert zwar eine dramatische Handlung, in deren Zentrum eine recht handfeste Intrige gelegt ist; aber die »Räuber« lehnen sich in der dramatischen Konzeption noch viel zu eng an das Vorbild der Schubartschen Erzählung an, als dass ein wohldurchdachtes und gut durchkomponiertes Schauspiel daraus hätte werden können. Schiller mag um die dramatischen Mängel vielleicht sogar sehr gut gewusst haben, als er, nicht ungeschickt, das Drama eine »dramatische Geschichte« nannte, die sich die Vorteile der »dramatischen Methode« zu eigen mache, ohne in ihre Schranken eingezwängt zu sein.

Die Abhängigkeit von Schubarts Erzählung zeigt sich vor allem darin, dass das Schillersche Drama eine Doppeltragödie ist. Das Stück kennt zwei Helden, deren Schicksale aber nur lose aufeinander bezogen sind und die im Grunde aus sich selbst heraus scheitern. Die Handlungsstränge laufen denn auch über weite Strecken hin fast unverbunden nebeneinander her; Franz endet nicht durch das Eingreifen Karls, sondern wird von seinem schlechten Gewissen in den Tod gejagt; Karl scheitert an der grausamen Eigengesetzlichkeit der Räuberbande, die er selbst geschaffen hat und aus der er sich nur durch Mord und Selbstaufgabe befreien kann. Schiller hat erst in der Schauspielfassung Franz und Karl am Schluss noch einmal gegenübergestellt, um die beiden Handlungen wenigstens nachträglich miteinander zu verknüpfen. Aber auch das war nur ein künstlicher Versuch, Dinge miteinander zu verbinden, die eigentlich nichts miteinander zu tun hatten, und besser ist das Drama dadurch sicherlich auch nicht geworden. Neben dem Drama der enttäuschten Kindesliebe läuft das des prämeditierten Vatermordes ab; die dritte Möglichkeit, ein Drama des Bruderhasses und Bruderzwistes, das die beiden erstgenannten Handlungsstränge wirkungsvoll hätte verbinden können, bleibt, von der Exposition her abgesehen, unausgeführt. Eine letzte Möglichkeit, der Kampf um eine gemeinsame Braut, wird ebenfalls nicht recht genutzt; Amalia gehört nach Karls Verschwinden gewissermaßen nur zum Erbe, in dessen Besitz Franz sich zu setzen trachtet. Amalias Rolle ist denn auch eine vergleichsweise passive, die vor allem die Situation beleuchtet, in die alles durch Franzens Intrige geraten ist. Um so schärfer musste das Schwarz-Weiß der Hauptgestalten und ihrer Schicksale auffallen.

prämeditierten **vorüberlegten**

Erika und Ernst von Borries

Friedrich Schiller: Die Räuber. Ein Schauspiel — 1991

Im Gegensatz zum typischen Sturm-und-Drang-Drama, das Originale, Individuen auf die Bühne stellen wollte, sind Schillers Helden Träger abstrakter Ideen. Um die Auseinandersetzung zwischen menschlicher Willkür und göttlicher Ordnung, zwischen einer von Eigensucht und Gesetzlosigkeit regierten Welt und dem von Liebe und Erbarmen bestimmten Gesellschaftsideal geht es in den »Räubern«. Als Gewissenskonflikt haben die beiden Brüder diesen Widerstreit in sich auszutragen.

Die Realität des Dramas zeigt eine gestörte, disharmonische Welt. Die Familien- und Vaterordnung, die der alte Moor vertritt, hat sich als schwach und brüchig erwiesen, ließ sie sich doch durch Franz' Intrigen in ihren Grundfesten – Vertrauen und Liebe – mühelos erschüttern (»strafbar«, »verdammlich«, »grausam« nennt Franz des Vaters zärtliche Liebe zum Bruder). Die empfindsame Hochaufklärung hatte die patriarchalisch strukturierte Familie zum Ideal des gesellschaftlichen Zusammenlebens stilisiert, daher kann Karl, als dieses Ideal für ihn zusammengebrochen ist, seine »Privaterbitterung gegen den unzärtlichen Vater [...] in einen Universalhass gegen das ganze Menschengeschlecht [auswüten]« (Selbstbesprechung im »Wirtembergischen Repertorium«).

Rüdiger Safranski

Schillers »Räuber« – eine grandiose Kopfgeburt

2004

Tatsächlich, die Menschen, wie sie üblicherweise und im Durchschnitt sind, werden »überhüpft«, um ein Experiment mit Extremen anstellen zu können. Das Stück ist eine solche Experimentalanordnung für extreme Charaktere, die monströs einseitig aber folgerichtig das Prinzip ihrer Existenz zur Entfaltung bringen bis hin zur Katastrophe und insofern tatsächlich »übereinstimmend mit sich selbst bleiben«.

Karl Moor ist eine »verirrte große Seele – ausgerüstet mit allen Gaben zum Fürtrefflichen, und mit allen Gaben verloren« [...] und Franz Moor ist der räsonierende Bösewicht, der seinen »Verstand auf Unkosten seines Herzens« [...] verfeinert.

Der Räuber Karl ist Idealist, insofern er mit dem Enthusiasmus seines Herzens an eine gute, väterliche Weltordnung glaubt, und es bedarf nur einer einzigen narzisstischen Kränkung, um in ihm die Raserei einer Rache an der zerrütteten Weltordnung zu wecken.

Franz ist Materialist, die Natur hat ihn schlecht behandelt, warum sollte er an ihre Güte glauben? Er fühlt sich in ein kaltes Universum geworfen, also wird er mit kaltem Verstand allein seinem Interesse folgen, das auf Herrschaft gerichtet ist: »Ich will alles um mich her ausrotten, was mich einschränkt dass ich nicht Herr bin.«

Der eine rächt sich an einer Welt, von der er zu viel erwartet hat; der andere wütet in einer Welt, von der er nichts hält, und die ihn deshalb zu nichts verpflichtet. Zwei Extremisten: des entfesselten Idealismus der eine, des hemmungslosen Materialismus der andere. So sind die »Räuber« die grandiose Kopfgeburt eines Mediziners, der mit philosophischen Ideen literarisch experimentiert. Die »Räuber« sind aber auch ein Stück, mit dem der Autor sich und den anderen beweisen will, dass er beides vermag: Ideen in eine literarische Gestalt zu bannen und ein Publikum damit zu bezwingen.

Unter vier Aspekten also, dem medizinischen, philosophischen, literarischen und wirkungsästhetischen, lässt sich das dramatische Debüt Schillers erläutern.

Den Mediziner merkt man an der körpernahen, oft drastischen Metaphorik und an einem Naturalismus, der sich am Seziertisch der Anatomie gebildet hat. In der dritten Szene des ersten Aktes versucht Franz seinen Bruder Karl bei Amalia in Misskredit zu bringen. Er deutet an, Karl könne bei seinem Lotterleben sich gewiss auch eine Geschlechtskrankheit zugezogen haben und dann malt er ihr das Schreckbild eines zerfallenden Körpers aus [...].

Was die philosophischen Ideen betrifft, die Schiller in die Experimentalanordnung seines Stückes einführt, so ist es die Philosophie der All-Liebe, die Vision von der »großen Kette der Wesen« also, die auf den Prüfstand kommt. [...] Die Zufälle der Natur haben ihn [Franz] benachteiligt: Er ist als Zweiter aus dem »Mutterleib gekrochen«, ein Schicksal, das ihn vom Erbe ausgeschlossen hat. Die Natur hat ihm die »Bürde von Hässlichkeit« aufgeladen: »Warum gerade mir die Lappländernase? Gerade mir dieses Mohrenmaul? Diese Hottentottenaugen?« [...] Es kann diese Natur, die ihn so benachteiligt hat, keine gerechte sein. Hier spielt eine »Lotterie des Lebens«, wenn die Natur nicht geradezu bösartig ist, so ist sie doch auf skandalöse Weise gleichgültig gegenüber den Wesen, die sie ins Leben zicht und wieder in den »Morast« zurückwirft, aus dem sie stammen. Eine solche Natur kann einem nicht am Herzen liegen, die große Kette der Wesen in Liebe verbunden – welch eine Lüge und Zumutung!

Walter Muschg

»Die Räuber« als Bekenntniswerk 1948

In den »Räubern«, die eine Horde von Mordbrennern als Rächer der beleidigten Menschenwürde auf die Bühne bringen, zielt der revolutionäre Aufruhr noch weit über das Politische hinaus. Er spielt zwischen Himmel und Hölle, zwischen dem absolut Guten und dem absolut Bösen. In diesem sektiererischen Bekenntniswerk erwacht erstaunlich – und bisher nicht genügend erklärt – das chiliastische Ketzertum der politischen Schwärmer, die in Deutschland schon immer ihr Wesen trieben. Es steht in der Tradition der messianischen Verheißungen und kann nur in diesem Zusammenhang ganz gewürdigt werden. Der edle Karl Moor kämpft um das Reich Gottes auf Erden, seitdem ihn beim Lesen seines Plutarch die Sehnsucht nach Größe, der Ekel vor dem »tintenklecksenden Säkulum« gepackt hat. Er fühlt sich zum Statthalter der geschändeten göttlichen Gerechtigkeit auf Erden berufen, die er als Racheengel mit Gewalt wieder herstellen will. Aber er besudelt seinen Traum und vergreift sich in den Mitteln wie alle Propheten des heiligen Krieges. In der Szene an der Donau wird ihm beim Anblick der siegreich untergehenden Sonne sein tiefer Fall klar, und er erkennt, dass er als Einziger aus dem Frieden der Schöpfung verstoßen ist. Nun bricht das Gottesgericht über ihn herein, das sein satanischer Bruder im Angsttraum vorauserlebt. Diese Ausgeburt der Finsternis fährt in die Hölle, der in Schuld verstrickte Weltverbesserer aber überliefert sich dem irdischen Gericht, um der göttlichen Gnade nicht verlustig zu gehen.

sektiererischen von der herrschenden Religion abweichenden

das chiliastische Ketzertum → Seite 255

M

Arbeitsanregungen

1. Nehmen Sie Stellung zu Helmut Koopmanns These, dass Schillers Schauspiel »Mängel [innerhalb] der dramatischen Handlung« aufweist. Belegen Sie Ihre Argumente anhand des Dramentextes.

2. Schreiben Sie einen Essay mit dem Titel »›Die Räuber‹ als Doppeltragödie«. Belegen Sie Ihre Argumente mit Zitaten aus Schillers Drama und Koopmanns Text.

3. Verfassen Sie eine Facharbeit mit dem Thema »Familiendesaster in Schillers ›Räubern‹«.

4. Arbeiten Sie den Stellenwert von »Willkür«, »göttlicher Ordnung«, »Eigensucht«, »Gesetzlosigkeit«, »Liebe« und »Erbarmen« in Schillers »Räubern« heraus.

5. Laut Safranski lassen sich die »Räuber« unter vier Aspekten interpretieren: dem medizinischen, dem philosophischen, dem literarischen und dem wirkungsästhetischen. Belegen Sie diese Aspekte anhand des Schauspiels.

6. Diskutieren Sie im Plenum Walter Muschgs Interpretationsansatz. Versuchen Sie Gegenargumente zu finden, die Sie mit Textstellen aus den »Räubern« belegen.

7. Schreiben Sie eine Interpretation zu Schillers »Räubern«, die mit dem Satz beginnt: »Schiller stellt in seinem Drama den Lebensweg von zwei verkommenen Söhnen vor.«

8. Erläutern Sie schriftlich die Rolle, die Amalia im Drama spielt.

Jürgen H. Petersen

Das Drama — 1989

Vom Drama aus gesehen […] ist Unmittelbarkeit sein primäres Gattungskennzeichen. Der Terminus bezeichnet die Tatsache, dass das Geschehen nicht – wie in der Epik – zurückliegt und dem Rezipienten erst (durch einen Erzähler) vergegenwärtigt wird, sondern sich überhaupt erst in dem Moment vollzieht, in dem es rezipiert wird. […] Die auftretenden Figuren werden z. B. in ihrer äußeren Erscheinung nicht beschrieben, sondern unmittelbar wahrgenommen, ihre Sprechart von keinem Medium charakterisiert oder kommentiert, sie wirkt vielmehr direkt auf den Hörer ein; dasselbe gilt für den äußeren Habitus, die Gestik, das Minenspiel; über das Innere der Figuren erhält der Dramenleser oder der Theaterbesucher – abgesehen davon, dass er wie im täglichen Leben von Gebärden, Mimik, Redeart und Handlungsweise auf innere Befindlichkeiten schließt – ganz direkt in einem *Monolog* (= Selbstgespräch) oder in einem *Dialog* (= Zwiegespräch) Auskunft. Eine Analyse, die einen dramatischen Text angemessen erschließen will, wird diesen gattungsspezifischen Merkmalen Rechnung tragen und ihren Frageansatz entsprechend wählen. […] Im Allgemeinen helfen dem Interpreten nämlich *Regiebemerkungen* weiter, Anweisungen und Auskünfte also, die der Autor seinem Stück, einzelnen Akten oder einzelnen Szenen vorausschickt oder beigibt. […]

Habitus
Erscheinung

Nach der »Poetik« des Aristoteles ist allerdings eine […] strenge Einheitlichkeit […] unabdingbar, und bis zur Mitte des 18. Jahrhunderts hat man vor allem in Frankreich und in Deutschland die von ihm hervorgehobenen Eigenschaften der griechischen Tragödie, welche Merkmale der Konzentration waren, zu generellen Normen erhoben, indem man von *drei Einheiten* (des Raumes, der Zeit und der Handlung) sprach, die auf jeden Fall einzuhalten seien. Für das Drama nach Lessing gilt diese Normierung jedoch nicht mehr, gleichwohl eignet dem Drama bis auf den heutigen Tag das Merkmal, gemessen am erzählerischen Text konzentriert und gerafft zu sein.

Einen Weg, diese Eigenschaft zu erkennen und beschreibbar zu machen, hat Volker Klotz in seinem Buch über »Geschlossene und offene Form im Drama« gewiesen, indem er [...] zwei gegensätzliche Grundtypen des Dramas unterscheidet [...]. Die *geschlossene Form*, definiert mit der Formel »Ausschnitt als Ganzes«, ist durch die Tendenz zur Konzentration auf wenige Figuren, die sich gegenüberstehen, geringe Raum- und Zeitverschiebungen, durch einen festen Schluss, durch eine Handlung, die auf dieses Ende hin und beinahe einsträngig-kontinuierlich angelegt ist, durch ein in sich geschlossenes Gesellschaftsgefüge (höhere Schichten) usw. gekennzeichnet. Die *offene Form*, in der Formel »Das Ganze in Ausschnitten« definiert, eignet einem Drama, in dem diese Elemente der Einheitlichkeit zwar gerade nicht vorhanden sind, jedoch zeigt die Formel, dass das Ganze in der Vielfalt der Ausschnitte präsent sei [...].

Der Frage, auf welche Weise die dramatischen Beziehungen eingeführt werden, also der Frage nach der Exposition, folgt die nach der Durchführung der einzelnen Themen. Dies ist die Frage nach der äußeren und inneren *Bauform des Dramas*. Äußerliche Gliederungen in Einakter, Dreiakter und Fünfakter kommen am häufigsten vor, doch sind seit dem 19. Jahrhundert die strengen Formen vor allem der Drei- und Fünfaktigkeit im Verfall begriffen. Die *Dreiaktigkeit* darf man als Kernform des abendländischen Dramas bezeichnen; sie gliedert sich nach der Einleitung, die als Exposition zu fassen ist, der Phase der steigenden Handlung (Epitasis) mit dem Höhepunkt und ggfs. dem Umschlag der Handlung (Peripetie) in Glück oder Unglück, Untergang oder Rettung sowie dem Schlussgeschehen, das als Katastrophe oder Lösung zu fassen ist. Die Ausweitung dieses dreiaktigen Schemas zu einem *fünfaktigen* seit der Renaissance gliedert die einzelnen Momente stärker: 1. Einleitung mit Exposition, 2. Steigerung der Verwicklung, 3. Höhepunkt, 4. Umschlag und »fallende Handlung«, 5. Katastrophe, Rettung, Lösung. Schon die Bezeichnung der einzelnen Phasen lässt erkennen, dass die Aktigkeit nicht nur eine äußere Gliederung darstellt, sondern einer inneren Handlungsstruktur entsprechen soll. [...]

Von wesentlicher Bedeutung ist z. B. die Frage, welche *Figuren* auftreten, auch, aus welchem Milieu sie stammen. [...] Bis zur Aufklärung galt zudem die so genannte *Ständeklausel*, welche vorschrieb, dass die Tragödie nur im Milieu des Adels spielen durfte, das Lustspiel oder die Komödie hingegen grundsätzlich im Milieu der niederen Stände anzusiedeln war.

Offene und geschlossene Dramenform

Der Germanist Volker Klotz hat in seiner Studie »Geschlossene und offene Form im Drama«, die 1960 erschien, zwei Dramentypenformen unterschieden. Die wichtigsten Merkmale der Dramenformen werden in der folgenden Tabelle gegenübergestellt:

	Geschlossene Dramenform	**Offene Dramenform**
Komposition und Handlung	– Handlung wird als Ganzes dargestellt – Einheit von Zeit, Raum, Handlung – Strukturierung des Ganzen in unselbstständige Akte und diese in Szenen. Akt und Szene können nicht für sich stehen – Lineare und kausale Abfolge des Geschehens – Konkreter Konflikt zwischen Held und Gegner	– Handlung wird in offenen, nicht abgeschlossenen Ausschnitten dargestellt – Pluralität von Zeit, Raum, Handlung – Reihung von gleichwertigen und widersprüchlichen Szenen. Szenen sind oft unabhängig vom weiteren Geschehen – Mehrere Handlungen geschehen gleichzeitig – Held hat es mit einer Vielzahl von Hindernissen zu tun
Personen	– Überschaubare Anzahl – Hoher Stand – Personen handeln unabhängig von der Umwelt, sind ihrer Rolle verpflichtet	– Große Zahl, Massenszenen – Vertreter verschiedener Stände – Personen werden von ihrer Umwelt beeinflusst

Zeit	– Einheitlicher und kurzer zeitlicher Rahmen – Eingliederung des Augenblicks in den Ablauf – Keine Zeitsprünge	– Ausgedehnter zeitlicher Rahmen – Betonung des Augenblicks – Zeitsprünge, keine zeitliche Kontinuität
Raum	– Einheit und Geschlossenheit des Raums – Raum ist nur Hintergrund, dient zur Einrahmung der Handlung, ohne besondere Atmosphäre	– Vielheit der Räume – Räume bestimmen das Verhalten und wirken auf die Personen ein
Sprache	– Einheitlicher hoher, rhetorischer Stil – Keine Mischung der Sprachformen – Dialog als Rededuell – Logische Gedankenführung, klare Bewusstheit, Überschau – Zitate von klassischen Aussprüchen – Hypotaxe (Satzgefüge) – Vers	– Verschiedene Sprachformen, auch Umgangssprache – Mischung der Sprachformen – Annäherung des Dialogs an den Monolog – Spontaneität, geringe Bewusstheit, Augenblickverhaftung – Zitate aus Volksliedern, Märchen, Bibel – Parataxe (Satzreihe) – Prosa

Friedrich Schiller

An Wolfgang Heribert von Dalberg ______ 6. 10. 1781

Schiller musste die erste Auflage der »Räuber« für die Uraufführung in Mannheim umschreiben, damit sie, wie es der Mannheimer Intendant Heribert von Dalberg forderte, bühnentauglich sei und den Ansprüchen der Zensur genügte.

Hier erscheint endlich der *Verlorne Sohn*, oder die umgeschmolzenen Räuber. Freilich habe ich nicht auf den Termin, den ich selbst festsezte, wort gehalten, aber es bedarf nur eines flüchtigen Bliks über die Menge und Wichtigkeit der getroffenen Veränderungen, mich gänzlich zu entschuldigen. Dazu komt noch, daß eine Ruhrepidemie in meinem RegimentsLazaret mich von meinen otiis poeticis sehr offt abrief.

otiis poeticis **literarischen Arbeiten**

Nach vollendeter Arbeit darf ich Sie versichern, daß ich mit weniger Anstrengung des Geists und gewiß mit noch weit mehr Vergnügen ein neues Stük, ja selbst ein Meisterstük schaffen wollte, als mich der nun gethanen Arbeit nochmals unterziehen. – Hier mußte ich Fehlern abhelfen, die in der Grundanlage des Stüks schon nothwendig wurzeln, hier mußte ich, an sich gute, Züge den Gränzen der Bühne, dem Eigensinn des *Parterre*, dem Unverstand der Gallerie, oder sonst leidigen Convenzionen aufopfern, und einem so durchdringenden Kenner, wie ich in Ihnen zu verehren weiß, wird es nicht unbekannt seyn können, daß es, wie in der Natur, so auf der Bühne für Eine Idee, Eine Empfindung auch nur Einen Ausdruk, Ein Kolorit gibt. Eine Veränderung die ich in *einem* Karakterzug vornehme, gibt offt dem ganzen Karakter, und folglich auch seinen Handlungen, und der auf diesen Handlungen ruhenden Mechanik des Stüks eine andere Wendung. Also Herrmann.

Wiederum stehen die Räuber im Original unter sich in lebhaftem Contrast, und gewiß wird ein jeder Mühe haben, Vier oder Fünf Räuber contrastieren zu laßen, ohne in einem von ihnen gegen die Delikateße des Schauplazes anzurennen. Als ich es anfangs dachte, und den Plan davon bei mir entwarf dacht ich mir die theatralische Darstellung hinweg – Daher kams, daß Franz als ein *raisonirender* Bösewicht angelegt worden, eine Anlage, die so gewiß sie den denkenden Leser befriedigen wird, so gewiß den Zuschauer der vor sich nicht philosophirt, sondern gehandelt haben will, ermüden und verdrießen muß. In der veränderten Auflage konnt ich diesen Grundriß nicht übern Hauffen werffen, ohne dadurch der ganzen Ökonomie des Stüks einen Stoß zu geben; ich sehe also mit ziemlicher Wahrscheinlichkeit voraus, daß Franz wenn er nun auf der *Bühne* erscheinen wird, die Rolle nicht spielen werde, die er beim Lesen gespielt hat. Dazu kommt noch, daß der hinreißende Strom der Handlung, den Zuschauer an den feinen Nüancen vorüberreißt, und ihn also um wenigstens den dritten Theil des ganzen Karakters bringt. Der Räuber Moor, wenn er, wie ich zum voraus versichert bin, seinen Mann unter den H. H. Schauspielern findet, dörfte auf dem Schauplaz Epoche machen, einige wenige Speculationen, die aber auch als unentberlich Farben in dis ganze Gemälde spielen, weggerechnet, ist er ganz Handlung, ganz anschauliches Leben. Spiegelberg. Schweizer. Herrmann. u.s.w. sind im eigentlichen Verstand Menschen für den Schauplaz, weniger *Amalia* und der Vater.

raisonirender
sich wortreich äußernder

Ich habe schriftliche, mündliche u<nd> gedrukte Recensionen zu benuzen gesucht. Man hat mehr von mir gefordert als ich leisten konnte, denn nur dem Verfaßer eines Stüks, zumal wenn er selbst noch Verbeßerer wird, zeigt sich das non plus ultra vollkommen. Die Verbeßerungen sind wichtig, zerschiedene Scenen ganz neu, und meiner Meinung nach, das ganze Stük werth. Darunter gehören: Herrmanns Gegenintriguen, die Franzens Plan untergraben, seine Scene mit diesen, die in der 1sten Ausarbeitung (nach dem vollkommenen Sinn meines Erfurter Rezensenten) gänzlich und sehr unglüklich vergeßen worden. Doch hat mein Rezensent den Ausgang dieser Unterhaltung anders erwartet, aber ich bin überzeugt, mit weniger Gründen, als ich ihn, so wie er izt ist, für Recht hielt. Seine Scene mit Amalien im Garten ist um einen Akt zurükgesezt worden, und meine guten Freunde sagen, daß ich im ganzen Stük keinen beßern Ort dazu hätte wählen können als diesen, keine beßere Zeit als einige Augenblike vor Moors Scene mit Amalien. Franz ist der Menschheit etwas näher gebracht, aber der Weeg dazu ist seltsam. Eine Scene wie seine Verurtheilung im Vten Akt ist meines Wißens auf keinem Schauplaz erlebt, eben so wenig als Amaliens Aufopferung durch ihren Geliebten. Die Katastrophe des Stüks däucht mich nun die Krone deßelben zu seyn. Moor spielt seine Rolle ganz aus, und ich wette, daß man ihn nicht in dem Augenblik vergeßen wird, als der Vorhang der Bühne gefallen ist. Wenn das Stük zu groß seyn sollte, so steht es in der Willkühr des Theaters raisonnements abzukürzen oder hie und da etwas unbeschadet des ganzen Eindruks hinwegzuthun. Aber dawider protestiere ich höchlich daß beim Druken etwas hinweggelaßen wird; denn ich hatte meine guten Gründe zu allem was ich stehen ließ, und soweit geht meine Nachgiebigkeit gegen die Bühne nicht, daß ich Lüken laße, und Karaktere der Menschheit für die Bequemlichkeit der Spieler verstümmele. – In Absicht auf die Wahl der Kleidung erlauben Sie mir nur die unmaßgebliche Bemerkung; Sie ist in der *Natur* eine Kleinigkeit, niemals auf der *Bühne*. Meines R<äuber> Moors Geschmak darin wird nicht schwer zu treffen seyn, doch bin ich auch auf diese Kleinigkeit äuserst begierig, wenn ich so glüklich bin Zeuge der Vorstellung zu seyn. Einen Busch trägt er auf dem Hut, denn dieses komt namentlich im Stük vor, zu der Zeit da er sein Amt niederlegt. Ich gäbe ihm auch einen Stok zu. Seine Kleidung müßte imer edel ohne Zierung, nachläßig ohne Leichtsinn seyn. Ein vortreflicher junger Componist arbeitet wirklich an einer Simfonie für meinen verlornen Sohn; ich weiß daß sie meisterlich wird. Sobald sie fertig ist, bin ich so frei, sie Ihnen zu offerieren.

Nun entschuldigen Sie auch die ungleiche Handschrift, das Unkorrekte der Schreibart. Ich eilte Ihnen das Stük zu schiken und darum zweierlei Hand, und darum nahm ich mir auch nicht Zeit, daßelbe zu corrigieren. Mein Kopist hat, nach Gewohnheit aller beßerwissenwollender Schreiber die Orthographie offt erbärmlich mißhandelt.

Schließlich empfehle ich mich und meine Arbeit der Nachsicht eines verehrungswürdigen *Kenners*.

D. Schiller. R Medicus

M

Arbeitsanregungen

1. Überprüfen Sie, ob Schiller in dem Drama »Die Räuber« die drei Einheiten (Raum, Zeit und Handlung) einhält.

2. Untersuchen Sie »Die Räuber« nach der Typologie von Volker Klotz: Handelt es sich um ein offenes oder um ein geschlossenes Drama? Präsentieren Sie Ihre Ergebnisse in Form eines Vortrages. Belegen Sie Ihre Argumente mit passenden Zitaten.

3. Untersuchen Sie, ob das Fünfaktschema sich nach folgender Einteilung auch auf »Die Räuber« übertragen lässt: »1. Einleitung mit Exposition, 2. Steigerung der Verwicklung, 3. Höhepunkt, 4. Umschlag und ›fallende Handlung‹, 5. Katastrophe, Rettung, Lösung« (S. 225). Stellen Sie Ihre Ergebnisse grafisch dar.

4. Vergleichen Sie arbeitsteilig die sprachliche und dramatische Gestaltung der »Räuber« mit einem Drama der Aufklärung und mit einem modernen Bühnenstück. Visualisieren Sie Ihre Ergebnisse.

5. a) Schreiben Sie auf der Grundlage der Szene I,2 Rollenbiografien (Herkunft/Familie, Aussehen, Wünsche, Träume etc.) für alle Räuber.
   b) Lesen Sie die Sequenz szenisch. Nehmen Sie danach Stellung zur »Unmittelbarkeit« als besonderem Merkmal des Dramas (vgl. S. 223).

6. Welche Veränderungen hat Schiller laut dem Brief an Dalberg (S. 228–231) in der Schauspielfassung der »Räuber« vorgenommen? Stellen Sie sie in einer Mindmap vor.

Wirkung und mediale Gestaltung

Andreas Streicher

Bericht über die Uraufführung 1836

Mit welcher Unruhe Schiller den Nachrichten aus Mannheim entgegen sah, und in welcher Spannung er die Zeit zubrachte, welche zu den Vorbereitungen, den Proben erforderlich war, mag wohl nur der am richtigsten beurtheilen, der als Dichter oder Tonkünstler, sich *zum erstenmal* in gleichem Falle befindet. Er selbst sagt hierüber in einem der folgenden Briefe. »Auf meinen Räuber Moor bin ich in höchstem Grade begierig, und von Herrn *Bök*, der ihn ja vorstellen soll, höre ich nichts, als Gutes. Ich freue mich wirklich darauf wie ein Kind.« […]

Endlich kam auch der so heftig gewünschte und ersehnte Tag heran, wo er seinen *Verlohrnen Sohn*, wie er anfangs die Räuber benennen wollte, in der Mitte Januar 1782, auf dem Theater in Mannheim darstellen sah. Aus der ganzen Umgegend, von Heidelberg, Darmstadt, Frankfurt, Mainz, Worms, Speyer pp waren die Leute zu Roß und zu Wagen herbei geströmt, um dieses berüchtigte Stük, das eine außerordentliche Publizität erlangt hatte, von Künstlern aufführen zu sehen, die auch unbedeutende Rollen mit täuschender Wahrheit gaben, und nun hier um so stärker wirken konnten, je gedrängter die Sprache, je neuer die Ausdrüke, je ungeheurer und schreklicher die Gegenstände waren, welche dem Zuschauer vorgeführt werden sollten. […]

Vier der besten Schauspieler, welche Deutschland damals hatte, wendeten alles an was Kunst und Begeisterung darbieten; um die Dichtung auf das vollkommenste und lebendigste darzustellen. *Bök* als Karl Moor war vortrefflich, was Deklamation, Wärme des Gefühls und den Ausdruk überhaupt betraf. Nur seine kleine, untersezte Figur störte anfangs, bis der Zuschauer, von dem Feuer des Spiels fortgerissen, auch diese vergaß. *Beil* als Schweitzer ließ nichts zu wünschen übrig, so wie auch Kosinsky durch die passende Persönlichkeit des Herrn *Bek* sehr gewann. Durch die Art aber wie *Iffland* die Rolle des Franz Moor nicht nur durchdacht, sondern dergestalt in sich aufgenommen hatte, daß sie mit seiner Person eins und dasselbe schien; ragte er über alle hinaus, und brachte eine, nicht zu beschreibende Wirkung hervor, indem keine seiner Rollen welche er früher und dann auch später gab, ihm die Gelegenheit verschaffen konnte das Gemüth bis in seine innersten Tiefen so zu erschüttern, wie es bey der Darstellung des Franz Moor möglich war. […]

Welche Wirkung die Vorstellung der Räuber auf den Dichter derselben hervor brachte, davon haben wir noch ein Zeugniß in dem Briefe an Baron Dalberg vom 17ten Jenner 1782, wo er schreibt: »Beobachtet habe ich sehr vieles, sehr vieles gelernt, und ich glaube, wenn Deutschland einst einen Dramatischen Dichter in mir findet, so muß ich die Epoche von der vorigen Woche zählen. pp«

[…] Schiller hatte sich ohne Urlaub von seinem Regiments-Chef zu nehmen, aus Stuttgardt entfernt, um sein Schauspiel zu sehen; es wußten daher auch nur einige seiner vertrautesten Freunde um seine Abwesenheit, und sie blieb für diesesmal verborgen. Aber die Heiterkeit welche vor der Abreise sein ganzes Wesen beseelt hatte, war nach seiner Rükkehr fast ganz verschwunden; denn so heftig er die Stunden des Schöpferischen Genusses herbei gewünscht hatte, so misvergnügt war er nun, daß er seine medizinischen Amts Geschäfte wieder vornehmen und sich der Militairischen

Ordnung fügen mußte, da ihm jezt nicht nur der Ausspruch der Kenner, der stürmische Beifall des Publikums, sondern hauptsächlich sein eigenes Urtheil die Ueberzeugung verschafft hatten, daß er zum Dichter, besonders aber zum *Schauspiel Dichter gebohren seye*, und daß er hierinne eine Stufe erreichen könne, die noch keiner seiner Nation vor ihm erstiegen. Jede Beschäftigung die er nun unternehmen mußte, machte ihn misvergnügt, und er achtete die Zeit die er darauf verwenden mußte, als verschwendet. Es bedurfte wirklich auch einiger Wochen, bis sein aufgeregtes Gemüth sich wieder in die vorigen Verhältnisse finden konnte, und als er etwas ruhiger geworden war, brütete seine Einbildungskraft sogleich wieder über neuen Süjets die als Schauspiele bearbeitet werden könnten. […]

August Wilhelm Iffland als Franz Moor

M

Samuel Taylor Coleridge

Brief an Robert Southey — 3. 11. 1794

Es ist nach ein Uhr nachts – Ich habe mich um zwölf Uhr hingesetzt, um die »Räuber« von Schiller zu lesen – Ich zitterte und fröstelte schon beim Lesen, bevor ich zu der Stelle kam, wo Moor seine Pistole über den schlafenden Räubern abfeuert – Ich konnte nicht weiterlesen – Mein Gott! Southey! Wer ist dieser Schiller? Der das Herz in Zuckungen versetzt? Hat er seine Tragödie unter dem Kreischen von Teufeln geschrieben? – Ich möchte solche Charaktere nicht beschreiben können – Ich zittere wie Espenlaub – Bei meiner Seele, ich schreibe nur an Dich, weil mir graust – Ich will lieber ins Bett gehen. Wie konnten wir nur Milton erhaben nennen? Dieser Graf von Moor – Fürchterlicher Herr über die herzzerreißenden Tugenden –? Satan selbst ist kaum geeignet, ihn als Geistlicher zu seiner Hinrichtung am Galgen zu begleiten.

Johann Peter Eckermann

Gespräch mit Goethe über Schiller — 17. 1. 1827

Bei Schiller spricht doch immer ein grandioser Geist und Charakter [sagte ich].

»Das wollte ich meinen, sagte Goethe. Schiller mochte sich stellen, wie er wollte, er konnte gar nichts machen, was nicht immer bei weitem größer herauskam als das Beste dieser Neueren; ja wenn Schiller sich die Nägel beschnitt, war er größer als diese Herren.« Wir lachten und freuten uns des gewaltigen Gleichnisses.

»Aber ich habe doch Personen gekannt, fuhr Goethe fort, die sich über die ersten Stücke Schillers gar nicht zufrieden geben konnten. Eines Sommers in einem Bade, ging ich durch einen eingeschlossenen sehr schmalen Weg der zu einer Mühle führte. Es begegnete mir der Fürst *** und da in demselben Augenblick einige mit Mehlsäcken beladene Maultiere auf uns zukamen, so mussten wir ausweichen und in ein kleines Haus treten. Hier, in einem engen Stübchen, gerieten wir nach Art dieses Fürsten sogleich in tiefe Gespräche über göttliche und menschliche Dinge; wir kamen auch auf Schillers Räuber und der Fürst äußerte sich folgendermaßen: ›Wäre ich Gott gewesen, sagte er, im Begriff die Welt zu erschaffen, und ich hätte in dem Augenblick vorausgesehen, dass Schillers Räuber darin würden geschrieben werden, ich hätte die Welt nicht erschaffen.‹« Wir mussten lachen. »Was sagen Sie *dazu*, sagte Goethe, das war doch eine Abneigung, die ein wenig weit ging, und die man sich kaum erklären konnte.«

Von dieser Abneigung, versetzte ich, haben dagegen unsere jungen Leute, besonders unsere Studenten, gar nichts. Die trefflichsten, reifsten Stücke von Schiller und Anderen können gegeben werden und man sieht von den jungen Leuten und Studierenden wenige oder gar keine im Theater; aber man gebe Schillers Räuber oder Schillers Fiesko und das Haus ist fast allein von Studenten gefüllt. »Das war, versetzte Goethe, vor funfzig Jahren wie jetzt und wird auch wahrscheinlich nach funfzig Jahren nicht anders sein. Was ein junger Mensch geschrieben hat, wird auch wieder am besten von jungen Leuten genossen werden. Und dann denke man nicht, dass die Welt so sehr in der Kultur und gutem Geschmack vorschritte, dass selbst die Jugend schon über eine solche rohere Epoche hinaus wäre! Wenn auch die Welt im Ganzen vorschreitet, die Jugend muss doch immer wieder von vorne anfangen und als Individuum die Epochen der Welt-Kultur durchmachen.«

M

Augenzeugenbericht über die Uraufführung 1782

Der folgende Augenzeugenbericht über die erste Theatervorstellung der »Räuber« wird zwar immer wieder in Frage gestellt, aber nichtsdestotrotz galt und gilt er vielen Leserinnen und Lesern als authentisch.

Das Theater glich einem Irrenhause, rollende Augen, geballte Fäuste, stampfende Füße, heisere Aufschreie im Zuschauerraum! Fremde Menschen fielen einander schluchzend in die Arme, Frauen wankten, einer Ohnmacht nahe, zur Türe. Es war eine allgemeine Auflösung wie im Chaos, aus dessen Nebeln eine neue Schöpfung hervorbricht!

Der Theaterplatz in Mannheim zu Schillers Zeit, links das Nationaltheater

Hans Fabricius

Brief an Gustaf Gründgens — 30. 7. 1944

Sehr geehrter Herr Generalintendant!

Am 14. Juli sah ich im Schauspielhaus am Gendarmenmarkt Ihre packende Inszenierung von Schillers »Räubern«.

Es war vielleicht die beste Räuberaufführung, die ich je gesehen habe. Bedauert habe ich nur, dass aus der Rolle des *Spiegelberg* – ich glaube mit Ausnahme der Zitierung des Josephus – alle Stellen gestrichen waren, in denen Schiller auf die jüdische Rasse Spiegelbergs anspielt.

In den Räuberbanden des 18. Jahrhunderts spielten ja, wie historisch feststeht, Juden eine bedeutende Rolle. Darum lag es nahe, dass auch der junge Schiller wenigstens einen von seinen Räubern als Juden zeichnete. Interessanter Weise wählte er hierzu die verderbliche Gestalt, die es in raffinierter Weise fertig bringt, junge deutsche Studenten unter Ausnutzung und Irreführung ihrer idealistischen Gesinnung zur Gründung einer Räuberbande zu überreden.

Den Charakter dieses jüdischen Gauners hat Schiller überaus rasseecht dargestellt; Spiegelbergs Feigheit, sein Geltungstrieb, seine Weltverbesserer-Pose, sein Internationalismus (der sich mit zionistischen, national-jüdischen Anwandlungen durchaus verträgt), sein Antimilitarismus, sein sexueller Zynismus, sein demoralisierender Einfluss, sein auf Mord sinnender Hass gegen das echte Führertum Karls – das alles sind Wesenszüge, die aus der selbsterlebten Geschichte der letzten 30 bis 40 Jahre als typisch jüdisch nur zu gut in Erinnerung sind.

Dass Schiller in der Gestalt Spiegelbergs ganz bewusst einen jüdischen Gauner zeichnen wollte, ergibt sich aus den in der Anlage wiedergegebenen Textstellen. Schon der erste Satz, den Spiegelberg spricht und mit dem er Karl ausgerechnet die Lektüre des jüdischen Geschichtsschreibers Josephus empfiehlt, verrät Spiegelberg Rasse. Völlig außer Zweifel gestellt wird sie dann durch Karls Anspielung und Spiegelbergs Eingeständnis, dass er beschnitten sei.

Wenn man sich in den Zeiten der Judenemanzipation und der Judenherrschaft begreiflicherweise gescheut hat, Spiegelberg nach dem Willen des Dichters als Juden auf die Bühne zu bringen, so dürfte heute, wo sich das nationalsozialistische Deutschland in einem Kampf auf Leben und Tod mit dem Weltjudentum befindet, aller Anlass bestehen, diesen Verbrecher so darzustellen wie ihn Schiller haben wollte: Als Juden. In der Aufführung des Schauspielhauses ist jedoch, wenn ich mich recht erinnere, sogar der Feigheitsausbruch Spiegelbergs in der Kampfszene und die köstliche Zurechtweisung, die Schweizer dieser jüdischen Erbärmlichkeit erteilt, gestrichen. Das deutsche Theaterpublikum hat m. E. ein Anrecht darauf, dass eine politisch so hoch interessante und hoch aktuelle Angelegenheit bei einer Schiller-Aufführung im 5. Jahre unseres Krieges gegen das Weltjudentum nicht einfach unter den Tisch fällt. Ich suche vergebens nach Gründen, warum dies dennoch geschieht. Für einen guten Schauspieler wäre es m. E. eine sehr lohnende Aufgabe, den Spiegelberg einmal – ohne jede kitschige Übertreibung oder Karikierung aber lebensecht – als Juden vom Schlage etwa eines Kurt Tucholsky auf die Bühne zu stellen.

Heil Hitler!
gez. Dr. Fabricius
Reichstag Abgeordneter

Bernd Zegowitz

Die Aufführung von Schillers Dramen während der Zeit des Nationalsozialismus ___ 2005

Das Jahr 1933 markiert auch einen Einschnitt in der Bühnengeschichte der schillerschen Dramen. Die Zahl der Aufführungen stieg im Vergleich zu den Vorjahren gleich in der Spielzeit 1933/34 rapide an und in den folgenden Jahren war Schiller mit Abstand der meistinszenierte Klassiker. Das lag zum einen daran, dass die Nationalsozialisten keine renommierten zeitgenössischen Autoren fanden, deren Stücke ästhetisch und ideologisch den Anforderungen an eine eigene Dramatik entsprachen. Zum anderen waren die Stücke jüdischer und missliebiger Dramatiker von den Spielplänen gestrichen und diese Lücke musste gefüllt werden. »Kritische« Stimmen innerhalb der gleichgeschalteten Literaturwissenschaft, die ein Fehlen nationalsozialistischer Gesinnung in Schillers Stücken beanstandeten, wurden von Julius Lippert übertönt. »In Friedrichs Schillers Werken ist das deutsche Ideal von Staat und Volk am mächtigsten verkörpert. Dieser Dichter und Erzieher hat gelehrt, wie sich der Deutsche in die Ordnung der Gemeinschaft gliedern, wie er die Würde seiner Nation verantwortungsbewusst vertreten und wie er sich für ihr höchstes Gut: die Freiheit, begeistert opfern soll. In einer Zeit des nationalen Niedergangs hat Schiller dieses staatsbürgerliche Ideal verkündet.« [...]

»Kabale und Liebe« war das in den Spielzeiten 1932/33–1942/43 mit 2046 Aufführungen meistinszenierte Stück, gefolgt von »Maria Stuart« (1847 Aufführungen) und dem »Wilhelm Tell« mit 1826 Aufführungen [...]. Dass der »Tell« nicht an erster Stelle steht, ist auf das inoffizielle Verbot des Stückes im Jahr 1941 zurückzuführen. [...] Dass ein einzelner Schweizer Theologiestudent 1939 den Versuch unternahm,

Hitler zu ermorden, und dafür im Mai 1941 hingerichtet wurde […], könnte ebenfalls Auslöser für die folgende Mitteilung gewesen sein, die der Reichsleiter Martin Bormann an den Chef der Reichskanzlei Lammers sandte: »Der Führer wünscht, dass Schillers Schauspiel »Wilhelm Tell« nicht mehr aufgeführt wird und in der Schule nicht mehr behandelt wird« […]. Der Reichsdramaturg leitete das geheim gehaltene Verbot an die Theaterdirektoren weiter und der »Tell« verschwand von den Spielplänen.

Vergleichbare Aufführungszahlen hatten auch der »Wallenstein« (1271), der »Don Karlos« (1158) und die »Räuber« (1132). Den »Karlos« spielte man bis 1944, obwohl es vereinzelt längeren Szenenapplaus bei Posas Satz »Geben Sie Gedankenfreiheit« […] gegeben hatte.

Erwin Piscator

Gedanken über die Inszenierung der »Räuber« — 1929

Die Aufführung der »Räuber« 1926 in Berlin unter der Leitung des Regisseurs Erwin Piscator gilt als die bedeutendste Inszenierung des Stückes im letzten Jahrhundert. 1929 äußerte sich Piscator rückblickend zu seinem Vorhaben.

Spiegelberg war der Mann, der mir in den »Räubern« den Film ersetzte, die Weltkugel und das laufende Band, das war mein dramaturgischer Trick, mein Regulativ, mein Barometer. An diesem Männchen hatte ich die »Frechheit«, zu prüfen, ob Karl Moor nicht doch vielleicht ein romantischer Narr und die ihn umgebende Räuberbande keine Kommunisten, sondern eben nur Räuber in des Wortes wahrster Bedeutung sind, allerdings mit allen Finessen eines dichterischen Gehirns ausgestattet. Diesen dramaturgischen Salto mortale hat keiner verstanden. Allerdings habe ich einen großen Fehler gemacht: Nur diesen Mann hätte ich in seinem etwas zeitlosen Cut, seiner schmutzigbraunen Melone und mit einem Chaplinstöckchen durch das Stück gehen lassen sollen, während alle anderen nicht mit »zeitlosen Kostümen«, wie es geschah, sondern historischen, wie es die Schuljungen kennen, hätten ausgestattet sein müssen. Seltsam, wie ernsthaft dieser kleine Mann wurde, dieser eigentliche Schillersche Bösewicht, als ich den ideologischen Verbindungsfäden, die ihn mit seinen Gefährten und seiner Umwelt verbanden, nachging. Wie tragisch wurde er, dem alle humoristischen und »schurkischen« Arabesken abgeschnitten worden waren, wie führte er, der keinen reichen Vater auf einem herrschaftlichen Schloss hinter sich hatte, der kein »schöner« Held mit tenoraler Stimme und großem Pathos war, der nicht die äußerlichen Fähigkeiten eines »beliebten« Führers hatte, seine Revolution durch! Wie hart und unerbittlich zwingt ihn das Schicksal mit allen nur erdenklichen Mitteln, seinen Weg mit letzter Konsequenz bis zu Ende zu gehen. Er wurde ein Vertreter unserer harten sozialen Lage, der Verbindungsmann vom Heute zum Gestern. Er entlarvt das Schillersche Pathos, er entlarvt den schwachen ideologischen Hintergrund, aber er ehrt seinen Dichter, indem er – gerade er – heute noch lebt, während die Welt, die ihn umgibt, gestorben ist. Gewiss tönen die herrlichen Schillerschen Passagen, das Räuberlied wie eine wundersame Musik. Das Schloss: eine Simultanbühne, Burg, Besitz und Macht, darin sich Monologe zum Terzett aus Hass, Rache, Liebe, Treue und Reue – wie in der Großen Oper – verbinden. Auch dies alles gewinnt Eigenwert und Raum, berauscht und drängt das Blut zum Herzen. Kunst! Ja, und echter, echter Schiller, wunderbarster deutscher Dramatiker!

In »Die Räuber« und in »Kabale und Liebe« ist er der bürgerliche Revolutionär, und für das heutige Bürgertum deshalb viel zu revolutionär. Auch dann noch geladen, wenn ich die Sonde Spiegelberg nicht an ihn gelegt hätte, um noch viele Generationen der bürgerlichen Gesellschaft mit seinem Atem anzublasen, dass sie aus den Pantinen kippen. Nur eben für das Proletariat ist der Mann schon 100 Jahre tot.

Paul Bildt als Räuber Spiegelberg in der Inszenierung der »Räuber« von Erwin Piscator am Staatstheater Berlin, 1926

Arbeitsanregungen

1. Verfassen Sie eine Rezension zu Schillers Drama »Die Räuber«. Schauen Sie sich eine moderne Inszenierung des Stücks an (Theater, DVD) und diskutieren Sie im Plenum, ob das Drama durch die Aufführung eine andere Wirkung auf Sie hatte als die Lektüre. Wenn ja, warum?

2. Sie sind Journalist und bekommen die Gelegenheit, mit Schiller nach der Uraufführung der »Räuber« ein Interview zu führen. Gestalten Sie aus Ihrem Text eine Zeitungsseite mit einem Textverarbeitungsprogramm.

3. Erörtern Sie diese beiden Thesen Goethes:

1. »Was ein junger Mensch geschrieben hat, wird auch wieder am besten von jungen Leuten genossen werden.«
2. »Wenn auch die Welt im Ganzen vorschreitet, die Jugend muss doch immer wieder von vorne anfangen und als Individuum die Epochen der Welt-Kultur durchmachen.«

4. Welche Absicht hatte Piscator bei der Gestaltung der Spiegelberg-Rolle? Ist es gerechtfertigt, diesen als »Verbindungsmann vom Heute zum Gestern« zu interpretieren?

5. Bilden Sie Gruppen und versetzen Sie sich in folgende Situation im Jahr 1944: Dem Schauspieler-Ensemble des Schauspielhauses ist der Inhalt des an Gustaf Gründgens gerichteten Briefs von Dr. Fabricius bekannt geworden. Die Schauspieler diskutieren das Für und Wider der Forderung, den Räuber Spiegelberg eindeutig als Juden zu charakterisieren.

Textquellen

Augenzeugenbericht über die Uraufführung. Zitiert nach: Friedrich Schiller. Werke und Briefe in zwölf Bänden. Bd. 2. Hrsg. von Gerhard Kluge. Frankfurt/M.: Deutscher Klassiker Verlag 1988. S. 965 f.

Borries, Erika und Ernst von: Sturm und Drang (1770–1785). Einführung in die Epoche. Die literarische Revolution. Aus: E. und E. v. B.: Deutsche Literaturgeschichte. Bd. 2. Aufklärung und Empfindsamkeit. Sturm und Drang. 5. Aufl. München: dtv 2003. S. 191 f.

Borries, Erika und Ernst von: Friedrich Schiller: Die Räuber. Ein Schauspiel. Aus: E. und E. v. B.: Deutsche Literaturgeschichte. Bd. 2. Aufklärung und Empfindsamkeit. Sturm und Drang. 5. Aufl. München: dtv 2003. S. 273.

Coleridge, Samuel Taylor: Brief an Robert Southey vom 3.11.1794. Zitiert nach: Christian Grawe: Friedrich Schiller: Die Räuber. Erläuterungen und Dokumente. Stuttgart: Reclam 2006. S. 182.

Eckermann, Johann Peter: Gespräch mit Goethe über Schiller. Aus: J. P. E.: Gespräche mit Goethe in den letzten Jahren seines Lebens, 1823–1832. Aus: Johann Wolfgang von Goethe: Sämtliche Werke. Abt. II: Briefe, Tagebücher, Gespräche. Bd. 12. Hrsg. von Christoph Michel. Frankfurt/M.: Deutscher Klassiker Verlag 1999. S. 205 f.

Fabricius, Hans: Brief an Gustav Gründgens. Zitiert nach: Christian Grawe: Friedrich Schiller: Die Räuber. Erläuterungen und Dokumente. Stuttgart: Reclam 2006. S. 199–201.

Goethe, Johann Wolfgang von: Zum Schäkespears Tag. Aus: Der junge Goethe in seiner Zeit. Bd. 2. Hrsg. Von Karl Eibl u. a. Frankfurt/M./Leipzig: Insel 1998. S. 361–365.

Goethe, Johann Wolfgang von: Prometheus. Aus: J. W. G.: Gedichte. Hrsg. von Erich Trunz. München: C. H. Beck 1999. S. 44–46.

Koopmann, Helmut: Friedrich Schiller: Die Räuber. Aus: H. K.: Friedrich Schiller. Bd. 1: 1759–1794. Stuttgart: Metzler 1966. S. 11 f.

Muschg, Walter: [Die Räuber als Bekenntniswerk.] Aus: W. M.: Tragische Literaturgeschichte. [1948.] Zürich: Diogenes 2006. S. 219.

Oellers, Norbert: [Die Anregung für »Die Räuber«.] Aus: Norbert Oellers: Schiller. Elend der Geschichte, Glanz der Kunst. Stuttgart: Reclam 2005. S. 110–113.

Petersen, Jürgen H.: Das Drama. Aus: Dieter Gutzen/Norbert Oellers/J. H. P.: Einführung in die neuere deutsche Literaturwissenschaft. Ein Arbeitsbuch. 6. Aufl. Berlin: Erich Schmidt 1989. S. 50–52; 54 f.; 57.

Piscator, Erwin: [Gedanken über die Inszenierung der »Räuber«.] Aus: E. P.: Das Politische Theater. Reinbek bei Hamburg: Rowohlt 1963. S. 88 f.

Rochlitz, Christian: Die Klassifizierung der Räuber. Aus: C. R.: Das Wesen und Treiben der Gauner, Diebe und Betrüger Deutschlands nebst Angabe von Maaßregeln, sich gegen Raub, Diebstahl und Betrug zu schützen, und einem Wörterbuche der Diebessprache. Leipzig: C. F. Schmidt 1846.

Safranski, Rüdiger: [Die Welt der Räuber als ausgedachte Wirklichkeit.] Aus: R. S.: Schiller oder Die Erfindung des Deutschen Idealismus. München/Wien: Carl Hanser 2004. S. 105 f.

Safranski, Rüdiger: [Schillers »Räuber« – eine grandiose Kopfgeburt.] Aus: R. S.: Schiller oder Die Erfindung des Deutschen Idealismus. München/ Wien: Carl Hanser 2004. S. 108–111.

Sarkowicz, Hans: Die Gesellschaft der Außenseiter. Räuberbanden in Deutschland. Aus: Die deutschen Räuberbanden. In Originaldokumenten herausgegeben und kommentiert von Heiner Boehncke und Hans Sarkowicz. Bd. 1: Die großen Räuber. Frankfurt/M.: Eichborn 1993. S. 9–16.

Schiller, Friedrich: Ankündigung der »Rheinischen Thalia«. Aus: F. S.: Werke und Briefe in zwölf Bänden. Bd. 2. Hrsg. von Gerhard Kluge. Frankfurt/M.: Deutscher Klassiker Verlag 1988. S. 934 f.

Schiller, Friedrich: Monument Moors des Räubers. Aus: F. S. (Hrsg.): Anthologie auf das Jahr 1782. Stuttgart 1782. S. 177–180. Zitiert nach: Christian Grawe: Friedrich Schiller: Die Räuber. Erläuterungen und Dokumente. Stuttgart: Reclam 2006. S. 150–152.

Schiller, Friedrich: Brief an Wolfgang Heribert von Dalberg vom 6.10.1781. Aus: F. S.: Werke und Briefe in zwölf Bänden. Bd. 2. Dramen I. Hrsg. von Gerhard Kluge. Frankfurt/M.: Deutscher Klassiker Verlag 1988. S. 919–922.

Schmidt, Jochen: Shakespeare: Das englische Natur-Genie. Aus: J. S.: Die Geschichte des Genie-Gedankens in der deutschen Literatur, Philosophie und Politik 1750–1945. Bd. 1: Von der Aufklärung bis zum Idealismus. 2., durchgesehene Auflage. Darmstadt: Wissenschaftliche Buchgesellschaft 1988. S. 150, 167 f.

Streicher, Andreas: Bericht über die Uraufführung der »Räuber«. Zitiert nach: Friedrich Schiller: Werke und Briefe in zwölf Bänden. Bd. 2. Hrsg. von Gerhard Kluge. Frankfurt/M.: Deutscher Klassiker Verlag 1988. S. 963–965.

Zegowitz, Bernd: Die Aufführung von Schillers Dramen während der Zeit des Nationalsozialismus. Aus: B. Z.: Die Zeit des Nationalsozialismus 1933–1945. Aus: Schillerhandbuch. Leben – Werk – Wirkung. Hrsg. von Matthias Luserke-Jaqui. Stuttgart/Weimar: Metzler 2005. S. 589 f.

Bildquellen

Seite 180: Schiller. Ölgemälde von Jakob Friedrich Weckherlin (um 1780). © Schiller-Nationalmuseum/Deutsches Literaturarchiv, Marbach am Neckar.

Seite 181: Schillers Geburtshaus. Kreidezeichnung von Schillers Enkel Ludwig von Gleichen-Rußwurm (1859). © Schiller-Nationalmuseum/ Deutsches Literaturarchiv, Marbach am Neckar.

Seite 182: Innenhof der Herzoglichen Militärakademie in Stuttgart. Kupferstich nach einer Zeichnung von Karl Philipp Conz. © Schiller-Nationalmuseum/Deutsches Literaturarchiv, Marbach am Neckar.

Seite 185: Schillers Braut Charlotte von Lengefeld. Kupferstich nach einer Silberstiftzeichnung von Charlotte Albertine Ernestine von Stein. © Klassik Stiftung Weimar.

Seite 187: Schillers Haus in Weimar, in dem er von 1802 bis 1805 lebte. © Mario Leis, Bonn.

Seite 191: Schiller liest seinen Kameraden im Bopserwald bei Stuttgart aus den »Räubern« vor. Rötelzeicphnung von Viktor Wilhelm Heideloff (1778). © Schiller-Nationalmuseum/Deutsches Literaturarchiv, Marbach am Neckar.

Seite 196: »Die Räuber«. Theaterzettel der Uraufführung in Mannheim am 13. Januar 1782. © Schiller-Nationalmuseum/Deutsches Literaturarchiv, Marbach am Neckar.

Seite 203: Shakespeare. Porträt von Martin Droeshout (1601–1650). akg-images, Berlin. Foto: Erich Lessing.

Seite 206: Goethe. Zeichnung von Melchior Kraus (1776). © Klassik Stiftung Weimar.

Seite 210: Moritatentafel zu Johannes Bückler, genannt Schinderhannes (etwa 1783–1803). akg-images, Berlin. Foto: Herwig Mayer.

Seite 214: Blutgericht über den Hölzerlips und seine Gesellen auf dem Heidelberger Marktplatz, 1812. © Stadt Heidelberg, Kurpfälzisches Museum. Inv. Nr. S 3002[2].

Seite 235: August Wilhelm Iffland als Franz Moor. © Goethe-Museum, Düsseldorf.

Seite 238: Der Theaterplatz in Mannheim zu Schillers Zeit. © Reiss-Engelhorn-Museen, Mannheim. Foto: Jean Christen.

Seite 244: Paul Bildt als Räuber Spiegelberg in »Die Räuber«. Staatstheater Berlin, 1926. Inszenierung von Erwin Piscator. © Philipp Reclam jun. Verlag, Ditzingen.

Anmerkungen

S. 9

Palisaden des Aristoteles und Batteux Palisaden sind nebeneinanderstehende Pfähle, die einen Zaun bilden. Aristoteles (384–322 v. Chr.) postulierte in seiner grundlegenden »Poetik« für das Drama die drei Einheiten von Ort, Zeit und Handlung. Der französiche Kunsttheoretiker Charles Batteux (1713–1780) forderte im 18. Jahrhundert die unbedingte Einhaltung dieser drei Einheiten.

S. 11

Brutus, Catilina Schiller erwähnt hier zwei gegensätzliche »Helden« des Altertums: Marcus Junius Brutus (um 85 – 42 v. Chr.), der 44 v. Chr. Cäsar ermordete, um dessen Alleinherrschaft über das Römische Reich zu beenden, sowie Lucius Sergius Catilina (um 108 – 42 v. Chr.), der durch eine Verschwörung 63 v. Chr. selbst den Sturz der Republik und seine eigene Alleinherrschaft herbeiführen wollte.

S. 11

Don Quixote Diese Figur aus Miguel de Cervantes' gleichnamigem satirischem Roman (1605–1615) beabsichtigt stets mithilfe seiner aus Ritterromanen angelesenen Kenntnisse Gutes zu tun, richtet dabei aber nur Schaden an.

S. 12

Klopstocks Adramelech Teufelsfigur aus dem Epos »Der Messias« von Friedrich Gottlieb Klopstock (1724–1803).

S. 12

Miltons Satan Zentrale Figur aus dem Epos »Das verlorene Paradies« von John Milton (1608–1674).

S. 12

Medea Gestalt aus der griechischen Mythologie, die aus Rache ihre Kinder tötete. Der Medea-Mythos wurde in der Antike von Euripides (um 480 – um 406 v. Chr.) und Seneca (um 4 v. – 65 n. Chr.) dramatisch umgesetzt.

S. 13

das ewige Dacapo mit Abdera und Demokrit In dem Roman »Die Geschichte der Abderiten« von Christoph Martin Wieland (1733–1813) wenden sich die Bewohner der Stadt Abdera an den Arzt Hippokrates. Dieser soll ihren Mitbürger Demokrit heilen, den sie als wahnsinnig bezeichnen, da er sich ihrem schildbürgerlich törichten Verhalten nicht anschließt. Hippokrates erklärt Demokrit als Einzigen für gesund und verordnet den Abderiten große Mengen von Nieswurz zur Heilung.

S. 15

Hippocrates ... sanat. Dem griechischen Arzt Hippokrates (um 460 – um 377 v. Chr.) zugeschriebene Sentenz über die ärztliche Heilkunde. Lat. »Was Arzneien nicht heilen, heilt das Eisen [das Operationsmesser], was das Eisen nicht heilt, heilt das Feuer [das Ausbrennen der Wunde].«

S. 17

verlornen Bruder Die Formulierung spielt auf das Gleichnis vom verlorenen Sohn in der Bibel an, in dem ein Sohn das Vermögen seines Vaters durchbringt und dann reumütig zu ihm zurückkehrt, vgl. Lukas 15,11–32. Auf dieses Gleichnis wird im weiteren Verlauf des Stücks immer wieder verwiesen.

S. 20

Julius Cäsar, Alexander Magnus Julius Cäsar (100–44 v. Chr.), römischer Feldherr und alleiniger Regent des Römischen Reiches; Alexander der Große (356–323 v. Chr.), Herrscher von Makedonien.

S. 20

Geschichte des bußfertigen Tobias Legende aus dem alten Testament, in der ein frommes und den Glaubensgesetzen treues Leben gelobt wird.

S. 29

Plutarch Griechischer Historiker (um 50 – um 125), der Lebensbeschreibungen bedeutender Griechen und Römer verfasste.

S. 29

Lichtfunke Prometheus' Prometheus stahl dem Mythos zufolge den Göttern das Feuer und brachte es den Menschen. Für diese aufrührerische Tat wurde er von Zeus hart bestraft.

S. 29

Keule des Herkules Herkules, ein Held aus der griechischen Mythologie mit Riesenkräften, trug als Waffe eine Keule, die seine Stärke und Kraft symbolisiert.

S. 30

Taktik des Hannibals Der karthagische Feldherr Hannibal (247/246 – um 183 v. Chr.) schlug in einer taktischen Umzingelungsschlacht das römische Heer bei Cannae (2. Punischer Krieg).

S. 30

feuchtohrige Buben … exponieren müssen. In etwa: Junge, unerfahrene Studenten entnehmen einzelne Sätze aus (der Darstellung) der Schlacht bei Cannae und jammern über die Siege des Scipio (römischer Feldherr, der Hannibal schließlich besiegte), weil sie sie aus dem Lateinischen übersetzen und deuten müssen.

S. 31

Hermanns Hermann der Cherusker (18/16 v. – 19/21 n. Chr.), auch Arminius genannt, besiegte die römische Armee unter Feldherr Varus im Teutoburger Wald. Im 18. und 19. Jahrhundert wurde diese Schlacht in zahlreichen Dramen verarbeitet und Hermann als deutscher Nationalheld verehrt.

S. 36

die Sullys Herzog Maximilien des Sully (1560–1641) war Finanzminister Heinrichs IV. von Frankreich.

S. 40

Pietist Frommer Anhänger einer protestantischen Glaubensrichtung, die im 18. Jahrhundert weit verbreitet war und sich durch Verinnerlichung und Betonung eines persönlichen Erweckungserlebnisses durch Gott auszeichnete.

S. 42

Acheron In der griechischen Mythologie der Fluss, über den man in das Totenreich gelangt.

S. 42

wie ein anderer Orpheus Orpheus konnte dem Mythos zufolge so schön singen und Leier spielen, dass sich wilde Tiere friedlich um ihn her scharten.

S. 43

ohne Komma Mit Komma (hinter »non«) würde die Übersetzung lauten: Wenn auch alle übereinstimmen, ich nicht, ich widerspreche.

S. 47

Rad Hinrichtungsmethode, bei der der Gefangene auf ein großes Rad »geflochten« und ihm die Gliedmaßen gebrochen wurden.

S. 50

äsopischen Krüppel Der griechische Fabeldichter Äsop (6. Jh. v. Chr.) soll eine verwachsene Statur gehabt haben.

S. 55

Eumenide Eumeniden, griech. »die Wohlgesinnten«, wurden beschönigend die Rachegöttinnen in der griechischen Mythologie genannt. Diese töteten Verbrecher, indem sie ihnen ihre bösen Taten wieder und wieder ins Ohr flüsterten.

S. 56

Deus ex machina! Lat. »Der Gott aus der Maschine!« Früher wurde im Theater oft ein »Gott« mit einer Maschine auf die Bühne gehoben, der dann der Handlung die gewünschte Wendung gab und Konflikte auflöste.

S. 59

Treffen bei Prag Schlacht (Treffen) im Siebenjährigen Krieg (1756–1763), in der Friedrich II. die Österreicher 1757 besiegte.

S. 62

Willst dich ... im Lethe nicht! Das Lied thematisiert den in Homers »Ilias« beschriebenen Abschied des trojanischen Königsohns Hektor von seiner Frau Andromache und seinem Sohn Astyanax. Hektor zieht in den Kampf gegen Achill, Enkel des Äakus (Äaciden), der Rache für den von Hektor getöteten Patroklus fordert.

S. 63

Priams großer Heldenstamm Die Söhne Priamos', des Königs von Troja, die im Trojanischen Krieg fielen.

S. 63

Cocytus Literarischer Name für den Fluss Styx, der das Reich der Lebenden vom Totenreich abtrennt.

S. 63

Lethe Nebenfluss des Styx, in dem die Erinnerung der Verstorbenen ausgelöscht wird, wenn sie hinüberfahren.

S. 64

Schwerin Kurt Christoph Graf von Schwerin (1684–1757) war ein preußischer General, der 1757 ein Heer nach Böhmen anführte.

S. 69

seraphischen Harfe Harfe der Engel (Seraphim), die um Gottes Thron stehen und ihm Loblieder singen.

S. 72

hatte nichts ... achtundsiebenzig Parodie auf 1. Mose 32,11: »[...] denn ich hatte nicht mehr als diesen Stab, da ich über den Jordan ging, und nun bin ich zwei Heere geworden.«

S. 76

Physiognomik Theorie des 18. Jahrhunderts, nach der man von der äußeren Erscheinung eines Menschen auf seine Charaktereigenschaften schließen, also auch eine Veranlagung zum Verbrecher erkennen kann.

S. 76

Diogenes Der griechische Philosoph Diogenes von Sinope (412–323 v. Chr.) suchte bei Tageslicht mit einer Laterne in der Hand nach einem »wahren« Menschen.

S. 82

Stab ... gebrochen Wenn ein Todesurteil über einen Verbrecher ausgesprochen wurde, zerbrach der Richter über dem Verurteilten einen kleinen Stab.

S. 83

Gomorrha und Sodom Vgl. 1. Mose 18 f. In der Bibel werden die Städte Sodom und Gomorrha von Gott durch ein Feuer zerstört, weil ihre Bewohner ein sündhaftes Leben führten.

S. 93

Pharao Vgl. 2. Mose 1,22: Der ägyptische König Pharao befahl, alle neugeborenen Kinder der Israeliten umzubringen. Der Pater bezeichnet Karl Moor also als heidnischen König.

S. 93

Peru ... entvölkert Als der Spanier Francisco Pizzaro (1478–1541) 1531 Peru eroberte, erbeuteten seine Leute große Reichtümer, was große Teile der Inka-Bevölkerung das Leben kostete.

S. 100

Seladon In dem Roman »L'Astrée« von Honoré d'Urfé (1567–1625) heißt ein verliebter Schäfer Seladon. In der Folge wurde der Name sprichwörtlich für einen schwärmerischen Liebhaber.

S. 110

Seneca Lucius Annaeus Seneca der Jüngere (4 v. – 65 n. Chr.) war ein römischer Philosoph der Stoa. Er lehrte, Gelassenheit gegenüber Tod und Schmerzen zu beweisen, und nahm sich später selbst das Leben als Akt höchster Freiheit.

S. 114

Arbela Assyrische Stadt, bei der Alexander der Große die Perser besiegte (331 v. Chr.).

S. 116

Barbarossa Der staufische Kaiser Friedrich I. (1150–1190), der den Beinamen Barbarossa, »Rotbart«, hatte.

S. 139

Sirenen In der griechischen Mythologie weibliche Fabelwesen auf einer Klippe, von deren Gesang Seefahrer unwiderstehlich angezogen wurden, sodass sie an den Felsen verunglückten.

S. 140

Brutus, Cäsar Das Lied gestaltet einen Dialog zwischen den Seelen des Cäsar-Mörders Brutus und Cäsars am Eingang des Totenreichs.

S. 140

Philippi Bei Philippi wurden die Cäsar-Mörder Brutus und Cassius 42 v. Chr. von Mark Anton und Oktavian, dem späteren Kaiser Augustus, besiegt. Brutus tötete sich nach der Niederlage selbst.

S. 142

Warum hat mein Perillus ... bratet? Der Erzgießer Perillus (um 560 v. Chr.) erstellte im Auftrag des Tyrannen Phalaris von Agrigent einen Ochsen aus Erz, der innen hohl war und in dessen Inneren Verbrecher bei lebendigem Leibe verbrannt werden sollten.

S. 144

Hermann mein Rabe Anspielung auf 1. Könige 17,4–6: Auf Gottes Geheiß wurde der Prophet Elias in der Wüste von einem Raben mit Brot und Fleisch versorgt.

S. 155

Plötzlich traf … Franz' Erzählung seines Traums vom Jüngsten Gericht nimmt etliche Stellen aus verschiedenen Teilen der Bibel teils wörtlich auf.

S. 156

Blut der Versöhnung Das Blut, das Christus, der nach christlicher Vorstellung durch seinen Opfertod die Sünden der Menschen auf sich genommen und gesühnt hat, bei der Kreuzigung vergossen hat.

S. 160

Richard und Nero König Richard III. von England (1452–1485) und der römische Kaiser Nero (37–68 n. Chr.) stehen hier für den Inbegriff des grausamen Gewaltherrschers.

S. 167

Ich hab gesündigt … nennst. Vgl. das Gleichnis vom verlorenen Sohn in Lukas 15,2. Dort spricht der Sohn diesen Satz.

S. 175

so lehre mich Dido sterben Die Königin von Karthago, Dido, erstach sich mit einem Dolch, nachdem ihr Geliebter Äneas sie auf Befehl Jupiters verlassen hatte.

S. 202

Raritäten Kasten Guckkasten, in dem sich Sehenswürdigkeiten befinden; im 18. Jahrhundert eine Jahrmarktsattraktion.

S. 221

das chiliastische Ketzertum Unter Chiliasmus versteht man den Glauben an die unmittelbar bevorstehende Wiederkehr Jesu zur Erde und an die Errichtung seines tausend Jahre währenden Reiches (griech. chilioi: »tausend«), vgl. Offenbarung 20,4 f. Im übertragenen Sinn bedeutet »chiliastische Ketzer« so viel wie Erneuerer.